光明社科文库
GUANGMING DAILY PRESS:
A SOCIAL SCIENCE SERIES

·法律与社会书系·

# 义务冲突论

申屠晓莉 ┃ 著

光明日报出版社

**图书在版编目（CIP）数据**

义务冲突论 / 申屠晓莉著. -- 北京：光明日报出
版社，2023.12
ISBN 978 - 7 - 5194 - 7668 - 7

Ⅰ.①义… Ⅱ.①申… Ⅲ.①刑法—研究 Ⅳ.
①D914.04

中国国家版本馆 CIP 数据核字（2023）第 250225 号

## 义务冲突论
**YIWU CHONGTU LUN**

| | |
|---|---|
| 著　　者：申屠晓莉 | |
| 责任编辑：杨　茹 | 责任校对：杨　娜　李佳莹 |
| 封面设计：中联华文 | 责任印制：曹　净 |

出版发行：光明日报出版社
地　　址：北京市西城区永安路 106 号，100050
电　　话：010-63169890（咨询），010-63131930（邮购）
传　　真：010-63131930
网　　址：http：//book. gmw. cn
E - mail：gmrbcbs@ gmw. cn
法律顾问：北京市兰台律师事务所龚柳方律师

印　　刷：三河市华东印刷有限公司
装　　订：三河市华东印刷有限公司
本书如有破损、缺页、装订错误，请与本社联系调换，电话：010-63131930

开　　本：170mm×240mm
字　　数：194 千字　　　　　　印　　张：14
版　　次：2024 年 3 月第 1 版　　印　　次：2024 年 3 月第 1 次印刷
书　　号：ISBN 978 - 7 - 5194 - 7668 - 7
定　　价：89.00 元

# 目　录
## CONTENTS

# 序

申屠晓莉是我指导的第一位直博生。她抱负远大，天生有一股不畏难的闯劲，加上直博生攻读学位时间相对较长，故而我一直鼓励她去德国交流学习。在校期间，她有幸获得了国家留学基金委的资助，赴德国慕尼黑大学进行为期两年的联合培养。在德国交流期间，她一边徜徉于浩瀚的德国刑法学术殿堂，聆听名家权威的授业解惑，一边准备博士毕业论文的选题。最后，她将博士毕业论文选题确定为"刑法中的义务冲突研究"并征求我的意见，我很支持她的想法。随后，她搜集并整理了德国刑法中关于义务冲突研究的大量第一手资料，以比较法思维和刑法教义学方法阐释义务冲突的丰富理论内容，在此基础上对我国刑法学中的义务冲突问题进行深层次的理论探索，并在学术期刊上发表多篇相关学术论文。本书就是在她的博士毕业论文的基础上经进一步修订完成的。

义务冲突是哲学、伦理学上的著名问题，也是刑法学中的重要命题。与被害人承诺、法令行为等超法规违法阻却事由相比，学界对义务冲突的研究相对较少，至今尚没有一部关于义务冲突的刑法专著出版。在本书中，作者以德国刑法学界跨度百年的理论成果为基础，以德国刑事司法裁判中的实践判例为依托，向读者描绘了一个相对完整的义务冲突理论图景。与此同时，本书对义务冲突的研究并没有停留在对域外理论及实践的简单介绍及评述，而是在理论借鉴的基础上，积极探索义务冲突在我国刑法理论和刑事司法实践中的地位及适用路径。纵观全书，作者对刑法中的义务冲突研究具有以下鲜明特点：

第一，由浅入深，层层递进，打破义务冲突研究的定式思维，重塑义务冲突的刑法概念。面对义务冲突这一老而弥新的议题，从奥德修斯到安提戈涅，从我国古代的忠孝两难到西方哲学著名的电车难题，从英国"木樨草"号案到德国战时安乐死案，作者引经据典，以文学作品和哲学领域的义务冲突情形为对照，重新界定刑法中的义务冲突概念，将其解构为"作为适用前提的义务冲突"和"作为出罪功能的义务冲突"两层含义。

第二，追本溯源，批判继承，解答义务冲突的核心问题，明确义务冲突在犯罪论体系中的应然地位。本书具有鲜明的比较法特色，作者利用在慕尼黑大学联合培养的学习机会，参考并借鉴了德国近两百年间关于义务冲突的理论研究成果，对义务冲突最具争议的问题——义务冲突的体系定位——展开了详细的论述。本书的第三章"义务冲突在犯罪论体系中的位置"，专门梳理了德国刑法学界对义务冲突体系定位的不同观点和发展动态，并对构成要件排除说、违法阻却说和责任阻却说等立场背后的法理基础及出罪原理进行深入剖析，知其然，更知其所以然。当然，在厘清义务冲突在三阶层犯罪论体系中的定位后，还基于本土视角思考义务冲突在四要件犯罪论体系中的位置，为义务冲突的本土化发展奠定了理论基础。

第三，二元构造，理论突破，构建以行为人权利说为实质法基础的义务冲突理论体系，提出行为人本位的义务衡量理念及规则。在义务冲突的认定问题上，本书提出以义务冲突状态作为适用前提，以义务相权行为作为效果要件，由此确立从客观到主观的判断逻辑，这也与作者所提出的二元义务冲突概念一脉相承。针对义务衡量标准这一最具争议的问题，作者对传统的利益衡量标准、义务类型标准、义务来源标准以及身份衡量标准等规则逐一分析，指出绝大多数义务衡量规则要么以结果导向，缺乏合理依据，要么本质上就是围绕利益衡量展开的综合评价标准。所以，在传统衡量标准的困境下，本书提出以行为人权利说为义务冲突的出罪根据，确立行为人本位的义务衡量理念，从而平衡行为人与义务对象（纵向），义务对象与义务对象（横向）之间的利益关系，具有一定的理论创新。

第四，理案结合，立足本土，在生命冲突之外探索义务冲突的适用可能性，在具体案例中寻找义务冲突的本土化路径。任何理论研究，如果完全脱离实践适用，都会丧失其生命力。作为一个超法规的排除犯罪事由，义务冲突的理论构建对义务冲突的司法适用意义重大，但要真正让义务冲突在刑事司法裁判中获得认可，恐怕还需要更多的努力，这应该是所有超法规出罪事由都面临的本土困境。全书融入了多个义务冲突经典案例，包括理论案例和真实案例，并从不同视角对这些案例展开了深入的教义学分析。在本书的最后，作者区分了不同情形的生命冲突，并运用其所构建的义务冲突理论体系来分析"母亲与女友同时落水案"、未成年儿童落水案、疫情时代的呼吸机案等经典案例。同时，作者也提出义务冲突的适用应当突破传统的生命冲突情形，并结合具体案例对交通事故中的义务冲突与债务清偿时的义务冲突等展开分析，所提出的结论均具有重要的参考价值。

不过，本书的某些观点也存在值得商榷之处。例如，道德义务究竟是否属于义务冲突的义务范畴，这一问题值得进一步讨论；在义务冲突的违法阻却根据问题上，行为人权利说与德国刑法中的紧急权理论之间究竟存在怎样的关系，特别是，将一个本该履行多个义务的情况解释为基于义务人在紧迫状态下的"权利"而排除犯罪的做法，尚值得进一步推敲；再者，所谓兼顾纵向关系和横向关系的义务衡量标准，在具体衡量过程中似乎并没有完全脱离传统的利益衡量说，故而基于行为人权利的义务衡量规则还有更大的研究空间。

总而言之，义务冲突是个值得我国刑法学界和实务界适度关注的议题。本书对义务冲突的研究，主旨明确，观点鲜明，立场坚定，逻辑严谨，论证详实，在一定程度上突破了国内义务冲突理论的研究困境，也回应了义务冲突研究中的疑难问题，有利于推动我国超法规出罪事由的体系性发展，构建合理的出罪机制。虽然在个别的学术观点和论证方法上难免存在一些纰漏，但瑕不掩瑜，对于一名初涉刑法学术新兵而言，本书可谓是一部关于出罪事由理论与适用问题的"新锐"之作。

是为序。

叶良芳

2023 年 7 月 19 日于浙江大学之江校区

# 绪　论

## 一、问题争议与研究现状

义务冲突是一个超法规出罪事由，相较于法定出罪事由，刑法理论与刑事司法实践对超法规出罪事由的关注较少。目前，我国刑法学界关于义务冲突的基本概念、体系定位和义务衡量规则等问题的研究，大多呈现为对域外理论的简单介绍，未能实现本土化发展。

### （一）义务冲突理论的争议焦点

有关刑法中的义务冲突，其争议焦点可以归纳为以下三个方面：其一，刑法中的义务冲突应当如何界定？这一问题的核心争议围绕"冲突的义务是否包括道德义务"这一命题展开。其二，义务冲突在犯罪论体系中的位置该如何界定？体系争议也就是法律属性的争议，在阶层论主张下，存在构成要件排除立场、违法阻却立场和责任阻却立场等。其三，合理的义务衡量标准应当如何确定？义务衡量规则是判断义务冲突事由是否成立及是否排除犯罪的关键，是义务冲突理论最核心的问题。

第一个问题，如何界定刑法中的义务冲突？

世界上绝大部分国家都没有将义务冲突问题写进刑法，不同于正当防卫和紧急避险，义务冲突是一种超法规出罪事由，因此义务冲突的刑法界定就完全依赖于学理层面的讨论。在义务冲突的理论建构中，义务冲突的概念并不明确。仅就义务冲突的字面进行解析，义务冲突首先指的是一种客观的事实状态，即多个义务产生冲突的现实情况。然而，刑法理论中的义务冲突是具有法律意义和具体效果的，即所谓的义务冲突是指具有出罪功能（或者能够排除犯罪）的义务冲突情形。因此，义务冲突的概念除了描述义务冲突的事实情况，还应当包括行为人的行为符合义务冲突事由的成立条件。故辨析义务冲突的具体概念，明确刑法中的义务冲突该如何界定，是义务冲突理论中最为基本的问题。

就义务冲突状态的构成而言，理论界的主要分歧点在于道德义务的问题，亦即刑法中的义务冲突状态是否包含道德义务和法律义务的冲突。换言之，道德义务是否属于刑法中义务冲突的义务范畴？倘若承认道德义务和法律义务的冲突也构成刑法中的义务冲突，那么不履行道德义务的行为似乎并不需要刑法介入调整，因为刑法并不要求行为人必须履行纯道德义务。但在现实生活中，道德义务和法律义务的冲突却频频出现，甚至在很多情况下，道德义务对行为人的约束力，丝毫不亚于法律义务的威慑力。同时，不排除有的道德义务已经被法秩序明示或者默示地赋予了"类法律"之效力。再如，虽然通说倾向于将所有的道德义务排除在外，但我国学者论及义务冲突时，常以"母亲与女友同时落水"为例，实际上也是侧面承认了客观上存在法律义务（救助母亲）与道德义务（救助女友）的冲突。出现这种矛盾的根本原因是，既有观点并不注意区分义务冲突的客观状态与义务冲突的适用结果。就前者而言，道德义务当然有存在的空间；但就后者而言，大部分学者都倾向于否定道德义务的原因，其实只是否定选择道德义务能够排除犯罪这一法律后果。

除此之外，义务冲突的构成，还存在有关不作为义务的学术纷争。具体而言，刑法中的义务冲突必须是作为义务和作为义务的冲突吗？此处涉及的是向不特定人承担的对世义务是否可能产生冲突的问题。对此，否定论者认为，逻辑上根本就难以成立所谓的不作为义务之间的冲突；肯定论者则以实践案例予以反击，认为现实生活中确实存在此类义务，而不应当直接排除这类冲突状态。① 实际上，不作为义务和作为义务的冲突，是早期义务冲突讨论案例的基本表现形式，比如著名的"卡涅阿德斯之板"②。但是，如果将作为义务和不作为义务的冲突状态认定为一种义务冲突情形，那么很多在紧急避险领域讨论的冲突案例也会被纳入义务冲突的研究范畴。所以，确定冲突义务的具体行为表现，决定着义务冲突和紧急避险的关系。

再者，义务冲突并不只是一个刑法概念，它源自哲学、伦理学等领域的思想实验。如果在刑法领域内讨论义务冲突，本质上侧重于讨论排除犯罪的义务冲突行为。所以，刑法中的义务冲突并不完全等同于哲学或伦理学所理解的义务冲突，也必然不只是描述一种义务产生冲突的客观现实状态。作为一种出罪事由，义务冲突的概念不仅要明确行为人陷入怎样的现实情境中才可能适用这种事由，还要表明行为人在此冲突状态中做出什么举动才是具有出罪效果的。

总之，概念的厘清是为了确定本书的研究对象，也是明确刑法中的义务冲突究竟应当在多大范围内展开讨论。

第二个问题，义务冲突在犯罪论体系中的位置如何界定？

义务冲突的体系定位是义务冲突理论的另一重要问题，它也被称为义务冲突的法律属性、义务冲突的性质、义务冲突的功能等。虽然我国主流刑法教科书在义务冲突体系定位这一问题上，一致地将义务冲突认定为一种超法规的违法阻却事由，即认为义务冲突是违法性层面讨论的内容，义务冲突事由的成立能够排除行为的违法性，但实际上，这一问题并不像我国通说观点所呈现的这般简单和一致，它存在很多分歧，甚至是义务冲突理论中最具争

① 例如，德国汉堡易北河隧道案（Hamburger Elbtunner-Fall），参见 Jescheck/Weigend, Lehrbuch des Strafrechts Allgemeiner Teil, 5. Aufl., § 33 V 1.
② 公元前，怀疑派哲学家卡涅阿德斯（Carneades）提出了一个著名的思想实验，后人以他的名字命名，将其称为"卡涅阿德斯之板"，具体情形是：两名遭遇船难的水手，同时看到了一块船板并试图向其游去，甲先抵达船板并攀在上面，由于该船板只能承载一个人的重量，乙便将甲推下船板，最终乙获救，甲溺水而亡。那么，乙是否因此构成谋杀罪？若先抵达船板的甲竭力阻止乙的争夺行为，最终乙溺水而亡，甲是否需要为此承担责任？船板案是早期义务冲突问题的核心战场。

议性的问题。

从学术史角度考察，义务冲突的体系定位至少存在构成要件排除说①、违法阻却说②、责任阻却说③以及其他排除刑罚的理由④等多个立场，这是三阶层犯罪论体系孕育的结果。其中，违法阻却说与责任阻却说无疑是最具影响力的两种主张，两者的争议至今依然存在。以德国义务冲突理论发展进程为例，责任阻却说在理论发展早期占据主导地位，违法阻却说则是目前刑法理论的通说。如果认为义务冲突是违法性层面的问题，那么行为人选择履行恰当义务，造成因其他义务未能履行而导致的法益侵害，就不具有违法性，犯罪就此排除。如果认为义务冲突是责任层面的内容，那么行为人不履行义务的行为就具有违法性，只是基于冲突状态排除行为人的责任。义务冲突的体系定位意义重大，因为义务冲突是否具有违法性决定了任意第三人是否有权对义务冲突行为进行防卫。在违法阻却和责任阻却的分歧下，有学者提出二元的义务冲突说，即认为义务冲突情形分为阻却违法的义务冲突和阻却责任的义务冲突。

回到我国的刑法语境，义务冲突的体系问题要在四要件犯罪论体系中寻找答案。众所周知，受到犯罪论体系的限制，出罪事由在我国刑法理论中的地位一直都有些尴尬，但是这并不意味着义务冲突无法与我国犯罪论体系相

---

① 构成要件排除说的重要代表是德国刑法学者弗洛因德（Freund），直至今日，他依然坚持义务冲突是构成要件层面的内容，参见 Freund, Erfolgsdelikt und Unterlassen, 1992, S. 282ff.

② 违法阻却说是目前德国刑法学中的通说观点，代表学者如麦兹格（Mezger）、诺伊曼（Neumann）、罗克辛（Roxin）等，参见 Roxin, Strafrecht AT, 4. Aufl. , 2006, § 16 Rn. 123.

③ 责任阻却说在义务冲突理论发展早期扮演重要角色，今天仍然有少部分学者坚持责任阻却说，德国代表学者有鲍曼（Baumann）、加拉斯（Gallas）、冯·韦伯（v. Weber）等，参见 v. Weber, Die Pflichtenkollision im Strafrecht, FS Kiesselbach, S. 234ff. 除此之外，我国台湾地区也有部分学者支持责任阻却说，参见蔡墩铭. 刑法总则争议问题研究［M］. 台北：五南图书出版公司，1998：60.

④ 例如，德国联邦最高法院在战时安乐死案件中的主张，就认为义务冲突情形在该案中既不阻却违法，也不能排除责任，而只能作为一种减轻或者排除刑罚的理由，参见 BGH NJW 1953, 512.

容。因为，没有一种现代犯罪论体系会彻底排除某种出罪事由的适用。参照正当防卫和紧急避险在四要件中的基本位置，将义务冲突作为一种法律没有明文规定的排除社会危害性的事由，性质上类似于正当业务行为、法令行为。① 所以，讨论义务冲突在四要件犯罪论体系中的定位也是探索义务冲突在我国刑法理论与司法实务中的可能性。

在阶层理论中，义务冲突的体系位置在阶层论中之所以众说纷纭，是因为各个立场背后的实质法基础不同。换言之，不同的出罪根据会得出不同的体系位置，比如康德所理解的责任根据冲突理论，并不承认义务与义务的冲突，而认为只是义务背后的责任根据冲突。唯一义务的确定自始排除了另一个义务的履行要求，义务冲突便成了构成要件的内容。② 再如，违法阻却立场最常用的实质法基础是优越利益原则、社会相当性理论以及刑法目的说等。而责任阻却立场的出罪根据往往是将义务难以全部履行，归咎为行为人的能力问题，而未履行义务的违法客观性依然存在。

不同的出罪根据理论极大地丰富了义务冲突学说，但现有的出罪根据其实并没有彻底说明义务冲突行为排除犯罪的根本原因，比如最主流的优越利益说，虽然能够说明部分义务冲突情况的正当性，但是无法充分解释行为人在价值相同的多个义务冲突时择一履行的正当性，尤其是三个以上义务相互冲突时，履行义务所保护的法益很可能无法超越未履行部分的法益损害之和。如果无法找到义务冲突正确的实质法基础，就难以说明义务冲突在刑法中排除犯罪的根本原因，也就无法确定义务冲突在犯罪论体系中的位置。倘若义务冲突的性质与功能无法确定，那么其在现实案例中展开适用就无从谈起。

第三个问题，合理的义务衡量标准是什么？

相比于上述两个问题，义务衡量标准问题得到的关注最多。在义务冲突

---

① 马克昌. 犯罪通论 [M]. 武汉：武汉大学出版社，1999：812.

② Joerden, Der Widerstreit zweier Gründe der Verbindlichkeit: Konsequenzen einer These Kants für die strafrechtliche Lehre von der "Pflichtenkollision", JRE 5, 1997, S. 44–46.

状态下，法秩序要求行为人必须进行义务选择和义务履行，因为一个什么都不做的行为人和一个尽力履行部分义务的行为人若在法律评价上完全相同，明显是不恰当的。① 通说认为，如果陷入义务冲突的行为人履行较为重要的义务而放弃相对不重要的义务，或者在同等重要的义务中履行了任意义务，那么就应当排除行为人部分不履行的违法性。但问题是，如何判定义务的重要性和履行的优先性？纯粹从形式上比较义务根本无法得出结论，局限于义务本身也很难自证哪一种义务更具有优先性，更何况义务规范不计其数，试图用词典型列表方式确定义务先后也不切实际。所以义务权衡必须借助其他标尺，从规范意义上确立义务相权行为的具体要求。

比较主流的观点认为，义务的衡量就是法益的衡量，所以义务的轻重取决于义务所保护的法益轻重。② 还有观点主张以义务产生的先后顺序来确定履行的先后顺序。③ 此外还有义务类型标准④和义务来源标准，⑤ 等等。不过，上述任何一种衡量标准都没有明确论证这种标准本身的正当性。似乎每一种义务衡量标准都具有结果合理性，同时每一种标准又会在个案中呈现不同的悖论与矛盾，也正因为如此，义务衡量标准一直没能达成真正的共识。事实上，影响义务重要程度的因素复杂且多元，任何与义务有关的要素都可能被拿来作为衡量义务重要性的"标准"，这取决于评价者最终想要得到什

---

① Roxin, Strafrecht AT, Bd I, 4. Aufl. , § 16 Rn 120, 125；§ 14 Rn. 1.

② 张明楷. 刑法学（上）［M］. 北京：法律出版社，2021：314-315.

③ 德国刑法理论中的观点，参见 Rönnau, in：LK-StGB, 12. Aufl. , 2006, Vor § 32 Rn. 123.

④ 义务类型标准是德国刑法理论关于义务衡量的重要标准。根据义务类型（Art）的不同，可以将义务区分为保证人义务（Garantenpflicht）和团结义务（Solidaritätspflicht）。由于《德国刑法典》第 323c 条规定了不为救助罪，要求公民在他人陷入危难之际施以援手。这一见义勇为的义务被称为团结义务或者一般救助义务。按照德国通说，保证人义务优先于一般救助义务。也有论者将此称为义务强度（Intensität）的不同，参见 Neumann, Die Moral des Rechts：Deontologische und konsequentialistische Argumentation in Recht und Moral, JRE 2, 1994, S. 93.

⑤ 义务来源标准是德国司法实践确立的标准，具体是指刑法所规定的义务应当优先于非刑法义务，参见 BGHSt 48, 307, 311.

么结论。而结果导向的义务衡量必然难以达成统一标准。因为,当结果意见一致时,就可能存在多个能得出统一结论的方案;相反,若对衡量结论存在分歧,不同的衡量标准就成了各自的辩护理由。

(二)国内外理论研究现状

在我国刑法理论中,义务冲突是个"舶来品"。原本根植于大陆法系刑法理论的义务冲突问题在我国刑法领域经历了一个并不漫长的发展过程。从最初的域外理论的引入与介绍,再到义务冲突的本土化探索,也不过二十年时间。早期,有关义务冲突问题的讨论散落在各种出罪主题研究的某一章节中。例如,冯军教授在其博士论文《刑事责任论》中用了一个章节的篇幅阐释"刑法义务的冲突";① 刘明祥教授在其博士论文《紧急避险研究》中,有一节关于紧急避险和义务冲突比较的内容;② 张明楷教授的《法益初论》亦论及义务冲突与刑法法益的联系;③ 王政勋教授在其著作《正当行为论》中也引入了义务冲突问题。④

在 2010 年之前,我国刑法理论界也曾出现过义务冲突问题讨论的小高潮。彼时,有不少刑法学者以刑法中的义务冲突为主题,对义务冲突事由的概念、成立条件、法律属性与后果等方面进行了相对深入的研究。我国台湾学者曾淑瑜在分析义务冲突的违法阻却还是责任阻却的问题外,提出义务冲突排除犯罪是基于成文法中的"正当理由"。此外,她还认为义务冲突具备紧急避险之属性。⑤ 我国台湾学者甘添贵详述了义务冲突阻却违法性的要件。⑥ 大陆刑法学者王充、钱大军、简永发、李兰英等人对刑法中的义务冲

① 冯军. 刑事责任论 [M]. 北京:法律出版社,1996:81.
② 刘明祥. 紧急避险研究 [M]. 北京:中国政法大学出版社,1998:150-154.
③ 张明楷. 法益初论 [M]. 北京:中国政法大学出版社,2000:413-414.
④ 王政勋. 正当行为论 [M]. 北京:法律出版社,2000:551.
⑤ 曾淑瑜. 论义务冲突 [J]. 法令月刊,1998 (7):22-26.
⑥ 甘添贵. 义务冲突之性质与解决原则 [J]. 月旦法学杂志,1998 (9):14.

突问题展开了相对全面的讨论。① 然而，还未等到义务冲突完成本土化构建，这一出罪事由的探索就突然陷入长达十年的沉睡期。2010 年后，主流学术战场几乎再也看不到涉及义务冲突问题的讨论，仅有零星的硕士论文关注这一话题。② 综上所述，我国刑法中的义务冲突理论，主要来自德国和日本刑法理论关于义务冲突问题的知识构建，而义务冲突理论的本土发展，目前处于低谷。既有研究奠定了重要的学理基础，为进一步发展我国义务冲突理论提供了宝贵的资源。

2019 年底，新冠肺炎疫情在全球范围内暴发，呼吸机案③再度出现在各国的医疗实践中，国内出台多部法规来平衡特殊时期个人自由和公共安全之间的矛盾。这一系列情况又让义务冲突理论重新回到了学术讨论中。④

在我国主流刑法教科书中，大部分学者都只是对义务冲突问题进行了简要介绍，而没有对其法理基础及成立要件展开详细论述。少数学者做了一些具体化尝试。例如，张明楷教授认为，阻却违法的义务冲突必须具备以下两个条件，它们分别是：存在两个以上的作为义务和必须权衡义务的轻重。⑤这里所提到的义务冲突的两个基本条件，解释了义务冲突构成的两个核心内

---

① 2010 年之前有关义务冲突问题研究的代表学者及重要学术成果可参见王充．义务冲突三论［J］．当代法学，2010（2）．钱大军．论法律义务冲突的构成要件与产生原因［J］．社会科学战线，2005（2）．钱大军．法律义务冲突初论［J］．法制与社会发展，2009（3）．简永发．略论刑法中义务冲突法律性质的根据［J］．法学评论，2008（5）．李兰英．义务冲突下的正确选择［J］．法学评论，2002（2）．

② 以刑法中的义务冲突为主题的硕士论文包括但不限于以下：王庆瑶．论刑法中的义务冲突［D］．石家庄：河北经贸大学，2020.赵兰娣．刑法中的义务冲突［D］．郑州：郑州大学，2019.陈云龙．义务冲突问题研究［D］．北京：中国公安大学，2017.孙亚慧．刑法义务冲突的解决［D］．北京：中国青年政治学院，2016.

③ 德国义务冲突理论中的重要案例：OGH 1, 321, 336ff; BGH NJW 1953, 513, 514.

④ 例如，刘代华老师发表论文《披露疑似疫情属于义务冲突下的正当化行为》，运用义务冲突理论论证了李文亮等医生在微信群披露疑似疫情的行为并不属于违法行为。另外，姜涛教授的文章《非常时期涉疫情犯罪教义学的争议问题》提到多个疫情期间的义务冲突情形，并讨论了在疫情防控的非常时期义务冲突理论适用的可能性。

⑤ 张明楷．法益初论［M］．北京：中国政法大学出版社，2000：413-414.

容：前者是对义务冲突状态的表达——两个以上作为义务；后者是对义务冲突情形中行为人的要求——权衡义务的轻重。

相比而言，滥觞于德国的义务冲突理论，经历了将近 100 多年的研究进程。早在 1908 年，德国学者屈恩（Kühn）就撰写了题为《刑法中的义务冲突》（*Pflichtenkollision im Strafrecht*）的博士论文。① 1930 年，杨森（Jansen）撰写相同题目的博士论文。② 这两篇博士论文对早期出现的义务冲突情形进行了比较系统的梳理和有针对性的研究。随后，刑法理论关于义务冲突问题的讨论一直都未停止，具有代表性的论文有冯·韦伯（v. Weber）的《刑法中的义务冲突》（*Die Pflichtenkollision im Strafrecht*），③ 加拉斯（Gallas）的《作为责任阻却事由的义务冲突》（*Pflichtenkollision als Schuldausschließungsgrund*）④。1965 年，奥托（Otto）的博士论文《义务冲突与违法性判断》（*Pflichtenkollision und Rechtswidrigkeitsurteil*）在总结过去义务冲突理论观点的基础上，充分结合假想案例与实践案例，对义务冲突的体系位置与解决方案做出了重点研究。⑤ 此后还有曼加基斯（Mangakis）的《作为刑法极限情境的义务冲突》（*Die Pflichtenkollision als Grenzsituation des Strafrechts*）⑥，库珀（Küper）的博士论文《刑法中正当化义务冲突的基本问题与界限问题》（*Grund- und Grenzfragen der rechtfertigenden Pflichtenkollision im Strafrecht*）⑦，丁格尔代（Dingeldey）的论文《义务冲突与法外空间》（*Pflichtenkollision und rechtsfreier Raum*）⑧，格洛

---

① Kühn, Pflichtenkollison im Strafrecht, 1908.
② Jansen, Pflichtenkollision im Strafrecht, 1930.
③ v. Weber, Die Pflichtenkollision im Strafrecht, FS Kießelbach, 1947, S. 233ff.
④ Gallas, Pflichtenkollision als Schuldausschließungsgrund, FS Mezger, 1954, S. 311−334.
⑤ Otto, Pflichtenkollision und Rechtswidrigkeitsurteil, 1965.
⑥ Mangakis, Die Pflichtenkollision als Grenzsituation des Strafrechts, ZStW 84 (1972), S. 447ff.
⑦ Küper, Grund - und Grenzfragen der rechtfertigenden Pflichtenkollision im Strafrecht, 1978.
⑧ Dingeldey, Pflichtenkollision und rechtsfreier Raum, JURA 1979, S. 478ff.

普（Gropp）的《"义务冲突"：既非义务的冲突也非冲突中的义务》，① 等
等。最近二十年，德国刑法理论对义务冲突的研究热情也没有退却，耶格
（Jäger）、奥托（Otto）、贝恩斯托夫（Bernstorff）、查致格（Satzger）、许乃
曼（Schünemann）等权威刑法学者都相继撰写了关于义务冲突问题的文章。

在此研究过程中，义务冲突在德国经历了从哲学思想实验到刑法专业理论
的转变，同时，义务冲突还经历了从紧急避险的下位概念到独立的违法阻却事
由的转变。除此之外，义务冲突理论争议的核心也从类型划分之争转变为体系
定位之争。今天，德国刑法通说认为义务冲突是一个阻却违法的超法规事由，
但依然有不少学者主张构成要件排除说、责任阻却说以及二元的义务冲突论。
在这些具体主张中，对义务冲突出罪根据的理解也不完全一致，这就导致义务
衡量标准也未获得完全统一。在义务衡量问题上，通说主张以义务类型为标
准区分保证人义务（Garantenpflicht）和团结义务（Solidaritätspflicht），但在
具体衡量过程中依然受到利益衡量理论的制约，在保证人义务优先于团结
义务的原则下，完全可能存在明显优越利益的团结义务突破保证人义务的
例外。②

综合上述分析和对比，我国义务冲突理论研究现状可以总结为以下几
点：其一，我国刑法对义务冲突的本土化研究明显不足，现有观点都源自德
日刑法教科书中最为基础的通说性介绍，而缺乏对该问题的深入展开。正是
因为在概念移植过程中关注通说主张，而忽视了义务冲突在历史进程中的起
源、变化与争议，所以义务冲突在我国刑法中的讨论范围十分有限。其二，
义务冲突的实质法基础，亦即义务冲突的出罪根据没有得到应有的重视，因
此义务冲突的体系定位问题也没有引起较多关注和讨论。缺乏对义务冲突体
系定位的讨论，就无法对义务冲突排除犯罪的根本原因进行反思，那么义务
冲突在四要件犯罪论体系中的本土化进程就会受到阻碍。其三，过分关注义

---

① Gropp, Die "Pflichtenkollision"：weder eine Kollision von Pflichten noch Pflichten in Kol-
lision, FS Hirsch, 1999, S. 207ff.
② Jakobs, Strafrecht AT, 2. Aufl., 1991, 15/7.

务衡量标准，认为义务冲突的本质问题就是确立一个快速有效解决冲突的义务比较规则。诚然，义务冲突的解决离不开义务衡量标准的确定，但脱离实质法基础与体系位置的衡量标准不过是一种结果导向的规则罢了，对义务冲突的体系化构建和本土化发展助益十分有限。

**二、理论价值与实践意义**

鉴于上述义务冲突尚未完全解决的争议问题，以及义务冲突在我国刑法理论中的研究盲区，有必要对义务冲突问题展开追本溯源的深入研究，探索能够适用于我国刑事司法实践的义务冲突事由。

（一）理论价值

第一，义务冲突的刑法研究能够丰富我国义务冲突理论的研究成果。就目前而言，我国还没有一部关于义务冲突问题的理论专著。相较而言，同样属于超法规违法阻却事由的"被害人承诺"，其学理地位则完全不同，学界对被害人承诺的讨论至今都没有停歇，也有大量以被害人承诺为研究主题的著作出版。[①] 不同于正当防卫、紧急避险这样的法定出罪事由，义务冲突在世界上绝大部分国家的刑法典中都没有位置。也不同于被害人承诺这样在理论层面已经有比较深入的研究和发展的超法规事由，我国义务冲突的理论体系构建尚处在初步发展阶段。本书所探讨的义务冲突理论，不仅仅源自非常时期的理论复兴，更是希望完整地梳理义务冲突的主要内容，构建刑事法中

---

① 例如：黄京平，杜强．被害人承诺成立要件比较分析 [J]．河南省政法管理干部学院学报，2003（2）．徐岱，凌萍萍．被害人承诺之刑法评价 [J]．吉林大学社会科学学报，2004（6）．高铭暄，张杰．刑法学视野中的被害人问题探讨 [J]．中国刑事法杂志，2006（1）．黎宏．被害人承诺问题研究 [J]．法学研究，2007（1）．车浩．论被害人同意的体系性地位——一个中国语境条的德国问题 [J]．中国法学，2008（4）．王钢．被害人承诺的体系定位 [J]．比较法研究，2019（4）．王钢．被害人自治视阈下的承诺有效性——兼论三角关系中的判断 [J]．政法论丛，2019（5）．王钢．动机错误下的承诺有效性问题研究 [J]．中外法学，2020（1）．已出版的著作如：马卫军．被害人自我答责研究 [M]．北京：中国社会科学出版社，2018．

义务冲突的逻辑体系，为义务冲突问题的深入讨论贡献绵薄之力。本书所做的尝试是：对义务冲突问题的阐释不只是简单的定义介绍和要件罗列，而是通过探索义务冲突理论的法理基础、体系定位等核心问题，既回顾义务冲突的发展历史也面向义务冲突的本土构建。

第二，义务冲突研究能够推动我国出罪事由的体系化。倘若将出罪事由都视作互不相连的孤岛，那么对某个事由的研究与适用就将极度依赖"哥伦布"的航线，指导案例和司法解释便成了掌控方向的船舵。这种模式并不利于出罪事由的总体发展，出罪事由的实践适用难免出现阶段化、政策化和失衡化等问题。要实现对公民的全面保护，就要将紧急权体系织成一张网，①全面地理解紧急情况下的出罪可能性，其中包括正当防卫、紧急避险、义务冲突、自救行为等。对于正当化事由而言，体系性的思考方法有助于提升理论论证的深度与广度，从而为合理解决实务问题发掘更有力的论据。② 通过反思义务冲突的出罪根据，紧急权成为本书铺陈说理的重要理论基础，作为紧急权问题研究的具体内容之一，义务冲突理论的适用也将是紧急权这张大网中的重要一节。

第三，对义务冲突的研究是丰富和发展我国超法规出罪事由的重要内容，有利于推进我国出罪事由的多元化发展，实现刑法的人权保障功能。义务冲突作为一种刑法没有规定的出罪事由，本质上是在探索合理排除犯罪的可能性。众所周知，刑法规范并没有穷尽所有的出罪情形，除了正当防卫、紧急避险这样传统的、刑法明文规定的情形之外，理论上还存在被害人承诺、依法令行为、自救行为以及义务冲突等其他可能。而对这些超法规事由的研究，是推进出罪事由多元化、丰富出罪理论的前提。出罪事由多元化的最终目的是实现对公民更全面、更有力的保护。

---

① 赵雪爽. 对无责任能力者进行正当防卫兼论刑法的紧急权体系 [J]. 中外法学, 2018 (6)：1630.

② 陈璇. 紧急权：体系建构、竞合适用与层级划分 [J]. 中外法学, 2021 (1)：6.

（二）实践意义

丰富的理论研究能够为实务机关提供合理的适用根据。司法实务部门从未否认超法规出罪事由的重要性。例如，有裁判文书指出，除了法定的正当防卫和紧急避险，还存在业务上的正当化行为、义务冲突以及被害人承诺等超法规违法阻却事由，"具有上述事由即应'出罪'，既体现刑法的谦抑性，又体现刑法的人权保障功能"。① 可见，实务界对出罪事由亦持开放态度，甚至对属于阶层论的表述"违法阻却事由"也不完全排斥。义务冲突理论的研究是实务适用义务冲突事由的前提，也是支撑司法工作者论证出罪可能性的理论基础。作为义务冲突问题的经典案例，"救母亲还是救女友"这样的情况在现实生活中发生的概率实在太低，或许可以期待百年一遇的案例来开启义务冲突事由的实践进程，但期许义务冲突理论等待这些案例出现后再进行本土化尝试，似乎有些迟缓。深入探索义务冲突理论是为了进一步明确义务冲突的适用范围和成立条件，只有构建完整的义务冲突理论体系，明确义务冲突事由的适用范围，才可能跳脱出传统的生命冲突案件，在客观层面、以规范视角来重新审视义务冲突事由。

除此之外，义务冲突以及其他出罪事由的理论发展能够强化我国刑事司法实践的出罪理念。相比出罪事由的具体成立条件，我国刑事司法更加需要建立裁判中的出罪理念。我国刑法第十三条规定的犯罪概念兼具入罪与出罪双重功能，然而，结合刑法第三条规定的罪刑法定原则，出罪功能便明显暗弱。② 众所周知，罪刑法定原则的原初功能是排除犯罪、限制入罪，背后的目的是限制国家刑罚权的不当行使，从而保障公民的权利与自由。出罪理念的缺失有很多原因，其中可能包括犯罪论体系的固有缺陷，积极的罪刑法定原则之弊害，汗牛充栋的司法解释限制了法官的自由度和审判的实质性。随着法治的进步，科学量刑与宽严相济在正确定罪的基础上，已经游刃有余。

---

① 参见曾小平、陈其军假冒注册商标罪一审刑事判决书（2019）川0502知刑初2号。

② 刘艳红. 入罪走向出罪：刑法犯罪概念的功能转换［J］. 政法论坛，2017（5）：66.

可是，缺乏出罪理念常常让审判机构要么陷入舆论的漩涡，要么妥协于历史裁判。出罪理念不足的直接原因是出罪事由没有得到应有的重视，在这个问题上，犯罪论体系一直饱受诟病。因为在四要件理论占据主导地位的刑事司法环境中，只能在四个要件之外再次考察所谓的出罪事由。按照四要件犯罪论体系的基本原则，不具有社会危害性的情况，亦即那些虽然不可避免地侵害了国家、社会或者个人的利益，但法律依然不能认定为犯罪的特殊情形。① 但是当义务冲突的成立要件还不明确时，在四要件之外讨论行为是否具有社会危害性这一步就会变得更加困难。由于社会危害性与违法性之间的关系混乱、犯罪概念与犯罪构成脱节、构成要件与犯罪构成关系混淆等，导致我国沿袭的四要件犯罪论体系无法容纳包括正当防卫、紧急避险在内的正当行为。正是这些客观事实，"决定了四要件的犯罪构成不可避免地被颠覆的最终命运"。② 本书目的并不在于批判犯罪论体系的缺陷，因为抛开历史和国情的口号式改革，是不负责任的。义务冲突虽然根植于阶层论，但这并不代表它在四要件刑法环境中毫无生存和发展的可能性。无论如何，义务冲突理论对于推进我国刑事司法的文明进步具有重要意义。

　　一方面，出罪理念来源于出罪事由的理论研究。本书试图从理论层面阐明义务冲突事由在刑法理论中的历史发展、义务冲突的违法阻却根据及其成立条件等重要问题，从而揭示义务冲突作为一种出罪可能性在我国刑法理论体系中的重要位置，最终目的是希望义务冲突以及其他合法化事由都能够引起理论与实践的关注。无论在什么样的立场和主张下，入罪都应当坚持以法条为依据，罪刑法定原则不允许法官对那些"法无明文规定"的行为入罪；相反，出罪并不需要成文的规范，罪刑法定原则不会限制法官对"法有明文规定"的行为出罪。③ 因此，入罪所需要的是成文的刑法规范，而出罪的开

---

① ［苏］别利亚耶夫，科瓦廖夫.苏维埃刑法总论［M］.马改秀，张广贤，译.北京：群众出版社，1987：171.

② 陈兴良.四要件犯罪构成的结构性缺失及其颠覆——从正当防卫切入的学术史考察［J］.现代法学，2009（6）：57.

③ 陈兴良.入罪与出罪：罪刑法定司法化的双重考察［J］.法学，2002（12）：31.

放性决定了出罪事由更需要学理支撑，也更需要司法实践寻求一种不枉不纵的平衡。"找法"固然重要，坚持出罪的底气也很重要。从这个角度讲，所有出罪事由的研究都在为深化出罪理念迈出一小步。

另一方面，出罪理念来源于出罪事由的逻辑判断。本书所主张的二元义务冲突构造就是强调从客观到主观的逻辑判断路径，只有在义务冲突状态成立的前提下，才进行下一步判断，即确认义务冲突中行为人的选择是否具有正确性，继而判断排除犯罪的义务冲突事由是否成立。至于义务衡量的标准以及行为人义务选择的结果是否符合"更重要的法益"，依然需要在个案中不断探索与总结。区分可以行使紧急权的场合和正确行使紧急权的限度，能有效转变出罪事由在司法实务中的适用现状。虽然客观的紧急状态并不能直接排除犯罪，但很可能为其他减轻或者免除责任的情形提供依据。除此之外，义务相权行为的正确性取决于国家和社会在特定时代的价值考虑，证明某项义务比另一项义务更具有履行的必要性和优先性，需要综合考量这个社会公认的价值排序和国家当下的法律理念。反之，如果无法证明行为人未履行的义务具有优先性或者无法反驳行为人履行的义务具有优先性，那么就应当遵循"有利于被告人"的基本原则，认定行为人在冲突状态中的义务选择是恰当的，从而排除犯罪。

### 三、研究方法与基本脉络

基于义务冲突理论的特征，本书主要采用比较分析法、规范分析法和案例分析法。对义务冲突问题的讨论，主要遵循"概念界定—体系定位—教义学重构—实践适用"的逻辑顺序展开。

（一）研究方法

其一，比较分析法。"有比较才有鉴别，有鉴别才有发展。"[1] 德国刑法学界对义务冲突问题已经进行了长达一百年的研究，相较于其浩如烟海的学

---

[1] 陈兴良．规范刑法学［M］．北京：中国人民大学出版社，2017：10.

术成果和纷繁复杂的实务判例，我国义务冲突理论无论是在研究时间还是在研究程度上，都显示出极大的不足。鉴于我国目前的主流刑法教科书对义务冲突的介绍都过于简单，关于刑法中义务冲突问题的学术专著也极少，实践中还未出现根据（或试图根据）义务冲突事由裁判的刑事案件，因此只借助本土资料的义务冲突探索必然陷入研究困境。一直以来，比较研究都是我国刑法体系转型趋势下的重要研究方法。因此，本书在对域外文献的梳理和总结基础上，致力于真实客观地反映义务冲突在德国刑法理论中的研究现状，其中包括对义务冲突在刑法教科书、刑法评注中的基本主张，重要司法案例的介绍以及义务冲突理论的适用。义务冲突问题滥觞于德国刑法学，回归到理论起源、构建、发展与成熟的原始文本，能够呈现义务冲突概念、争议与解决方案等问题的真实面貌，从而澄清我国刑法理论对该问题的某些误解。除此之外，日本刑法理论作为德国刑法理论的重要传承者，亦有丰富的义务冲突理论知识与案例。① 日本刑法理论经过长时间的自我发展已经具备比较鲜明的理论特色，也已经呈现出十分成熟的理论体系。考察日本刑法中的义务冲突问题，能够看到义务冲突理论在日本的发展与变化，也能够吸收相应的理论继受经验，以促进义务冲突的本土化构建。再者，与我国台湾地区的义务冲突理论进行对比研究，也必不可少。尤其是因为与我国大部分学者主张义务冲突违法阻却性质不同，台湾有不少学者坚持义务冲突的责任阻却观点，这对丰富和发展本土义务冲突理论有重要意义。最后，考察义务冲突事由在域外刑事司法实践中的运作状况，对比我国刑法实务部门对义务冲突事由所呈现的基本态度，分析义务冲突事由在我国司法实践中难以得到适用的原因以及可能性等。

其二，规范分析法。通俗地讲，规范分析法就是将"应该"和"是"综合起来进行对比分析的方法。一般而言，规范分析以实定法的具体法律规范

---

① 日本刑法理论中关于义务冲突的研究代表有：阿部纯二的《刑法中的"义务冲突"》、大鸠一泰的《义务冲突》、森下忠的《义务冲突的法律构造》等。具体内容可参见冯军. 刑事责任论 [M]. 北京：北京大学出版社，1996.

为基础，但是义务冲突、被害人承诺或者法令行为等事由都属于一种不成文的豁免规范。不过，没有成文法规并不意味着规范分析方法束手无策。例如，有学者指出，规范分析的对象是制度事实，即由法律规范为前提所带来的主体交往行为的社会事实，它并不限于法律文本所内含的规则，这种分析是价值载体、运行效果和规范体系三位一体的表现。① 本书对义务冲突的研究立足于义务冲突既有的学术理论，基于在这些理论基础上已经形成部分共识并抽象而来的规范，对义务冲突这一刑法出罪事由的构成本身进行说明与阐释。通过对义务冲突事由的判断思维、认定路径的逻辑重构，详细阐释义务冲突成立的基本要件。义务冲突作为一种刑法出罪事由，对其进行研究就必须进行教义学的解释和分析，虽然在我国现行刑法典中并没有规定义务冲突，只是在理论上将此作为一个超越于法规之外的违法阻却事由（大陆法系），或者在四要件语境下称之为不具备社会危害性的事由，然而，法教义学的基本思想和目标依然适用于该理论的构建和完善，否则义务冲突在刑事法中的适用只会更加无据可循。因此，作为刑法研究最基本的方法，义务冲突也必须建立在传统解释学的基础之上。

　　其三，案例分析法。理论研究的最终目的是回归实践、推动实践。义务冲突的实践考察会从两个层面展开：一是域外案例的介绍与分析。从现实角度看，我国尚未出现有关义务冲突的刑事司法裁判案例，所以具体的适用情况分析必须借助域外的案例。二是国内案例的选择与分析。裁判文书网上虽然没有义务冲突的刑事判决，但是这并不代表实践中不存在义务冲突情形。因此，本书选取了一些具有代表性的案例。这些案例的情形要么符合义务冲突的客观状态，从而能够借助义务冲突事由进行讨论，要么理应适用义务冲突理论来排除犯罪，但司法实务并没有采纳。还有一些看似符合义务冲突情形的案例，但实际上并不符合义务冲突状态或难以成立阻却违法的义务冲突。案例分析方法的重要性在于，将置于神龛的理论研究落实到现实世界，

---

① 谢晖.论规范分析方法［J］.中国法学，2009（2）：37.

建立刑法理论与司法实践的桥梁。只有得到实践的承认并从司法判决的适用中获得进一步的发展，理论才可以说是具有生命力的。在适用范围上，义务冲突的实践讨论多围绕生命冲突展开，这是因为最典型的义务冲突情形都是以涉及生命的形式出现在现实生活中的。但需要注意的是，义务冲突并不仅仅适用于生命冲突情形，据此，本书也倡导义务冲突理论的适用应当脱离生命冲突的定势思维，探索义务冲突理论在其他类型案件中的适用可能性。

（二）基本脉络

本书对刑法中义务冲突的探索，以下述逻辑线索展开：确定论域—厘清体系地位—成立条件的教义学重构—实践适用及本土化展开。有关义务冲突的争议问题，已在上文明确指出，即刑法义务冲突的基本概念、义务冲突在犯罪论体系中的位置以及义务衡量标准。全文的理论构建也将围绕这三个问题展开，在此基础上形成义务冲突问题的基本立场，并结合我国刑事司法的特征，进行本土化尝试，并在具体的案例中展开。

第一章介绍义务冲突的源起与发展。在讨论义务冲突的刑法理论之前，以文学作品和哲学领域的义务冲突作为铺垫，逐步将义务冲突问题引入刑法讨论的范围内。

第二章义务冲突的界定与结构就刑法中的义务冲突正式展开讨论，其目的是确定论域，即对本书所讨论的义务冲突进行刑法领域的范围限定，即义务冲突本体论部分。通过对义务冲突的刑法界定和基本类型的研究，将本书的研究对象进一步具体化。无论是域外的理论研究还是我国刑法学界对义务冲突的定义，其实都欠缺明确性，这是理论发展梳理和国内外文献综述的基本结论。义务冲突的本体论是讨论义务冲突问题的理论前提，只有在特定的概念和范围下，有关义务冲突的各种争议和多元立场才能实现充分对话。其中，对"义务冲突"的理解应当注意区分作为一种客观状态的"义务冲突"与作为一种出罪事由的"义务冲突"。对于前者而言，主要解决义务的具体范围以及冲突的含义，第一，要明确纯粹的道德义务能否被包含在冲突义务的范围内；第二，要分析冲突的认定标准是什么，冲突是否意味着紧迫性，判断标准是行为人的主观认知还是法益遭受威胁的客观状态等问题。

第三章的内容为义务冲突在犯罪论体系中的位置，即义务冲突体系论部分。义务冲突的体系地位取决于对义务冲突实质法基础的主张，亦即义务冲突出罪的法理根据。义务冲突的体系性位置是贯穿该问题研究的核心内容。义务冲突的性质与功能——阻却违法还是阻却责任，取决于义务冲突体系位置的具体主张。与此同时，义务冲突的体系定位及其背后的实质法基础，会影响具体的义务衡量标准和规则。据此，体系论将分为三个层面展开：第一，义务冲突的独立性问题。义务冲突究竟是一个可以被刑法其他事由（尤其是紧急避险）所吸收的出罪情形，还是一种具有独立性的超法规出罪事由，有必要进一步论证。尤其是鉴于义务冲突与紧急避险事由的历史渊源，在进行具体的体系位置认定之前，先要对两者做出明确的界分。本书主张，义务冲突是一个独立的出罪事由，而义务冲突的独立性地位是现代义务冲突理论构建的重要标志。第二，义务冲突在阶层论中的位置及其背后的出罪根据。在梳理与批判既有立场的基础上，提出以行为人权利说为违法阻却根据的义务冲突理论，坚持义务冲突是违法性层面的内容。但是，现有违法阻却根据并不能彻底解释义务冲突的正当化问题，因此确定义务冲突的体系位置之外，还要找到阻却违法的理论根据。第三，义务冲突在四要件犯罪论体系中的位置，即义务冲突在体系论上的本土化尝试。

第四章为义务冲突的法教义学重构，旨在回答这样一个问题：成立一个刑法上排除违法性的义务冲突，需要符合哪些前提条件。过去的义务冲突事由成立条件均采用平铺式、罗列式的方式展开，这不仅不利于义务冲突的逻辑构建，也在一定程度上增加了义务冲突的适用难度。本书将义务冲突的成立条件分为两个层面考察：义务冲突状态与义务相权行为。这种义务冲突的认定逻辑遵循从客观到主观的判断思维，将义务冲突状态作为适用的客观前提，将义务相权行为作为义务冲突成立的效果要件。前者的判断依赖于"义务冲突"作为一种客观状态的基本定义，即只要符合刑法理解下义务冲突的"义务"概念和"冲突"含义，义务冲突的客观状态随即成立。后者取决于义务衡量标准的确定，只要行为人的选择符合义务衡量规则，正确的义务相权行为意味着阻却违法的义务冲突成立。确定合理的义务衡量标准也是义务冲突理论研究的主要任务。不同的出罪依据对应着不同的义务衡量理念与权衡标准，正当的义务衡量标准应当以义务冲突的实质法基础为出发点。

第五章义务冲突的实践展开，是将本书所构建的义务冲突理论放在司法实践中进行检验。理论研究的最终也是最理想的目的就是运用于实践，而对实践案例的研究也是理论发展的根本动力。作为一个根植于阶层论的出罪事由，义务冲突与我国目前的刑事司法体系存在天然的不适应性，所以义务冲突在我国刑事司法中的适用困境并不难想象。虽然在理论上，我国亦承认刑法规范之外的排除犯罪事由，但是实践中几乎从未出现过义务冲突出罪的判例。但这并不代表义务冲突问题在我国不存在，也不代表义务冲突事由等其他超法规事由在我国不存在适用可能性。对实际判例的关心，一定是舶来法制本土化的起点，也是建立自主法学的根基。义务冲突在实践案例中的展开，是义务冲突理论从域外思维真正转变为本土资源的开始。在义务冲突理论的适用问题上，围绕本书所主张的义务冲突基本概念、体系地位与出罪根据、义务衡量标准，对经典的义务冲突案例做出回应，这些案例不只是法哲学领域的假想案例，也包括真实的案例。

# 第一章

# 义务冲突的源起与发展

了解义务冲突概念的源起和演变过程，涉及义务冲突在其他领域的具体表现。为了更好地与现代刑法意义上的义务冲突相互区分，下文将从文学作品、哲学研究和早期刑法理论中的义务冲突问题出发，总结义务冲突在早期发展阶段的概念特征。

## 第一节　文学作品中的义务冲突

在义务冲突的研究中，常常会提到古希腊神话中的一个著名传说，在墨西拿海峡的一侧，居住着女海妖斯库拉（Scylla），她"声音如同初生的幼犬狂吠"，对经过此处的船只而言，她就是诅咒，是水手们的噩梦；而在海峡的另一侧，藏着怪物卡律布狄斯（Charybdis），它是坐落在海妖斯库拉边上的大漩涡，它"吞吸幽暗的海水"。任何途经此海域的船只，都必然遭遇一方威胁，选择途径斯库拉一侧，就要牺牲六名船员，作为献给女海妖的祭品；如果选择另一面，那么整艘船都会被卡律布狄斯吞噬。"如何既躲过残暴的卡律布狄斯，又挡住另一个怪物伤害我的同伴们？"① 这便是主人公奥德修斯面临的两难选择，如果他选择用六名水手的生命来换取其他人乃至整艘

---

① ［古希腊］荷马. 荷马史诗·奥德赛［M］. 王焕生，译. 北京：人民文学出版社，2015：229-230.

船的平安，则将与他的道德理念产生巨大的冲突；如果他不顾一切向卡律布狄斯那一侧前行，则将面临全军覆没的风险，再也无法完成自己的使命。对于奥德修斯而言，这是牺牲六人还是牺牲所有人的冲突。

索福克勒斯在悲剧《安提戈涅》中也描述了一种两难困境，主人公安提戈涅的两个兄弟在决斗中杀死彼此之后，国王克瑞翁下令，厚葬为保卫城邦而死的厄特克勒斯，但不允许任何人安葬波吕涅克斯，因为他是城邦的叛徒。作为妹妹的安提戈涅因此陷入困境，在这种情况下，安提戈涅如果安葬哥哥，就是违反法律（王命）；如果不安葬哥哥，就是违背了神的旨意。① 在这个故事里，安提戈涅面临的是履行神的义务还是履行王的义务的冲突状态。

再比如，我国古代亦有"忠孝难两全"之说。《韩非子·五蠹》中记载："楚之有直躬，其父窃羊而谒之吏。令尹曰：'杀之。'以为直于君而曲于父，报而罪之。以是观之，夫君之直臣，父之暴子也。鲁人从君战，三战三北，仲尼问其故，对曰：'吾有老父，身死，莫之养也。'仲尼以为孝，举而上之。以是观之，夫父之孝子，君之背臣也。"② 这里介绍了两个忠孝冲突的案例。在第一个故事中，一人得知自己的父亲偷羊，若不告发自己的父亲，即为不忠；选择揭发此事而大义灭亲，则为不孝。而且，无论他怎么选择，按照当时的"法律"都要受到处罚。这个故事在《吕氏春秋·仲冬纪·当务》里有了结局，"父窃羊而谒之，不亦信乎？父诛而代之，不亦孝乎"。直躬虽告发了父亲，但替父受刑，前者为忠，后者全孝。第二个故事是说，上前线打仗的鲁人家中还有父亲需要照料，因此如果战死沙场，则无人照料家中的老父亲，此为不孝；若因此不拼命上阵杀敌，则为不忠。

上述文学经典中的冲突案例虽然和现代刑法理论中的义务冲突相差甚

---

① ［古希腊］埃斯库罗斯，索福克勒斯. 罗念生全集（第二卷）：埃斯库罗斯悲剧三种，索福克勒斯悲剧四种［M］. 罗念生，译. 上海：上海人民出版社，2004：293-342.

② 许嘉璐，梅季. 诸子集成（中册）［M］. 南宁：广西教育出版社，2016：256，1801.

远，但是文学领域中的冲突情形为义务冲突在哲学领域及法学领域的思考提供了启发。

## 第二节 哲学视角下的义务冲突

刑法中的义务冲突理论滥觞于哲学领域的义务冲突问题。其中，对义务冲突理论产生最为深远影响的哲学问题当属"卡涅阿德斯之板"，这是怀疑派哲学家卡涅阿德斯（Carneades）提出的哲学思想实验，具体是指两名遭遇船难的水手，同时看到了一块船板并试图向其游去，甲先抵达船板并攀在上面，由于该船板只能承载一个人的重量，乙便将甲推下船板，最终乙获救，甲溺水而亡。那么，乙是否因此构成谋杀罪？若先抵达船板的甲竭力阻止乙的争夺行为，最终乙溺水而亡，甲是否要为此承担责任？

应当说，船板案是早期义务冲突问题的核心战场。西塞罗就船板案提出过这样的哲学疑问："……每个人都可以为自己夺得那块木板，还是一个人应该让给另一个人？"① 德国自然法学派的重要代表普芬道夫（Pufendorf）认为，没有什么能够阻挡一个已经在船板上的人，竭尽全力捍卫自己的船板，尽管对方可能在此过程中身亡。据此，普芬道夫从人的"自爱"来论证社会的产生以及自然法的基础，在他眼中，保护自己的生命要优先于保护他人的生命，这是一个人的本性使然。相反，康德就表示，即使是为了挽救自己的生命，也无法将杀害另一个人的行为正当化。不过，在这种情况下，任何追究行为人刑事责任的规范都会丧失它所意图达到的效力。因为与法院判决这样未确定的威胁相比，此时此刻必然溺死的恐惧才是不得不克服的。②

---

① ［古罗马］西塞罗.论义务［M］.王焕生，译.北京：中国政法大学出版社，1999：331.

② ［德］康德.法的形而上学基础——权利的科学［M］.沈叔平，译.北京：商务印书馆，1991：47.

哲学领域另一重要的冲突情形便是耳熟能详的"电车难题",直至今日,电车难题依然是哲学、伦理学及法学领域讨论的热门话题。1967 年,英国哲学家菲莉帕·富特(Philippa Foot)提出所谓的电车难题:一辆电车失去控制后,司机看到前方有五个人在轨道上,如果任凭电车继续前行,就必然撞死这五个人;如果司机将电车转向开到另一条岔道上,就会撞死另一个人。① 电车难题引起了学界极大的反响。1985 年,美国哲学家朱迪斯·贾维斯·汤姆森(Judith Jarvis Thomson)对电车难题进一步展开:当你成为一个能够搬动道岔的旁观者时,你选择无动于衷任凭电车前行而撞死五个人,还是搬动道岔将电车引至一旁的侧轨,只牺牲一个人?随后,电车难题在德国刑法理论中又被转化为多种形式的刑法假想案例,用以充分讨论义务冲突难题。在德国刑法学中,类似的电车难题被表述为扳道工案(Bahnwärtersfall),德式电车难题的刑法学假象案例一般这样描述:在一个陡峭的山路上,一辆货列车失控并全力朝着山谷冲去,如果任由其继续滑行就会造成正停在火车站的整辆客运列车人员伤亡。一名铁路看守员见状,在最后一刻打开道岔,将货车转向唯一的侧轨道上,在该轨道上有三名工人正在卸货,三名工人因此死亡。② 还有一种情形:一名铁路看守员在巡视中发现铁轨上有一铁块,他本可以在火车来之前将其搬走,但此时他听到附近池塘传来自己孩子溺水的呼救声。那么,该名铁路看守员应该先将铁轨上的障碍物搬走,还是应当先救助自己的孩子?③

除了船板案与电车难题,西方哲学家也很早开始探讨忠孝问题。例如,古罗马哲人西塞罗也提出过类似的情形:"如果父亲正在盗窃神庙或者挖掘

---

① [美]托马斯·卡思卡特. 电车难题[M]. 朱沉之,译. 北京:北京大学出版社,2014:1-2.

② Peters, Die Tötung von Menschen in Notsituationen, JR 1950 S. 744；Welzel, Zum Notstandsproblem, ZStW 63（1952）, S. 51；Gallas, Pflichtenkollision als Schuld-ausschließungsgrund, Festschrift für Eduard Mezger, 1954, S. 330.

③ Jansen, Pflichtenkollision im Strafrecht, Breslau：Schletter, 1930, S. 17；Henkel, Der Notstand nach gegenwärtigem und künftigem Recht, München：Beck, 1932, S. 97.

通向国库的地下暗道，他的儿子应该向官员告发吗？"① 哲学家和法学家要解决的问题并不完全相同，他们思考的方向也有区别。一般而言，哲学家在义务冲突情形中常常提出这些疑问：真正的符合道德的行为应当是怎么样的？为了自己的生命而剥夺另一个人的生命是否违背了道德？不过，也有不少（法）哲学家对义务冲突的思考已经与具体的刑事后果相互关联，即除了正义或道德的探讨，他们也关心行为人是否有罪。因此，刑法理论中的义务冲突以早期哲学领域义务冲突的讨论为基础，现代刑法义务冲突的理论发展也始终离不开哲学领域的研究。

## 第三节　早期刑法理论中的义务冲突

在义务冲突理论发展初期，有许多被视为义务冲突情形的真实案例。比如英国刑事诉讼史上著名的公海食人案（女王诉达德利、史蒂芬斯案）。该事件开始于"木犀草"号邮轮遇难，船长达德利带着四名船员逃上一艘救生艇，但并没有携带淡水。在海上漂泊了将近二十天后，他们陷入没有食物补给的困境中，随后，案件的两位当事人达德利和史蒂芬斯决定将濒临死亡的年轻水手帕克杀害，并以帕克的血肉之躯为补给，救生艇上的其他人等来了四天后的救援。② 以帕克之死换取其他所有人的生存机会看似是个"明智"的选择，但是剥夺他人生命的行为显然违反刑法，应以谋杀罪定罪处罚。然而，让人陷入两难的冲突问题是，倘若不以帕克之死维持体力等待救援，那么救生艇上的所有人都会失去生命。此时，追究达德利和史蒂芬斯的刑事责任，是否还有意义？

再如，德国著名的战时安乐死案（Euthanasiesfall），也是义务冲突问题

---

① ［古罗马］西塞罗．论义务［M］．张竹明，龙莉，译．北京：译林出版社，2014：141.

② Rigina v. Dudley and Stephens, 14 Q. B. D. 273 (1884)

的重要范本。本案发生于二战期间，德国的 St 医生和 P 医生接到纳粹政府的命令，要求对符合要求的精神病人实施安乐死，实则以这种形式来实现种族灭绝目的。为了保住更多人的生命，两名医生不得不提交一份名单——这份名单上只有一部分人的名字——并对这份名单上的人实施安乐死。因为他们只有这样做，才能阻止纳粹政府派其他医生代替他们的位置，到时候会有更多的病人被杀害。① 战后，针对 St 医生和 P 医生的行为是否构成故意杀人罪，德国法院进行了审判。本案的冲突在于，如果两名被告人不提交病人名单，那么必然会因不服从命令而离开岗位，届时所有精神病人都将无法幸免，但问题是，他们是否有权选择让一部分人牺牲，换取另一部分人活下来的机会。不可否认，St 医生和 P 医生的名单杀害了一部分人，但让另一部分人活了下来。与不提交名单相比，无疑是"更好"的选择。然而，生命无论在数量上还是质量上都被认为是无法比较与衡量的，那么这种"更好"就毫无意义。安乐死案在德国刑法理论界和实务界引发了广泛的讨论。与上述英国的船难案件有所不同，安乐死案中的两名被告人所面临的两难并非你死还是我亡的涉及自己生命的选择，而是遵循命令杀死所有的人还是以牺牲一部分人的生命来换取剩下人的生命的问题。

在此类案件中，审判法官也表现出前所未有的"冲突"。在女王诉达德利、史蒂芬斯案中，法院判决二被告人死刑，随后由王室将两人赦免，减为自由刑。前者彰显法律的态度，后者体现社会的理解。同样地，德国联邦最高法院对战时安乐死案做出判决时，虽然承认在当时的情况下，二被告人除了提交一个名单外已经别无他法，唯有如此才能阻止当局不加限制地执行杀人命令，但在最终的判决结果中，却并没有因此否定医生行为的违法性和有责性，而只是认为，本案属于有其他免于刑罚的情况。可见，谁也无法否定 St 医生和 P 医生确实拯救了部分精神病人，而这种牺牲部分的方法在当时可能已经是最佳出路了，所以在刑罚裁量上，法院基于人性或良心给予了被告

---

① OGHSt 1, 321ff; BGH NJW 1953, 513f.

人在此类极端情况下的"谅解"。

文学作品和哲学领域的义务冲突情形，以及早期刑法对义务冲突的认定，都表现出义务冲突形成初期的特征。当时的义务冲突与现代刑法理论的义务冲突已经很难再被视作同一个问题，虽然现代义务冲突理论是在这些假想案例或者真实案例的激烈讨论中逐步发展而来的，但是与现在所理解的义务冲突相比，它具有以下几个问题：

其一，将生命冲突等同于义务冲突。不可否认，最容易让人产生冲突感的就是生命冲突，因此生命冲突案例成了早期义务冲突理论讨论的经典难题，甚至可以认为，生命冲突就是义务冲突。因此，早期的学者认为，奥德修斯牺牲六人还是全军覆没的困境就是一种义务冲突；① 电车难题中，牺牲整车人还是牺牲五人的选择也是一种义务冲突；二战期间的两名医生选择牺牲部分病人还是全部病人的矛盾也是一种义务冲突。这些案例看似一种义务冲突，但更确切地说，是在用义务冲突的外衣回答生命价值能否衡量或者如何衡量的问题。显然，将生命冲突和义务冲突画等号，无法在今天的刑法理论中获得认同，但生命冲突问题极大地影响后续刑法学者对义务冲突情况的讨论方向。即使到了今天，涉及生命法益的义务冲突依然是最为经典的义务冲突模型。尤其是在真实的生命冲突案件产生之后，刑法领域开始在义务冲突概念下讨论堕胎问题、重症监护医疗等案例②，还有疫情影响之下医生的选择权问题③。

其二，上述所谓的义务冲突情形，几乎不对义务冲突和紧急避险加以区分。过去的冲突状态并不强调"义务"概念，而更在乎"冲突"问题，只要冲突存在，基本意味着这种让人陷入困境的义务冲突就成立。据此，早期的

---

① Mangakis, Die Pflichtenkollision als Grenzensituation des Strafrechts, ZStW（1972）, S. 450.

② Mangakis, Die Pflichtenkollision als Grenzensituation des Strafrechts, ZStW（1972）, S. 447.

③ Engländer, Die Pflichtenkollision bei der Ex－ante－Triage, in：Hörle/Huster/Poscher（Hrsg.）, Triage in der Pandemie, 2021, S. 111－148.

义务冲突理论并没有厘清义务冲突和紧急避险的区别和联系，因此在大部分讨论中都将两者混同，这也是为什么在之后的义务冲突理论研究中，本应该放在紧急避险讨论的情形被认定为义务冲突情形。但实际上，电车难题以及德国刑法理论中的扳道工案，甚至是船板案，本质上还是救助生命的紧急避险情形，而并不能认为是一种义务冲突状态。① 而公海食人案在刑事诉讼的讨论过程中，亦是围绕着紧急避险事由展开。② 这是因为，早期的义务冲突定义和基本构成尚不明确，义务冲突多被作为紧急避险的下位概念理解。这也是现代刑法意义上的义务冲突概念与早期理论研究中的义务冲突概念的最大区别。

其三，上述义务冲突在文学作品和哲学领域的表现，是一种广义的义务冲突概念。也只有在此类广义的义务理解下，才可能将自己救助自己的生命的行为视作一种义务，因为按照康德的理解，不得自杀是一种对自己的完全义务。③ 所以，危难之时救助自己的生命便是一种义务，因此上述救助自己生命的情形也能被解释为义务冲突。但是，法学理论对义务的理解与哲学领域对义务的理解并不完全相同，目前的主流观点多将自救型的冲突状态以及转嫁危险型的冲突情形，视为一种紧急避险。

综上所述，义务冲突问题在各领域的理解并不统一，倘若以文学或哲学领域的情形理解义务冲突，则难以与紧急避险划清界限。因此，下文将在刑法视野下对义务冲突进行界定，以区分其他领域的义务冲突概念，同时也将澄清早期理论界对义务冲突概念的误解。

---

① 比如，康德就认为船板案是一种牺牲他人生命的紧急避险，且不能认为这种紧急避险是正当的。[德] 康德. 法的形而上学基础——权利的科学 [M]. 沈叔平，译. 北京：商务印书馆，1991：47.

② 邓子滨，王晓霞. 女王诉达德利与史蒂芬斯案 The Queen v. Dudley and Stephens L. R. 14 Q. B. D 273（1884）[M] //陈兴良主编. 刑事法评论·第4卷，437-447.

③ [德] 康德. 道德形而上学. 张荣，李秋零，译注. 北京：中国人民大学出版社，2013：200.

# 第二章

# 义务冲突的界定与解构

对义务冲突的刑法界定是研究义务冲突问题的必要前提，只有明确义务冲突在刑法中的内涵与外延，才能够对此展开法教义学构建。义务冲突分类从多个视角考察不同类型的义务冲突状态构成，根据不同的冲突类型有针对性地解决各类义务冲突情形，能够促进义务冲突理论的体系化构建。

## 第一节　义务冲突的刑法界定

义务冲突并非刑法领域特有的概念，所以对其进行刑法界定是探索刑法中义务冲突问题的前提。刑法中的义务冲突概念应当具有双重属性，"义务冲突"，首先是指一种义务产生冲突的客观状态，同时表示一种能够排除犯罪的情形。换言之，义务冲突既是对行为人所陷入的冲突情境的客观描述，又是一种刑法出罪事由，即行为人在冲突状态下的行为得以排除犯罪的情况。义务冲突的刑法界定以前者为基础，以后者为核心内容。

### 一、作为适用前提的义务冲突

目前学界对义务冲突的定义虽不完全统一，但也大同小异。只不过，目前义务冲突的概念大多是对所谓义务冲突状态（Pflichtenkollisionslage）的定义，如德国学者恩特（End）所言，义务冲突"是这种情形，而非情形中的行为，被定义为义务冲突"①。从字面理解上，义务冲突似乎就是指某种让人陷入两难困境的情形，因此大部分刑法定义旨在描述义务产生冲突的客观状态。例如，陈兴良教授认为，"义务冲突是指行为人负担两项或者两项以上义务需要履行，根据当时的客观情况，只能履行其中一项义务，因而发生义务竞合。"② 张明楷教授认为，"义务冲突，是指存在两个以上不相容的义务，为了履行其中某种义务，而不得已不履行其他义务的情况。"③ 周光权教授认为，义务冲突是指相互冲突的多个义务同时存在，履行某种义务，必然难以履行其他义务的场合。④ 黎宏教授认为，"所谓义务冲突，就是存在不可能同时履行的数个法律义务，履行其一的话，就不能完成另一个或者数个义务的场合。"⑤ 陈子平教授认为，义务冲突是"指同时存在无法相容之复数法律上义务，为履行其中之某义务而不得不不履行其他义务之情况"。⑥ 上述定义除了表述上的区别，本质上都是相同的，它们均体现了义务冲突状态的两个条件：其一，义务冲突产生的基本要求，即存在两个或两个以上的义务；其二，义务冲突基本设定，即行为人无法履行全部的义务。这两个要素可以概括为"义务多数"和"履行不能"，即义务冲突客观状态的核心内容。

需要指出的是，上述定义基本都是从形式角度对"义务冲突状态"进行限定。这些形式角度的具体条件也并不完全一致，比如"多个义务"和"多个法律义务"的表述就存在差异，"难以履行""不能履行"和"不得不不履行"也值得推敲鉴别，义务的"同时存在"和"无法相容"也不可完全等同等等。因此，义务冲突状态的定义也有待进一步明确。

从实质角度看，也有学者在义务冲突状态的基础上，考虑了义务不履行

① End, Existentielle Handlung im Strafrecht – Die Pflichtenkollision im Lichte der Philosophie von Karl Jaspers, 1959, S. 6.
② 陈兴良. 教义刑法学 [M]. 北京：中国人民大学出版社，2014：405.
③ 张明楷. 刑法学（上）[M]. 北京：法律出版社，2016：238-239.
④ 周光权. 刑法总论 [M]. 北京：中国人民大学出版社，2016：222.
⑤ 黎宏. 刑法学总论 [M]. 北京：法律出版社，2016：162.
⑥ 陈子平. 刑法总论 [M]. 台北：元照出版公司，2017：312.

导致的法益侵害后果，从而确定刑法中义务冲突的含义。比如，刘明祥教授指出，义务冲突"是指同时存在数个不相容的法律义务，履行其中一方的义务，就必定不能履行他方义务，从而使他方利益受损的情形"。① 该定义不仅包含着对义务冲突状态的描述，而且还涉及在义务冲突状态下，义务不履行所产生的危害后果。换言之，义务不履行若无法引起刑法介入，则这样的义务冲突也就不属于刑法领域所讨论的情形。应当说，义务冲突的实质解释在一定程度上丰富了义务冲突的内涵，也呈现出义务冲突的刑法属性。根据刑法的法益保护目的，任何一种义务冲突状态的产生都要求存在法益遭受危险的可能。如果冲突的产生丝毫没有威胁到法益，那么义务即便不履行也不会造成法益侵害后果，则没有必要在刑法层面讨论。一言以蔽之，没有任何法益损害危险可能性的义务冲突状态并不属于刑法所要探讨的义务冲突问题。

综合上述形式和实质观点，一种义务冲突的客观状态在刑法上应当被理解为：同时存在多个义务需要履行，若不履行则会造成法益侵害的情形。

### 二、具备出罪功能的义务冲突

当刑法中论及"义务冲突是否成立"时，本质上就是指义务冲突的第二层意义，即作为刑法出罪事由的义务冲突是否成立。作为一种能够排除犯罪的情形，在这种语境下对义务冲突进行解释，绝不能理解为义务冲突的客观状态。因为并非所有陷入这种冲突状态的人，最终都可以被排除犯罪。在绝大多数情况下，刑法语境下的义务冲突，都是指一种具有出罪功能的义务冲突。

对此，可以类比正当防卫、紧急避险等刑法明文规定的出罪事由：我国刑法第二十条规定，正当防卫是指为了保护国家、公共利益、本人或者他人的人身、财产和其他权利免受正在进行的不法侵害，采取对不法侵害人造成或可能造成损害的方法，制止不法侵害的行为。据此，正当防卫的概念既描

---

① 刘明祥. 紧急避险研究 [M]. 北京：中国政法大学出版社，1998：150.

述了可以进行正当防卫的前提，也涉及防卫人在该状态下进行防卫制止侵害的行为内容。再如，紧急避险是指为了使国家、公共利益、本人或者他人的人身、财产和其他权利免受正在发生的危险，不得已损害另一较小或者同等法益的行为。① 根据这一定义，紧急避险不仅包括对可避险情形的描述，也包括实施避险行为时的利益损害比较要求。同理，义务冲突若要在刑法范围内发挥其功能，就意味着行为人应当在义务冲突状态下履行恰当的义务。因此，义务冲突的刑法概念除了义务冲突状态，更需要明确行为人在冲突状态中的行为要求，否则，单凭其处在两难状态这一特殊情况根本无法排除犯罪。

我国也有学者已经指出，义务冲突的成立需要具备两个基本条件，它们分别是：存在两个以上的作为义务和必须权衡义务的轻重。② 这两个条件揭示了义务冲突的两个基本内容，前者是对冲突情形构成的表述——两个以上作为义务，后者是对义务冲突情形中行为人的行为要求——权衡义务轻重。虽然这样的成立条件还不够明确，单纯以两个以上作为义务来概括义务冲突的客观情形，尚不能完全确定义务冲突的客观适用情形。两个以上的作为义务固然是义务冲突情形不可或缺的前提条件之一，但并不全面，因为"义务多数"并不等于义务冲突。此外，权衡义务轻重是一个过程，但义务冲突的成立需要行为人在权衡后选择法秩序要求的义务履行。然而，这种观点至少证明，一个具备出罪功能的义务冲突，除了义务冲突情形，还应当包括行为人的行为。

据此，义务冲突的刑法定义不仅应当包括义务冲突状态，而且应当涉及义务相权行为。事实上，一种情形是否符合义务冲突状态，和该状态下的行为人是否可以依据义务冲突而排除犯罪，是两个层面的问题。这就类似于"能不能进行正当防卫"和"行为是否最终成立正当防卫"是两个层面的问题。而这两个问题在判断上具有时间先后顺序，在内容上都是刑法意义上义

① 张明楷. 刑法学（上）[M]. 北京：法律出版社，2016：217.
② 张明楷. 刑法学（上）[M]. 北京：法律出版社，2016：238-239.

务冲突概念不可或缺的内容。从正当防卫和紧急避险的法条规范也可以看出，一种出罪事由概念就是对该事由的适用条件或者成立要件的提炼，反之，一个事由的成立要件也就是概念的解构。

义务冲突状态表现出义务冲突这一事由的特殊性，应当符合具体要求，它必须存在多个义务（区分紧急避险），也要符合无法同时履行多个义务的具体状态。此外，义务冲突状态也是义务冲突成立的前提性条件，厘清义务冲突的第一层概念，能够将部分看似符合义务冲突情形，实际上并不能用义务冲突解决的现实情况排除出去，也可以将部分没有按照义务冲突处理，但在理论上符合义务冲突前提条件的情况做出罪处理。相较而言，义务相权行为是义务冲突的效果要件，是具备出罪功能的义务冲突的必要条件，实质上也就是解决义务冲突状态的正确途径。一个行为人处在义务冲突状态下，做出了恰当的义务选择、履行了正确义务，才可能因此排除犯罪，才可谓成立刑法上的"义务冲突"。

综上所述，义务冲突的出罪属性是建立在义务冲突事由成立的基础上的，这不仅包括义务冲突状态的构成，而且也包括义务权衡后的正确履行行为。前者是义务冲突事由的适用前提，而义务冲突中行为是否最终被排除犯罪依赖于行为人的具体选择和履行行为。综上，义务冲突概念的两层内容包含客观和主观、状态和行为。

## 第二节 义务的范围

考察义务冲突概念中的"义务"范围，是对刑法中的义务冲突状态进行限定，需要回答以下三个问题：第一，义务冲突中的义务是否包含道德义务或宗教义务等非法律义务？第二，义务冲突是否仅指刑法义务的冲突？第三，义务冲突是否仅限于作为义务与作为义务之间的冲突？

### 一、义务包括道德义务

关于第一个问题，义务冲突中的义务范围是否包含道德义务，即指道德义务和法律义务产生冲突的这种情况能否被纳入刑法中的义务冲突状态。本书认为，义务冲突中的义务范围包括道德义务。

除了道德义务之外，宗教义务也常常被讨论。对此，应当认为，人们因宗教信仰而受到的约束和履行的义务都可视作道德上的义务。因此，此处讨论的道德义务也包含宗教义务。因为宗教义务指向对神的义务，对这样的个体而言（如果他有信奉的神灵），宗教信仰和道德信念几乎是无法割裂的，宗教义务就是他的道德准则，道德义务就是他的宗教理念。此外，每个人的道德标准都是有区别的，而设定或形成这些标准的原因层出不穷，宗教就是其中一个重要理由。从这个角度看，宗教义务也无法脱离道德义务的概念。同时，在宗教影响力比较大的西方世界，绝大多数宗教义务都随着时间的推移而转化为普世的道德义务，就算是不信教的人，也都被来源于《圣经》的道德规范所约束或影响。时至今日，已经很难找到道德义务和宗教义务的明确界限。所以，本书讨论义务冲突中的义务是否包含道德义务，已经将宗教义务的问题考虑在内。

那么，刑法中的义务冲突状态究竟是否包含道德义务？对于这一问题，否定论者占多数，目前的通说也持否定观点。部分学者在定义义务冲突概念时，就会直接指明义务冲突仅仅是指"法律义务"之间的冲突，[①] 或者表述为"法律上规定的数个应当履行的义务"[②] 产生冲突，从而将道德义务排除在义务冲突的范围外。相反，肯定论者则认为，义务冲突中的"义务"范围并不受限制，此处的义务不仅仅指法律层面的义务，也包括了道德义务、宗

---

① 参见上文黎宏教授、陈子平教授的义务冲突概念。黎宏．刑法学总论［M］．北京：法律出版社，2016：162．陈子平．刑法总论［M］．台北：元照出版公司，2017：312．

② 高铭暄．中国刑法词典［M］．上海：学林出版社，1989：257．

教义务等。① 例如，德国学者奥托（Otto）将义务划分为三个领域：宗教义务圈、个人义务圈和道德义务圈。根据他的定义，宗教义务圈中的义务是指人对上帝所履行的义务，社会义务圈中的义务是人与人之间的相互义务，而个人义务圈是人对自己的义务。他认为，义务冲突中的"义务"应当理解为社会义务圈的内容。② 但社会义务圈并没有彻底排除道德义务，因为道德义务在部分情况下也属于"社会义务圈"的内容。德国学者加拉斯则认为，冲突"义务"是否包含道德义务，取决于在哪个阶层讨论义务冲突：如果是不法阶层，那么道德义务就没有存在的空间；如果是责任层面，那么道德义务仍然是有意义的。③ 这种观点意味着，道德义务和法律义务产生冲突时，履行道德义务的行为必定具有违法性，但是仍存在免责的空间。类似的观点还提倡，法律义务和法律义务的冲突作为一种普遍原则上的义务冲突状态，而道德义务和法律义务的冲突则作为例外情形处理。④ 无论是哪种主张，本质上都是肯定道德义务作为冲突义务的情形以及履行道德义务具备出罪可能性。

　　本书认为，第一，从存在论的角度看，道德义务当然可能与法律义务相互冲突。例如，上文已经介绍过悲剧《安提戈涅》中的故事，是否安葬自己的哥哥，其实就是神的旨意和王的旨意产生冲突。按照现在的理解，等同于道德义务和法律义务的冲突。所以，就一种作为客观状态的义务冲突而言，必定包括道德义务、宗教义务等非法律规范约束的义务在内。哈特指出，"就其特征而言，道德和许多法律规定一样，是关于在群体生活中持续冲突的情况中，该做什么行为，不该做什么行为，而不是关于罕见的行为，或是人为安排的情况下的间歇行为。"而遵守道德义务和遵守法律义务一样，其

---

① 具体可参见冯军教授的《刑事责任论》（1996 年版，第 74 页）中关于德国学者迈耶（Mayer）和日本学者坂本英雄观点的介绍。
② Otto, Pflichtenkollision und Rechtswidrigkeitsurteil, 1965, S. 5ff.
③ Gallas, Pflichtenkollision als Schuldausschließungsgrund, FS Mezger, 1954, S. 315.
④ 李兰英 . 义务冲突下的正确选择［J］. 法学评论，2002（2）：74.

实都是理所当然的事。① 此外，道德义务与法律义务相比，更具备持续性。当某些情形不再具备社会规制的重要性时，只要法律规范没有被废除，那么它依然是需要遵守的法律义务；反之，很难想象，一种道德义务不再受到肯定时，人们还坚持遵守并维系这种准则。② 在一些情况下，道德义务或许有比法律义务更值得遵守的理由。据此，肯定道德义务与法律义务的冲突依然构成义务冲突状态，是基于客观事实做出的认定。再比如，我国刑法学者在论及义务冲突时，常常以"女友与母亲同时落水该先救谁"为典型案例。而救助女友的义务和救助母亲的义务，恰恰属于道德义务和法律义务的冲突。一面只承认义务冲突状态只能发生在法律义务和法律义务之间，一面又将道德义务和法律义务冲突的具体状态作为义务冲突问题的典型案例，岂非自相矛盾？可见，道德义务和法律义务的冲突存在于现实生活中，这一点很难否认，只不过，道德义务否定论者不认为道德义务的履行可以排除法律义务不履行带来的法益侵害后果，即他们否认这种情况下成立义务冲突事由。此处涉及在何种意义上理解"义务冲突"，如果只是在义务冲突客观状态的层面，冲突状态完全有可能由道德义务和法律义务构成。

第二，讨论道德义务与法律义务的冲突能否构成具有刑法意义的义务冲突状态，实际上是讨论，在可能引起刑法关注的义务冲突范围内，道德义务有没有存在的空间。这种刑法关注的可能性来源于法益可能受到或者正在受到侵害的危险状态，只要客观的冲突现状确实包含着这种危险，就无法排除冲突状态的成立，即便是道德义务和法律义务的冲突，也有必要放在刑法视域中考察。尤其是，有的道德义务已经被法秩序明确地或者默示地赋予了法律之效力，③ 这种道德义务有的能在法律规范上找到依据，有的还是纯粹的

---

① ［英］H. L. A. 哈特. 法律的概念［M］. 许家馨，李冠宜，译. 北京：法律出版社，2011：154.

② ［英］H. L. A. 哈特. 法律的概念［M］. 许家馨，李冠宜，译. 北京：法律出版社，2011：157.

③ Mangakis, Die Pflichtenkollision als Grenzsituation des Strafrechts, ZStW 84（1972），S. 451.

道德义务。比较典型的例子就是见义勇为。在我国,见义勇为之举是道德层面的行为,法律不要求每个人都必须"路见不平,拔刀相助"。然而,在有些国家,法律规定公民应当承担见危救助的义务。比如《德国刑法典》第323c 条规定的不为救助罪,就要求公民对处于危难的人施以援手,否则违反刑法的规定则会构成犯罪。可见,见义勇为的义务在德国已经成为一种具有法律依据的义务,而非纯粹的、不会引起法益侵害后果的道德义务。如果自己的孩子和陌生人同时跌落水中,在我国法秩序下就是道德义务和法律义务的冲突,而在德国法体系中,这种情况就是法律义务和法律义务的冲突。可见,法律义务和道德义务的界分并不是一成不变的,它可能随着法律规范的调整而出现变化,也会因为社会法律体系的不同而有所区别。无法排除在某些情况下,纯粹道德义务尚未上升为法律义务,可它们与法律义务的冲突已经现实化。在社会发展的过程中,仅仅依靠法律有限的灵活性来调度,并不利于实现刑法目的。

第三,在很多情况下,道德义务对行为人的威慑力丝毫不亚于法律义务。正如安提戈涅宁愿身死也一定要将哥哥安葬一样,她对国王说:"我不认为你的法令有这么大的效力,以致一个凡人可以践踏不成文的永不失效的天条神律。后者的有效期不限于今天或昨天,而是永恒的,也没人知道它们是何时起出现的。"① 可见,道德义务和法律义务的冲突也会产生紧迫性和冲突性,这是站在行为人视角而展开的理由,但这并不意味着义务冲突的急迫状态或者冲突的认定以行为人本身的感受为依据。而且,未履行法律义务和未履行道德义务的行为都有可能在不同程度引起法益损害结果,只是未履行纯粹道德义务而造成的法益侵害结果并不需要由行为人承担刑事责任。

第四,这个问题的实质在于,不履行道德义务是否可能导致刑事责任,

---

① [古希腊]埃斯库罗斯,索福克勒斯. 罗念生全集(第二卷):埃斯库罗斯悲剧三种,索福克勒斯悲剧四种 [M]. 罗念生,译. 上海:上海人民出版社,2004:293-342.

以及道德义务的履行是否可以使得法律义务不履行行为改变其在刑法层面的定性。① 如果答案是肯定的，那么道德义务就应当存在于义务冲突的范围内。换言之，未履行法律义务的情况肯定伴随着法益损害后果，这意味着行为人若选择履行道德义务时，这种冲突状态依然需要检验，以判断行为人的义务选择是否正确，道德义务所保护的利益是否能在特殊状态下阻却这种法益侵害行为的违法性。履行道德义务的行为虽然未必排除法律义务不履行的违法性或者责任，但是从保护行为人的角度看，起码要为这种有利于行为人的出罪依据留出空间。否定道德义务的履行在刑法层面的所有意义并不合理，因为刑法虽然无力管辖纯粹违反道德的行为，但并不意味着，因为道德履行而耽误法律义务履行的行为无法在刑法中获得任何宽宥。

综合上述理由，笔者认为，肯定道德义务属于义务冲突状态中的义务范围是合理的，这不仅仅是因为道德义务和法律义务的冲突频频出现在现实生活中，更是因为这种冲突状态也可能会造成法益侵害后果，在实质上符合义务冲突概念。或许有人会认为，将道德义务纳入义务冲突的考察范畴，很可能导致义务冲突成立门槛降低，而过分扩大义务冲突适用的可能性，不利于保护法益。本书认为，这种顾虑并不存在，因为承认道德义务和法律义务在刑法意义上的冲突可能性，并不意味着行为人的行为必然符合排除犯罪的义务冲突情形。义务冲突的出罪功能以行为人的正确选择为前提。即便承认道德义务和法律义务的冲突属于刑法概念上的义务冲突，也并没有引导行为人必须优先履行道德义务的指向性，反而约束了行为人尽可能地选择法律义务，保障更为重要的法益。反之，在个案中，行为人基于更重要的法益或利益履行道德义务，事实上保护了更重要的价值，而放弃履行法律义务所造成的侵害结果可能微乎其微，此时如果依然机械地认定这种选择错误而惩罚行为人，似乎也无法实现刑法目的。据此，本书认为，义务冲突中的义务应当包含道德义务。

---

① 王志远，刘芳，姜国乾．义务冲突研究［J］．铁道警官高等专科学校学报，2003（2）：82.

### 二、义务并非指刑法义务

有关义务的第二个问题是，这里的义务是否仅限于"刑法义务"？还是包括其他法律义务，也就是民法上、行政法上的义务？对此，有学者指出，"……行为侵犯的是刑事义务，从而才可能构成犯罪承担刑事责任，只有具备了这个特性，才能成为刑法学上要研究的义务冲突问题"。[①] 据此，刑事法中的义务冲突只是刑法义务的冲突，而所谓的刑法义务，是指由刑事法律规定的必须履行的义务。[②]

依据本书的立场，道德义务都属于义务冲突中的义务范围，那么法律层面的义务毫无疑问也属于此处的义务。刑法中的义务冲突，并不是指义务规范只能来源于刑法规定。更重要的是，义务可以被划分为刑法义务、民法义务、行政法义务，这一点也十分可疑。因为刑法上的义务始终都是其他法律的义务，[③] 比如重婚罪违反的义务其实是《民法典》中一夫一妻的义务；虐待罪违反的义务是《民法典》中"禁止家庭暴力；禁止家庭成员间的虐待和遗弃"的内容；逃税罪或抗税罪违反的纳税义务也是行政法所规定的义务；交通肇事的行为人违反的是《道路交通安全法》中按照规定时速行驶、按照交通信号灯指示行驶、禁止饮酒后驾驶等规定。所以，"刑法义务"这一概念本身就存在疑问。

虽然"刑法义务"的概念有待商榷，但法律义务违反和刑法规制之间的关系问题，依然值得肯定。既然是在刑法范围内讨论义务冲突问题，那么义务冲突中没有履行的义务所造成的法益侵害后果与刑法规范具有特定的联系，冲突状态中尚未履行的义务所导致的危害后果会引起刑法的负评价。因此，义务的来源不限于刑法规定，但是义务的不履行后果必须与刑法有关。

① 王骏.超法规的正当化行为研究［M］.北京：中国人民公安大学，2007：171.
② 冯军.刑事责任论［M］.北京：法律出版社，1996：380.
③ 陈兴良.教义刑法学［M］.北京：中国人民大学出版社，2014：406.

### 三、义务仅限作为义务

通说认为，义务冲突只能表现为作为义务和作为义务的冲突，而作为义务和不作为义务，或者不作为义务和不作为义务的冲突，并非刑法所理解的义务冲突类型。① 一般认为，义务冲突最为典型的状态就是两个或两个以上作为义务的冲突。绝大多数教科书中常用的教学案例都表现为具体且特定的作为义务冲突。具体而言，行为人所面临的冲突困境是无法同时以积极的行动去履行义务和保护法益，不得不以不作为的方式违反另一个作为义务的情形。典型的案例比如：多个生命垂危的病人同时送抵医院，值班医生甲无法同时救治，最多只能立即救助一个病人而不得已放弃救助其他病人的冲突情形。再如，两人同时溺水，可岸上唯一的救生员乙无法同时救助两人，救助其中一个而不得已放弃另一个的冲突情形。作为义务和作为义务的冲突是最经典的义务冲突类型。

然而，也有学者指出，多个不作为义务并存时，也可能产生所谓的"冲突"状态。在这种情况下，行为人无论做何种举动都难以实现所有义务的履行，也无法避免损害部分义务涉及的法益。这种不作为义务和不作为义务的冲突，或者一般而言就是对世义务之间的冲突，是否确实属于刑法要讨论的义务冲突状态，学界一直都存在争议。其中，否定不作为义务冲突的学者认为，不作为义务之间的冲突就是个伪命题，这种冲突就不可能存在，因为"禁止规范永不冲突"（Leges Prohibitivae nunquam inter se solliduntur）。例如，冯·韦伯指出，刑法就是一部以规定不作为义务为原则、作为义务为例外的法典，比如禁止杀人、禁止盗窃，这表明不作为义务才是刑法保障社会安定的常态，难以想象禁止杀人和禁止盗窃等不作为义务如何发生冲突，这种义务冲突类型在逻辑上根本就说不通。② 所以，冯·韦伯认为义务冲突至少应该有一个义务是作为义务，两个禁止义务无论如何都会协调一致，不会产生

① Satzger, Die rechtfertigende Pflichtenkollision, JURA 2010, S. 753ff.
② v. Weber, Die Pflichtenkollision im Strafrecht, FS Kiesselbach, 1947, S. 453.

冲突。但是，肯定论者从现实角度列举了不作为义务冲突的情形，以证明不作为义务冲突的存在以及其在义务冲突理论中的价值。例如，汉堡易北河隧道案（Hamburger Elbtunner-Fall）① 就是德国司法实践中的不作为义务冲突案例：汉堡易北河隧道施行单向通行时，一名司机逆行开进隧道后，既不能掉头也不能停止，同时不能继续行驶的窘境；还有高速驾驶案（Autobahn-Schnellfahrer）②，就是指一名在高速公路上超速行驶的司机，突然遇到交通堵塞，此时若立马刹车就会造成后车追尾，若继续前行则必然撞上前车，不刹车与不前行都会造成危害后果；再如，驶入错误车道的司机在高速公路上既不能停止，也不能继续行驶，也不能掉头行驶，从而陷入多个不作为义务的冲突。③ 折中的观点认为，不作为义务的冲突在形式上有存在可能性，但是两个不作为义务的冲突同时也可以被视为两个作为义务的冲突。这种观点在德国刑法学界受到了较多的支持，本质上还是一种否定不作为义务冲突的立场。

最后一种情况就是不作为义务和作为义务的冲突。这类冲突状态主要表现为履行作为义务的代价是违反某一不作为义务。事实上，这类义务冲突状态最为常见，这是因为作为一个守法公民，几乎每一分每一秒都在规范自己的行为，履行不作为义务。因此，当出现一个需要立即履行的作为义务时，这类冲突状态的产生概率就大大增加。和前一种不作为义务的冲突比较，作为义务和不作为义务的冲突更为复杂，争议也更多。从义务冲突理论发展的进程看，经典的冲突案例均表现为这种冲突类型。例如，电车难题中，行为人是任凭电车继续行驶撞死五个人，还是扳动铁轨改变电车方向撞死一个人？再比如，德国战时安乐死案，两名医生是任凭纳粹政府杀害所有病人，还是提交名单以牺牲一部分人的方式来拯救大部分病人？又如，司机甲驾车以合理的速度行驶，行人乙突然从树后走出横穿马路，此时只有紧急刹车才

---

① Jescheck/Weigend, Lehrbuch des Strafrechts Allgemeiner Teil, 5. Aufl., § 33 V 1.
② Lenckner, in: Schrönke/Schröder StGB, 29. Aufl., vor § 32 Rn. 76.
③ Jescheck/Weigend, Lehrbuch des Strafrechts Allgemeiner Teil, 5. Aufl., § 33 V 1.

能避免行人乙丧生，但是尾随于甲车后的摩托车手丁，就会因此遭遇生命危险。① 还有呼吸机案，如果拔掉病人的呼吸机，病人一定会死，但是刚刚送来的病人若不马上插上呼吸机也会立即死亡，此时可以视作医生陷入了救助危难病人的作为义务和禁止拔掉病人呼吸机的不作为义务之间的冲突。② 再如病人感染艾滋病，医生为了避免更多的人感染，需要将情况透露给第三人，但是又不得违反医生的保密义务。③

上述关于不作为义务问题的讨论，对义务冲突理论的发展具有重要意义。本书认为，不作为义务并不属于此处讨论的义务范围。理由主要有以下几点：

第一，在对义务的理解上，不作为义务之间的冲突都可以转化为一种作为义务和不作为义务的冲突。④ 这归根结底取决于如何理解刑法上的作为义务和不作为义务的问题。是否存在不作为义务的冲突，或者这类冲突是否属于刑法中的义务冲突，根据对作为和不作为的不同理解，会出现不同的答案。众所周知，所谓的不作为义务并不能理解为"完全保持不行动"的义务。⑤ 按照上述理解，重新考察不作为义务冲突的具体案例，如高速驾驶案，不刹车和不前行均会造成危害后果，但反过来说，不刹车也就是应当继续前行以确保后车不追尾，不前行也就是立即刹车以确保不撞上前车。所以，司机采取刹车、掉头等积极措施回到正确的行驶方向上去，可又不得不遵守在隧道内不得刹车、不得掉头的交通规则。这种冲突状态，可以解释为不作为义务和不作为义务的冲突，也可以理解为作为义务和作为义务的冲突。

第二，作为义务和不作为义务的冲突就是一种典型的紧急避险状态，应

---

① ［德］赫洛·奥托. 法律上等位利益冲突的刑法评判［J］. 王安异，译. 华中科技大学学报，2005（1）：48-49.

② Dingeldey, Pflichtkollision und rechtsfreier Raum, Jura 1979, S. 479.

③ Neumann, Der Rechtfertigungsgrund der Kollision von Rettungsinteressen, FS Roxin I, 2001, S. 427.

④ Satzger, Die rechtfertigende Pflichtenkollision, Jura 2010, S. 753-757.

⑤ Gropp, Die "Pflichtenkollision": weder eine Kollision von Pflichten noch Pflichten in Kollision, FS Hirsch, 1999, S. 219.

适用紧急避险来处理，而非义务冲突问题。① 例如，甲的女儿落水呼救，不会游泳的甲擅自使用湖边一辆属于他人的摩托艇救助自己的女儿，否则女儿将溺水而亡。此处行为人所面临的就是救助女儿的作为义务和不得擅自盗用他人财物（摩托艇）的不作为义务相互冲突。这种冲突状态就是典型的紧急避险情形，应当适用紧急避险来处理。② 在义务冲突理论研究早期，许多冲突案例也是紧急避险理论中的研究对象。但是，按照现代刑法理论的理解，上述作为义务和不作为义务的案件，并不是义务冲突状态，而是一种紧急避险情形。

第三，作为义务与不作为义务并存时，原则上难以形成冲突，因为在多数情况下，不作为义务具有当然的优先性。③ 因为"允许是应当的前提条件"④，当服从一个不作为义务导致另一个义务被禁止时，这个作为义务在本质上就是不存在的，因为人们只能在实质上做被允许的行为。⑤ 在现实案例中，行为人之所以在不作为义务和作为义务同时存在时有极大的冲突感，是因为此时坚持履行不作为义务而放弃作为义务，在衡量下明显"不划算"。例如，行为人明知不应当擅自抢夺他人财物（摩托艇），但是如果他坚持履行这一不作为义务，那么就无法履行救助义务（救助自己落水的孩子）。但是，在这类案件中，行为人自始至终都以履行作为义务为目标，违反不作为义务，只是他履行作为义务的一种手段或方法，所以它算不上是一种义务冲突情形。

基于上述三点理由，刑法中的义务冲突不包含一般的对世义务，而仅限于救助法益的作为义务。涉及不作为义务冲突的案例本质上都符合紧急避险

---

① Neumann, Der Rechtfertigungsgrund der Kollision von Rettungsinteressen, FS Roxin I, 2001, S. 427.

② Satzger, Die rechtsfertigende Pflichtenkollision, Jura 2010, S. 755f.

③ Gropp, Strafrecht AT 1997, § 6 Rn. 157; Köhler, Strafrecht AT, 1997, 295.

④ Neumann, Der Rechtfertigungsgrund der Kollision von Rettungsinteressen, FS Roxin I, 2001, S. 421.

⑤ Gropp, Die "Pflichtenkollision": weder eine Kollision von Pflichten noch Pflichten in Kollision, FS Hirsch, 1999, S. 207ff.

的模型。为了将义务冲突和紧急避险进行区分，本书主张，冲突义务仅限作为义务和作为义务的冲突，在此基础上，义务冲突判断就是对行为人的不作为（未履行作为义务）所造成法益侵害的结果能否排除犯罪的判断，义务冲突事由就是为行为人的不作为提供出罪依据的情形。

## 第三节　冲突的含义

冲突含义的确定，是对刑法中的义务冲突进行限定的第二个问题。义务多数并不必然导致义务的冲突，"冲突"在刑法语境下可能需要进行扩张或者限缩。下文将从义务"冲突"的基本概念和判断标准两个方面对"冲突"进行解释。

### 一、冲突的基本特征

如何定义"冲突"比如何定义"义务"更复杂，因为相较而言，"冲突"是个更为日常的词语。有的学者将这里的冲突解释为义务的"竞合"①或者"抵触"②。法律中的"竞合"有并存与冲突之义，"抵触"则强调互斥性，也是冲突的要素。这样的解释就是"冲突"概念的同义转化。另外一种理解认为，冲突必须具有"情节关联性"或者"情节依附性"，③它是指义务的冲突都是在特定的情境中产生的，这是对冲突实质意义的探索。还有观点指出，冲突意味着义务的不相容，刑法中的义务冲突则需要具备两个要

---

① 陈兴良. 教义刑法学［M］. 北京：中国人民大学出版社，2014：406.
② 冯军. 刑事责任论［M］. 北京：法律出版社，1996：71.
③ 情节关联性（Situationsbezogenheit）或者情节依附性（Situationsbedingtheit）多出现在德国义务冲突的论述中。例如：Otto, Die Strafrechtliche Beurteilung der Kollision rechtlich gleichrangiger Interessen, JURA 2005, 470 - 480；Gallas, Pflichtenkollision als Schuldausschließungsgrund, FS Mezger, 1954, S. 311-334.

素：其一，至少存在一个刑事义务；其二，行为人的错误选择懈怠了刑事义务。① 这种观点指出，冲突的前提是对刑事法律义务的违反以及需要承担刑事法律责任的风险，否则就不构成冲突。这种观点有一定道理，但是刑事义务的概念值得商榷，上文已经详细论述。

本书对"冲突"的理解分为两个方面：

第一，冲突的空间特性，即冲突必须出现在具体的情节中。换言之，冲突必然是具体的，而非抽象的；冲突是一种情形，而非规范上的矛盾。法秩序的统一性要求，义务的设定不能相互矛盾、相互抵触，尽管这在现实中依然存在。但是理论上，法律所设定的义务必须是行为人能够履行的，尤其是不履行将受到刑法制裁的那些义务，应当是一般人在通常情况下能够做到的事情。然而，义务冲突情形意味着义务和义务产生冲突时，部分义务无法履行，这种无法履行并非规范意义上的，而是指在具体的情境中义务无法同时履行，行为人若履行了 A 义务，就不得不放弃 B 义务，这两个义务若并没有在这一情形中同时出现，都能够被履行。② 例如，法律要求医生履行救助病人的义务，但是如果医生根本就不知道病人在哪里，或者说病人在送达医院之前，这种义务虽然一直存在，却未到需要履行的时机，也根本不可能与其他义务产生冲突。所以，冲突必然是义务现实化才会产生的结果。所谓情节（situation），哲学上一般理解为，不仅仅是自然法上的，更多的是在一种有意义的现实层面，既不是心理上的也不是物理上的，而是两者同时作为一个具体的事实，这一事实意味着自我存在的盈与缺、机会与局限。③ 综上所述，义务的"冲突"并不是指义务在规范上或者理念上的矛盾和不一致，而是义务在具体情节中的履行出现抵触和冲突。

第二，冲突的时间特性，即冲突所形成的时间特征。"冲突"之所以被

---

① 赵兰娣. 刑法中的义务冲突研究［D］. 郑州：郑州大学，2019：6.
② Otto, Die strafrechtliche Beurteilung der Kollision rechtlich gleichrangiger Interessen, JURA 2005, S. 471.
③ Jaspers, Philosophie II, 1956, S. 220.

称为冲突，必然是一种非此即彼的紧张关系，也就是说，履行了此义务，就难以履行彼义务，救助了甲就来不及救助乙，由此形成冲突局面的紧迫性。从行为人的心理层面考察，义务冲突是具有紧迫感的，而这种紧迫感意味着，原本可以依次履行的义务，在当下必须在极短的时间内全部被履行，否则就会造成法益侵害后果，行为人可能要承担相应的法律责任。需要注意的是，这种同时性也未必需要完全融合，只要履行其一就会导致另一义务的履行时间无法赶上，那么就可以认为这是具有时间上的紧迫性和冲突性的。

**二、冲突的判断标准**

冲突的判断标准就是指应当根据哪些要素确定"冲突"已经形成。首先可以肯定的是，义务是否发生"冲突"，不能全然以行为人的认识与判断为根据。行为人作为陷入义务冲突状态的主体，肯定会在这种特定情形中感受到紧迫感和履行的冲突感，但是紧迫感和冲突感并不意味着客观义务冲突状态的紧迫性与义务之间的冲突性。原因是，行为人可能陷入假想的义务冲突，即客观上并不存在多个义务，或者并存的义务之间并不存在冲突关系。假想的义务冲突并不是真正的义务冲突状态，因为义务冲突状态具有客观性，它需要事实上确实存在两个或者两个以上的作为义务相互冲突，而且所有的义务都需要立即履行，否则就会造成法益损害后果。无论是义务还是义务所保护的法益危险，都应当客观存在。换言之，冲突事实有可能会使行为人产生冲突感或者选择的矛盾感，但义务是否确实产生履行冲突，并不以行为人的内心感受为判断标准。

判断冲突是否产生，需要注意以下几个方面：其一，冲突具有客观性，因此冲突的判断依据应是在多个义务并存的情况下，法益状态是否确实因为义务无法同时履行而遭遇危险。由于行为人的认知具有主观性，还可能产生错误认识。所以，冲突的判断依然应当遵循客观状态，假如根本不存在多个义务或者数个义务，那么冲突就难以形成，义务的比较与衡量也就不存在。其二，以内心的紧迫感作为依据，等于全然依赖于行为人的主观感受，存在不合理性。其三，产生冲突的是义务本身以及义务所保护的相关法益，而不是行为人的心理感受。义务的冲突虽然表现为行为人无法同时履行，但本质上也是义务与义务呈现出抵触状态。

因此，义务是否确实产生"冲突"，应以客观情形作为判断依据。换言之，至少在形式上应当满足履行不能的条件。当然，履行不能的前提还要存在多数义务，即至少存在两个行为人应当履行的作为义务。在多数义务并存的基础上讨论，在当时的时间、空间条件下，行为人同时履行所有义务在客观上是否确实不能实现。

# 第四节　义务冲突的分类

义务冲突的分类是为了类型化地解决义务冲突难题。下文分别以义务保护法益的类型、义务是否等价以及义务形成的原因为标准，对义务冲突的类型划分进行介绍。

## 一、以义务保护的法益类型为标准

依据义务所涉及的法益是否属于同种类型，义务冲突可分为相同法益类型的义务冲突和不同法益类型的义务冲突。相同法益类型的义务冲突，是指客观冲突状态中，相互冲突的义务所保护或者所涉及的法益类型相同，如生命法益和生命法益的冲突、财产法益和财产法益的冲突。反之，不同法益类型的义务冲突是指，相互冲突的义务所涉及的法益性质不同，如冲突义务中有部分义务保护的是生命法益，部分义务保护的是财产法益。

此处所说之法益是指义务所指向的最直接的利益，不排除有一些义务，它所保护的法益是复杂而多重的，但是无论如何都具备一个具体的实体性法益，而不是抽象的制度性法益。如果认为义务衡量的标准就是一种法益衡量，那么就会将相同法益的义务冲突作为一种等价的义务冲突，即认为义务的重要性也是相同的。这种观点并不正确，因为义务所指向的法益类型只是代表义务履行所保护的法益，但在具体的冲突状态中，义务保护的法益类型等同，并不代表这种法益所遭遇的危险程度相同，也不代表义务不履行导致的危害结果相同，甚至也不能说明义务所涉及的法益值得保护性和需保护性等都是一致的。

在义务冲突理论研究早期，德国刑法学者加拉斯提出过一种类似的分类：可解决的（lösbar）义务冲突和不可解决的（unlösbar）义务冲突。他认为，不同位阶的义务产生冲突就是可解决的义务冲突；而等位阶的义务相互排斥，则属于不可解决的义务冲突。[①] 这种区分模式也没能脱离法益类型的约束，即可解决与不可解决的区分标准其实就是指同类型法益和不同类型法益。从这种区分表述上看，并不确定加拉斯所指的同等位阶和不同等位阶指向了义务本身还是义务所包含的法益。无论如何，这种区分都是具有历史局限性的，它在某种程度上体现了各类义务冲突的特点。按照今天的理论理解，有关义务冲突可解决和不可解决的分类，其理论价值和区分意义十分有限，[②] 因为所有的义务冲突都应当是能够被解决的，无论冲突的义务是等价的还是不等价的，无论冲突义务所涉及的法益是同种类的还是不同种类的。因为永远会有一个义务具有优先性，即便是等价的义务冲突，其优先性也可以通过行为人的自由选择得以体现。甚至可以认为，等价的义务冲突在理论上反而更容易被解决，所谓的难以解决或者不可解决，只是就行为人的心理感受或者义务冲突给人的客观感受而言的。

根据法益的具体类型，可以将同等法益的义务冲突进一步划分为生命法益的冲突、身体法益的冲突、公共安全法益的冲突、财产法益的冲突等。学界讨论最多的冲突案例就是涉及生命法益的冲突情形，实践中最为典型的义务冲突也是生命法益的冲突。大多义务冲突的假想案例也是围绕着生命冲突

---

① Gallas, Pflichtenkollision als Schuldausschließungsgrund, Festschrift für Mezger, 1954, S. 312ff.

② Roxin, Strafrecht AT, Bd I, 2006, § 16 Rn. 125.

展开，可以说，生命法益类型的义务冲突讨论是西方义务冲突理论的起源，比如卡涅阿德斯船板案、电车难题等。生命冲突之所以成为义务冲突探索过程中的重要示例，是由生命法益的特殊性决定的。生命法益与其他法益类型相比，是至高无上、难以衡量且具有独立人格价值的，生命法益处在所有利益的顶端，互相冲突时的紧迫性最为突出，给行为人带来的两难感受也最为强烈。在生命冲突案件中，不只是法律问题，更需要兼顾伦理问题。

再如，身体法益的义务冲突也比较常见。除了生命法益的义务冲突之外，身体法益的义务冲突也可能存在，如果救助义务不履行就会对行为人的身体造成不可逆转的损害，那么行为人也会陷入这种两难处境。比如医生只有一颗特效药缓解过敏症状，同时有两个病人等待救助，如果谁服用了特效药就可以即刻好转，而没有立即服用特效药的病人虽然不会有生命威胁，但可能会给身体留下永久性的伤害。

除此之外，理论上应当还存在涉及公共利益的义务冲突、涉及财产法益的义务冲突等。只要存在多数义务，且这些义务所保护的法益在特定情形下处于某种危险状态，那么关于这类法益的义务冲突就可能形成。

## 二、以冲突义务是否同等重要为标准

上文已述，作为义务履行所保护的法益类型相同并不代表义务的重要性完全一致，因为义务衡量是一个相对复杂的过程，它必然受到法益比较的影响，但并不以法益为唯一标准。所以，区别于上一种义务冲突的分类，根据冲突义务是否同等重要，可以将义务冲突分为同等重要的义务冲突和重要性不同的义务冲突。有学者认为，法益价值相同，就意味着义务的重要性相同，继而将同等法益类型的义务冲突视作等位的义务冲突，而将不同法益类型的义务冲突视作不等位的义务冲突，[①] 这种观点有待商榷。同等法益类型的义务冲突并不一定代表着义务就是等位的。而所谓等位义务冲突，应当是

---

① 王庆瑶. 论刑法中的义务冲突［D］. 河北：河北经贸大学，2020：12.

指冲突的义务经过衡量后，其重要性、履行先后、义务地位等方面都同样重要、难分先后、不相上下；反之，如果产生冲突的义务经具体的衡量之后，存在高低先后之分，则说明在这类冲突中，法秩序对行为人存在具体优先履行某个义务的要求。而法益类型相同的义务完全可能在衡量后存在履行先后，即便是生命法益和生命法益的冲突，义务和义务之间也存在不同重要的可能性。义务是否具有等价性和法益是否具有等价性，是两个不同的问题。

同等重要的义务冲突和重要性存在区别的义务冲突是一种结论性的分类，冲突义务是否同样重要是经过义务衡量与判断得出的结论，这一结论是建立在科学的义务衡量规则之上的，亦即哪个义务更重要是一种规范判断，而非价值判断。换言之，当构建起一套能够解决义务冲突难题的合理的义务衡量方案后，冲突的义务根据这种判断规则得出哪一个义务更为重要，或者所有冲突义务都同等重要。在此基础上判断行为人的选择是否正确。

按照通说，在义务等位（即同等重要）的情况下，行为人具有择一履行权或者选择履行权，即履行任意义务都属于正确的义务冲突行为。在义务不等位（即重要性不同）的情况下，行为人必须履行更重要的义务才属于正确的义务冲突行为。据此，同等重要的义务冲突和重要程度不同的义务冲突的区分对行为人在刑法上的法律评价影响重大。因为法秩序对处在义务冲突状态的行为人是有一定的行为要求的，行为人不仅应当履行部分义务，还应当选择履行正确的义务，否则也不成立排除犯罪的义务冲突。

### 三、以冲突形成的原因为标准

根据冲突形成的原因，义务冲突可以分为偶然的义务冲突和自陷的义务冲突。义务冲突产生的原因复杂多样，通常讨论的义务冲突类型都是指行为人无法预料的情形，即冲突的产生不可以归咎于行为人原因。与之相对的义务冲突是指，冲突情形是行为人故意或过失的行为直接或间接导致的。

其中，偶然出现的义务冲突比较好理解。随着现代社会的发展，很多客观原因相互作用，导致义务冲突产生的可能性越来越高。最为常见的冲突形成是社会资源不足而产生的义务冲突。社会资源的有限性是导致义务冲突产生的重要原因之一。在特定的情况下，可以被提供使用的资源总是有限的，而整个社会也必须依赖于资源的合理分配来协调发展。因此，在资源紧缺的情况下，无法满足每一个社会权利主体的要求，从而让相关的负责人陷入义务冲突状态。义务冲突状态的形成，在绝大多数情况下都是因为可供行为人使用的用于义务履行的资源出现了无可替代的短缺。① 社会资源的有限性意味着，来自公共权力的保护可能无法立即到达公民需要的地方，或者公共权力无法临时而且有效地进行调配。例如，医生需要同时救助两个病人，但是呼吸机只有一台，只能供给其中一个病人。

除此之外，人的能力有限，因而无法在特定情况下履行全部义务，保障所有法益。义务冲突的形成与行为人履行义务的能力和可能性有关。人的能力毕竟只能是一个"人"所具备的各种可能性，人不可以使用超能力、分身术同时履行义务。所以，对每个行为人而言，面临着非此即彼的选择，义务的履行也就会产生事实上的先后性，法律对行为人的先后选择进行评价。行为人的有限理性也决定了他们没有能力预估到所有的生活情境，更加不可能做好完备的预防措施。大部分偶然而紧急的义务冲突状态，无论是在机会上、能力上，还是心理上，都难以做出实际应对。此外，每个个体的能力也不同，行为人在社会生活中的身份与分工，也是引起义务冲突的重要原因。正是现代社会的人身份的复杂性与多样性，公民在不同的时间、不同的场合扮演着不同的社会角色，同时承担着与身份相匹配的各种义务。

自陷的义务冲突则是指，由于行为人自己的原因而陷入义务冲突状态。这里的原因包括合法行为和违法行为等一切因行为人的助力而产生的义务冲突状态。区分偶然发生的义务冲突和自陷的义务冲突，是为了更合理地处理自陷的义务冲突问题。需要回答的问题是，如果冲突的形成可以归责于行为人，义务冲突是否还可以适用？我国很多学者在这个问题上都认为，义务冲

---

① 钱大军，宋双．论法律义务冲突的构成要件与产生原因［J］．社会科学战线，2005（2）：205.

突事由成立的前提是"冲突的形成不可归责于行为人",① 即行为人故意或过失导致的冲突均不可能成立义务冲突事由。本书并不赞同这种理解,因为这一观点忽略了义务冲突状态的客观性。作为一种状态的义务冲突定义表明,由于行为人自己的原因所造成的义务冲突当然也属于义务冲突状态,只不过在具体的处理中要根据造成冲突的前行为的不同性质进行不同的处理。

---

① "义务冲突的引起不可归责于义务人"这一条件是我国刑法理论介绍义务冲突问题时必定附加的条件。有关这一前提条件的解释可参见冯军. 刑事责任论 [M]. 北京:法律出版社,1996:76. 曾淑瑜. 论义务冲突 [J]. 法令月刊,1998(7). 王充. 义务冲突三论 [J]. 当代法学,2010(2):74-80.

# 第三章

# 义务冲突在犯罪论体系中的位置

义务冲突在犯罪论体系中的位置，就是指义务冲突事由在刑法中的性质，也有学者表述为义务冲突的法律属性。① 由于各个国家犯罪认定的理论和逻辑路径各不相同，义务冲突在不同犯罪论体系中的法律属性也有所区别，这是刑事话语体系的壁垒。但是，在任何一种犯罪论体系中，义务冲突的出罪属性并没有争议。基于对义务冲突实质法基础的不同理解，对义务冲突在犯罪论体系中的定位可能存在争议。本章首先讨论义务冲突体系定位的前置性问题，即义务冲突是否具有独立性，义务冲突和紧急避险是什么关系。然后从比较法视野出发，梳理义务冲突体系位置在阶层论中的学术观点和理论基础。在此基础上以行为人权利说作为义务冲突的法理根据，将义务冲突行为理解为紧急状态下的权利行使。最后，讨论义务冲突事由在四要件犯罪理论中的地位和适用可能性。

① 义务冲突在犯罪论体系中的定位是域外刑法学者研究义务冲突时的常用表达，我国刑法学者多将该问题表述为义务冲突的"本质""性质"等。例如，陈兴良教授将此问题称为"义务冲突的法律性质"，李兰英将此问题称为"义务冲突的本质"，王充教授称为"义务冲突的法律属性"。本书认为，以"义务冲突的体系性位置"讨论该问题更为贴切，一方面，这种表述较之"本质""性质"等更为直观和明确，能够比较清晰地表达研究重点；另一方面，过去的研究多认为，义务冲突法律性质有"违法阻却说""责任阻却说""紧急避险说""法令行为说"等几种争议性观点，但这种区分是具有重复性的，而且也完全依托于阶层论体系刑法。因此，本书建议采用"义务冲突在犯罪论体系中的定位"来讨论义务冲突的法律属性或者刑法性质，这不仅能够比较完整地厘清义务冲突不同体系位置的具体观点和不同主张，而且也有空间讨论义务冲突在我国传统的犯罪论体系中的基本归宿和未来命运。

## 第一节 义务冲突事由的独立地位

确立义务冲突在刑法中的独立地位是现代义务冲突理论构建的重要标志，意味着义务冲突不再作为紧急避险的下位概念，而是作为独立事由被深入研究。今天，义务冲突作为一个独立的超法规出罪事由已经获得了共识，而对于义务冲突独立化的过程，以及与其他出罪事由之间的关系，下文将展开介绍。

### 一、义务冲突与紧急避险

（一）义务冲突与紧急避险的渊源

义务冲突理论产生初期最鲜明的特征，就是义务冲突被作为紧急避险的下位概念来讨论。这是因为，义务冲突情形和紧急避险状态在紧迫程度、法益侵害状态及最终后果等方面有很大的相似性，尤其是在事态上都呈现出类似的急迫性质，而且在行为过程中都涉及衡量和比较的问题。因此，在义务冲突理论发展初期，绝大多数学者都不对义务冲突和紧急避险进行区分，而是将义务冲突认定为紧急避险的特殊情形。例如，按照宾丁（Binding）的观点，义务冲突只是紧急避险的下位概念，处理义务冲突只需要遵循紧急避险的基本原则即可。① 以德国刑法学界常讨论的呼吸机案为例，韦尔策尔（Welzel）认为，如果医院里只有三台呼吸机，且已经被三名患者使用着，因车祸送来医院的患者若接上呼吸机的存活率大于这三名患者，那么医生选择较新患者就是一种紧急避险。② 再如，日本刑法学者松宫孝明认为，义务冲

---

① Binding, Handbuch des Strafrechts, 1885, S. 759f.

② Welzel, Das Deutsche Strafrecht, 11. Aufl. , S. 184.

突和紧急避险是类似的,两者都不得已牺牲不能并存的复数利益的其中一方。① 日本刑法学者木村龟二认为,义务冲突就是同时存在两个不相容的义务,为了履行其中的一方就必须放弃另一方的紧急状态,而这种情况可以被理解为紧急避险的特别情况。② 像"木犀草号案件""卡涅阿德斯船板案""电车案"等常常在义务冲突概念下讨论的案例,很多学者也会将它们放在紧急避险中讨论。③

在司法实践中,大部分义务冲突案件也都适用紧急避险来处理。例如,在女王诉达德利和史蒂芬斯案(木犀草号案件)中,主审法官围绕着紧急避险展开本案的论证,"基于紧急避险的杀人""攻击性紧急避险"等成为当时义务冲突情形的代名词。法院需要说明:在此种紧急状态下,杀人行为能否认定为是一种紧急避险,能否依照该事由排除犯罪。又如,1927年,德意志帝国法院在一起堕胎案④的审判中,确立了"法益和义务衡量"原则。本案不仅奠定了义务冲突与紧急避险的紧密关系,也间接确立了义务、法益与利益的内在联系。帝国法院认为:"在某种生活处境中,符合犯罪构成要件的行为是保护法益或者履行某法律义务的唯一方法时,这一行为是否符合法律、是否被禁止或者是否具有违法性……这个问题应当根据相互冲突的法益或者义务的价值关系来确定,而这种价值关系是从生效法律中推导出来的。"⑤ 法院虽然使用了"义务冲突"(Pflichtenkollision)这一表述,但是认为这其实属于利益冲突,由此将这种冲突状态理解为紧急避险情形。

---

① 不过,松宫孝明也指出义务冲突和紧急避险的不同之处。具体参见〔日〕松宫孝明.刑法总论讲义〔M〕.钱叶六,译.北京:中国人民大学出版社,2013:123.

② 〔日〕木村龟二.刑法学词典〔M〕.顾肖荣,译.上海:上海翻译出版公司,1991:215.

③ 〔日〕佐伯仁志.刑法总论的思之道乐之道〔M〕.于佳佳,译.北京:中国政法大学出版社,2017:149-150.

④ 在该案中,未婚女性R与一名旅客发生关系后怀孕,长期患有精神疾病的R因为意外怀孕引起了"反应性抑郁症",并产生自杀念头。她的精神科医生S经评估后,安排妇科医生M为R进行人工流产手术,M根据S提供的精神评估报告为R做了刮宫手术。

⑤ RGSt 61, 254.

直至今日，依然有学者主张义务冲突并不具有真正的独立性，其本质上就是紧急避险所展现的利益冲突。也正因为如此，刑法理论没有必要对义务冲突情形进行理论构建，也不需要为义务冲突状态设定具体的衡量标准，义务冲突情形只要依照紧急避险的基本原则来处理即可。不过，将义务冲突视作紧急避险的观点具有不可忽略的历史局限性。目前的主流观点认为，在紧急避险之外的超法规出罪事由中，义务冲突应当占有一席之地。义务冲突和紧急避险的历史渊源体现出义务冲突理论发展初期的特点，即义务冲突的从属性或依附性。随着理论的发展与成熟，义务冲突和紧急避险开始走向分化，两者的适用状态、衡量标准等方面都不能做统一处理。承认义务冲突是一种具有独立地位的超法规出罪事由，是义务冲突理论体系构建的基本前提。

（二）义务冲突和紧急避险的区别

义务冲突和紧急避险的区别主要体现在以下几个方面：

第一，从客观状态的构成看，义务冲突状态和紧急避险情形虽然都具有紧迫性，但是义务冲突状态由两个或两个以上待履行的作为义务构成，而紧急避险却是以现实紧迫的危险为特征，存在（作为）义务并不是紧急避险状态的必要构成要素，行为人实施的避险行为未必是为了履行义务，避险时侵害法益的行为也往往表现为不作为义务的违反，比如不破坏他人财物的义务违反、不伤害他人的义务违反。再者，义务冲突中需要履行义务所涉及的特定法益面临着现实紧迫的危险，能够进行紧急避险的前提也是有特定的法益正在或者即将遭受重大威胁，两者具有相似性。但是，这两种情形的法益危险情况不完全一致，在紧急避险状态中，避险人所确定的是自己需要保全的那个法益，比如自己的生命或身体，但是因避险行为而牺牲的法益不具有确定性。在行为人实施避险行为之前，任何人或物都可能成为他进行避险的方案，比如，甲被乙追杀，甲的生命法益面临现实而紧迫的危险，此时甲会采取什么样的措施、牺牲什么样的法益，并不具有确定性。他可能会闯入陌生人的家中，也可能夺走某人的汽车，他还可以选择不避险。与之不同的是，义务冲突状态是作为义务与作为义务的冲突，这意味着义务指向明确、义务所保护的法益明确，无论是选择履行的义务还是可能被放弃履行的义务，都摆在行为人面前，等待着行为人做出选择。义务冲突状态一经成立，需要履行的义务、应当保护的法益以及不履行义务可能造成的危害后果都已基本确定。综合上述理由，义务冲突和紧急避险的适用前提不同：义务冲突状态是作为义务之间的冲突，在行为人履行义务之前就已经存在"冲突"；紧急避险情形不以存在作为义务为前提，它是紧急情况出现时的法益危险状态，本质上不属于"冲突"。只有当避险行为实施后，避险人的行为才可能被评价为基于利益冲突的法益侵害行为。

第二，在行为特征上，义务冲突的义务履行行为和紧急避险的避险行为也存在较大区别。正是因为两者客观构成不同，所以义务相权行为和避险行为自然呈现出完全不同的形式。具体而言，避险行为表现为一种对他人法益的积极侵害，但是紧急避险的出罪基础是考虑到整个社会的共同利益，法秩序要求被牺牲利益的一方基于社会团结原则容忍其他成员合理的避险行为，尽管自己的法益起初没有面临任何危险。反之，义务相权行为则完全不同。行为人在冲突状态下进行义务比较并履行相应义务的行为需要刑法进一步评价，但法秩序所关注的是，在相权行为中未被履行的义务，即行为人放弃救助原本就已经处在危险中的那部分法益，① 是否需要追究行为人的责任。据此，刑法中的义务冲突事由，是为行为人未履行作为义务的不作为行为出罪；紧急避险事由，是为行为人未履行不作为义务而积极侵害他人的行为出罪。

第三，行为人的行为目的不同。在紧急避险状态中，行为人的避险行为具有明确导向，即行为人的行为自始至终就是保全某个特定的法益，而其违反义务或者实施避险行为而造成法益侵害后果，都是为了实现这个目的。也就是说，紧急避险的行为人自始至终都十分清楚自己要保护的法益是哪一

---

① 　Rönnau, in: LK-StGB, Vor § 32 Rn. 119.

个，且以此为目标进行避险行为。但是，在义务冲突状态中，行为人的行为目的在于尽可能地履行部分义务。当他面对正在遭受法益侵害的多个待履行义务时，未必存在十分明确的履行目标和保护法益对象。比如，两个孩子同时掉入水中时，父亲陷入两难境地，行为人没有特定的救助对象，但必须实施救助行为。

第四，两者在紧急状态下的选择存在区别。陷入义务冲突状态的行为人不得完全不作为，他必须履行其中一个或部分义务，他的选择空间在于履行此义务还是彼义务，这是道选择题；而避险人可以选择实施某个损害他人法益的行为实现避险，也可以选择不避险，继续承担自己法益遭受侵害的后果，① 这是一道是非题。假如他决定进行避险，他还有多种避险途径和方法可供选择。据此，法秩序对这两种紧急状态下的行为人的要求也不同，紧急避险事由之所以能被正当化，主要是出于法秩序要求被避险者在特定的情况下"容忍"行为人对自己权利的侵犯。而在义务冲突状态中，法秩序对陷入义务冲突状态下的行为人更多的是一种"期待"，是将义务履行和法益保护全然寄托给行为人的一种期待，即在紧迫状态下，法秩序希望行为人能够尽可能履行更重要的义务，从而使法秩序获得最大限度的恢复。

根据上述特征，本书主张义务冲突具有独立性，它不同于紧急避险，而是一种独立的超法规出罪事由。不宜将义务冲突认定为紧急避险的下位概念或者特殊状态；即便将紧急避险转换为一种不作为义务和作为义务的冲突模式，也没有包含所有的紧急避险状态。而仅限于作为义务的义务冲突状态也必须与紧急避险相互分离，才能解释部分紧急避险无法涵摄的问题。界分义务冲突和紧急避险，就能基本证成义务冲突在犯罪论体系中的独立地位。厘清早期刑法学者对这两种事由的认定误区，是义务冲突脱离理论发展初期的定义，真正实现独立体系构建的重要前提。

---

① 张明楷．刑法学（上）［M］．北京：法律出版社，2016：239.

## 二、义务冲突与自救行为

刑法中的自救行为，是指自身权利遭受侵害的人，在受害当时通过自己的行为和力量维护自己的权利或者恢复原本的法益状态。在民法上，自救行为一般被认为是一种免除损害赔偿责任的情况；在刑法上，自救行为是一种排除犯罪性事由。[①] 比如，抢夺罪中的被害人，在犯罪人即将损毁所抢之物或者即将逃离犯罪现场时，因公力救济来不及挽回损失或救济自己的权利，而使用暴力手段将财物夺回的行为，就是刑法中的自救行为。[②]

自救行为和义务冲突有相似之处，主要体现在紧急性特征。两者最重要的区别在于：义务冲突的行为人一般处在危险之外，所以义务履行行为并不是为了救助自己的生命，这一点在上文与紧急避险的界分中已有论述。具体而言，与刑法中的自救行为相比，义务冲突并不以行为人受到不法侵害为前提，陷入义务冲突状态的行为人主要扮演一个"救助者"的角色，比如，选择救助任意病人的医生、选择救助溺水孩子的父亲等。自救行为以本人的权益受到他人侵害为前提，所以自救行为的目的是恢复自己的法益，或针对正在进行的侵害进行自救。

也有学者主张，自救行为属于正当防卫，但是这种主张存在论证困境，还会使正当防卫的成立要件更为模糊，同时忽略了自救行为通常发生于犯罪既遂后的特征。[③] 从义务冲突的产生原因看，义务冲突的形成几乎不以积极侵害行为为前提。所以，义务冲突和自救行为基于这一前提性要件就可以进行区分。

退一步讲，大部分为了自我救助而违反义务的行为，都更接近紧急避险，而不是义务冲突。自救行为的目的是保护自己的权利，所以自救行为的

---

① 马克昌. 犯罪通论 [M]. 武汉：武汉大学出版社，1999：822.
② 武宁. 刑事自救违法阻却性若干问题研究 [J]. 福建法学，2017（2）：59.
③ 房清侠. 正当防卫扩张之机制——兼论自救行为 [J]. 河南省政法管理干部学院学报，2004（3）：75-79.

目的也十分明确，即一种指向自己的权利，行为人自救是为了减少自己的损失，快速地制止不法行为造成的后果，从而高效恢复秩序的行为。① 反之，义务冲突行为的直接目的一般不指向自己的利益实现，而是针对他人的保护。

　　义务冲突和自救行为并不难区分，因为相较于自救行为，义务冲突行为人是一个"救助者"，但也是一个"旁观者"，自救行为人是一个"自我救助者"，同时也是一个"参与者"。区分自救行为和义务冲突，有利于将自救型的冲突状态和刑法理论中的义务冲突予以区分。

## 三、义务冲突与法令行为

　　日本刑法学者团藤重关就认为，义务冲突是一种基于法令的行为。② 一般认为，刑法中的"法令行为"是指依照法令规定或者上级命令实施的行为，③ 这里包含两层基本内容：一是"法"，也就是指直接基于有效的法律、法规所实施的行使权力或履行义务的行动；④ 二是"令"，即按照上级国家工作人员的命令而实施的行为，或者执行命令的行为。⑤

　　混淆义务冲突与法令行为，或者将义务冲突作为一种依法令行为排除犯罪，主要是因为，法律规范和上级命令也是一种重要的义务来源。换言之，由于很多义务产生于法律规范的约束，或者来源于上级指令、命令或者其他形式的政策要求，冲突义务难免呈现为一种依据法律规范或者上级命令而不得不实施的状态。所以，义务冲突与法令行为存在一定的联系。比如，上文提及的德国战时安乐死案：St 医生和 P 医生正是接到了纳粹政府的命令，才会面临此种冲突状态，据此，两名医生提交名单的行为就是基于上级行政命令而实施的行为。但是，战时安乐死案或许可以依据法令行为进行解释，这

① 游伟，孙万恒. 自救行为及其刑法评价［J］. 政治与法律，1998（1）：41.
② 冯军. 刑事责任论［M］. 北京：法律出版社，1996：81.
③ 陈兴良. 刑法总论精释［M］. 北京：人民法院出版社，2016：219.
④ 刘艳红. 刑法学［M］. 北京：北京大学出版社，2016：222.
⑤ 邱兴隆. 刑法学［M］. 北京：中国检察出版社，2002：99-100.

是由个案的特殊性所致，并不能就此认为，义务冲突是法令行为的下位概念，至多只能证明，义务冲突和法令行为可能存在竞合。

本书认为，义务冲突和法令行为是两个相互独立的事由，虽然冲突义务中可能存在部分义务是源自法令或其他法律规范，但是作为具备出罪功能的刑法事由，两者还是存在较大区别的：

其一，义务冲突和法令行为最大的不同在于，义务冲突是紧急情况下的紧急行为，而法令行为则是基于法令、职务层面的一般行为。上文对义务冲突的概念主张已经表明，冲突的形成就是指具有情节依附性的义务抵触状态，是在特定时间和特定空间中所形成的紧迫状态。这与具有出罪功能的法令行为有所不同，在大陆法系刑法理论中，所谓的法令行为包括但不限于以下行为：政府机构的许可、职务规定与军事命令、惩戒权、代替公共机关所为的行为，① 父母或者教育人事的责打权力；② 英美法系中的法令行为包括警察调查与逮捕，③ 也有学者将自救、医疗堕胎等纳入法令行为的范畴。④

其二，义务冲突行为表现为行为人为了履行部分义务而放弃部分义务，法秩序需要评价的行为是其未履行义务而造成危害后果的情形；而法令行为表现为行为人基于法律法规、上级命令等行使相应权力的行为，法秩序需要对其基于法规范或者上级指令所做出的行为造成的法益侵害后果做出相应评价。前者是一种紧急状态下消极的义务不履行行为；后者是迫于法律或上级权威而不得不执行命令的积极行为。此外，依法令行为并不存在多个义务，行为人一般只有一个执行命令的义务，但是这一义务的履行很可能侵犯到其他重要法益，而不是和其他义务产生冲突，这一点与义务冲突的构造完全不同。

---

① ［德］汉斯·海因里希·耶塞克，托马斯·魏根特. 德国刑法教科书［M］. 徐久生，译. 北京：法律出版社，2000：239-243.

② ［德］约翰内斯·韦塞尔斯. 德国刑法总论［M］. 李昌珂，译. 北京：法律出版社，2008：161.

③ ［英］克罗斯，琼斯，卡德. 英国刑法导论［M］. 赵秉志等，译. 北京：中国人民大学出版社，1991：314-316.

④ ［美］乔治·弗莱彻. 反思刑法［M］. 邓子滨，译. 北京：华夏出版社，2008：558-566.

其三，两者的出罪逻辑也不同。依照法规或命令履行某种义务时，该义务的履行确实具备法令行为性质，但问题是，义务冲突中义务的不履行所造成的危害结果，难以与一般意义上的法令行为相互等同。① 法令行为之所以能够排除行为的违法性或者排除犯罪，其原理是基于具有效力的法律和命令，行为人出于对法律规范权威性及稳定性的尊重和信任实施行为，因此法令行为被排除违法性是基于法秩序统一性原理。但是义务冲突却并非如此，依照本书的主张，义务冲突的正当化是基于行为人在紧急状态中的权利。

按照现代刑法理论的主流观点，义务冲突和法令行为均属于独立的超法规违法阻却事由，两者相互区别，均具有独立地位。

综上所述，义务冲突作为上述任何一种事由的特殊情形或者附属情形，都不正确。义务冲突具有其自身的独特性，它所表现的紧急状态与紧急避险情形和自救行为情形不完全一致，义务冲突行为人履行义务也不同于依法令履行义务的行为。应当肯定，义务冲突是现代刑法理论中一种独立的出罪事由。

## 第二节　义务冲突在阶层论中的不同主张

在大陆法系国家，义务冲突在犯罪论体系中的位置是最具争议性的话题，时至今日，对于义务冲突是违法性层面的内容还是责任层面的内容，仍然存在分歧。除此之外，还有少数观点认为义务冲突行为不符合犯罪的构成要件，应当在构成要件层面就排除犯罪。下文将从阶层论视角探索义务冲突不同体系位置主张的理论基础与内在逻辑，批判并反思这些立场及背后实质法基础的问题。

---

① 陈兴良. 教义刑法学［M］. 北京：中国人民大学出版社，2014：407.

## 一、构成要件排除立场

极少数学者认为，义务冲突是构成要件层面的内容。构成要件排除说认为，义务冲突行为人如果正确选择并履行了部分义务，那么未履行行为不该当于犯罪构成要件，应当在第一阶层就予以排除犯罪。构成要件排除说以弗洛因德（Freund）的危险阻止义务说和约尔登（Joerden）主张的康德责任根据冲突说为代表。

### （一）唯一的危险阻止义务说

德国刑法学者弗洛因德是义务冲突构成要件排除说的重要代表之一。[①]根据弗洛因德的观点，所有陷入义务冲突状态的人，应当履行的义务就是一种"危险阻止义务"（Gefahrenabwendungspflicht），行为人只需履行一个危险阻止义务即可。与之相应地，行为人仅承担未履行这一个义务所带来的法律后果。唯一危险阻止义务的论证逻辑在于，假如行为人自始就只有一个义务，那么只要存在履行行为就不会违反其他义务，欠缺规范违反也就不可能成立符合构成要件的行为。[②] 例如，父亲救助同时落水的双胞胎孩子，陷入冲突状态的父亲只救助了一个孩子，按照弗洛因德的观点，父亲只有一个救助义务，则救助其中一人的行为就已经完成义务履行。换言之，父亲自始就不存在对另一孩子的救助义务。此外，弗洛因德还指出，通说[③]之所以认为未履行部分义务的行为符合不作为犯罪的构成要件，完全是概念法学（begriffsjuristisch）的检验技术问题，因为正当化的论证逻辑无非是：父亲应当保障自己孩子的生命安全，因救助其中一个孩子而放弃另一个应当救助的孩

---

① 弗洛因德在他 1992 年出版的教授资格论文《结果犯与不作为》（*Erfolgsdelikt und Unterlassen*）中，就明确提出义务冲突事由排除构成要件的成立。直到 2020 年，他的第三版刑法教科书（Freund/Rostalski, Strafrecht Allgemeiner Teil: Personale Straftatlehre, 3. Aufl., 2020.）依然坚持这种观点。

② Freund, Erfolgsdelikt und Unterlassen, 1992, S. 282f.

③ 此处的通说指的是义务冲突的违法阻却观点。

子,所以符合不作为杀人的构成要件。① 然而,行为人只需要履行一个危险阻止义务,而不是两个危险阻止义务。在这种唯一义务的观点下,只要行为人履行了一个义务,就不存在违反其他义务的情况,所以义务冲突是构成要件层面的问题,而不是正当化的问题。②

然而,构成要件排除说的缺陷众目具瞻:

其一,这种观点忽视了客观上确实存在两个或两个以上义务的事实,也忽略了客观上需要保护多个法益的现实要求。承认义务与义务产生冲突并相互抵触,是认识义务冲突事由的前提,否则义务冲突事由的客观前提——义务冲突状态——都无法构成,③ 又何来对义务履行行为的评价?行为人无法同时履行所有义务,并不意味着其他义务就失去了约束力,甚至自始就不存在。换言之,行为人的履行能力问题,无法得出"只有一个义务"的结论。④ 即使将具体的义务都抽象为危险阻止义务,也应当成立两个或多个危险阻止义务,而不是一个危险阻止义务。就此而言,构成要件排除说的问题在于,脱离客观的义务冲突状态来讨论行为人在冲突中的选择和责任。

其二,唯一的危险阻止义务无法约束行为人的义务权衡行为。理由是,这种观点并没有指明,在义务冲突状态中,哪个义务应当被排除,哪个义务应当被履行,陷入义务冲突状态的行为人似乎并不需要进行义务衡量,只要履行了某个阻止危险发生的义务,则不论义务类型和价值轻重,都是完成了义务履行。弗洛因德在分析同等法益类型(生命)的义务冲突时,主张这种义务选择是任意的、择一的。这种直接将法益类型等同化约为义务重要性等同的观点,具有片面性,它或许能够解释部分问题,但同样存在很多问题。从这个角度看,所谓的危险阻止义务不仅没能起到任何规范作用,还会使义

① Herzberg, Beteiligung an einer Selbsttötung oder tödlichen Selbstgefährdung als Tätungsdelikt, JA 1985, S. 177f. , 182.
② Freund, Strafrecht Allgemeiner Teil: Personale Straftatlehre, 2. Aufl. , § 3 Rn. 43.
③ 申屠晓莉. 刑法中义务冲突的体系性反思与规范化重构 [J]. 新疆大学学报(哲学·人文社会科学版),2021 (5).
④ Satzger, Die rechtfertigende Pflichtenkollision, JURA 2010, S. 753ff.

务冲突的适用范围因为欠缺明确的义务衡量要求而被不当扩大。

**（二）责任根据冲突理论下的唯一义务说**

责任根据冲突理论源自康德对义务冲突的主张，康德认为：

> 既然义务和责任一般而言都是表述某些行动的客观的和实践的必然性的概念，而且两条彼此对立的规则不能同时是必然的，而是如果根据一条规则去行动是义务，那么根据相反的规则去行动就不仅不是义务，而且甚至是有悖义务，所以，义务和责任的冲突就是根本无法想象的（责任不能相互冲突）。但是这很可能是责任的两个根据，它们的这一个或者那一个不足以使人承担义务（责任的根据不能使人承担义务），它们在一个主体中或者在主体给自己制定的规则中结合起来，此时有一个不是义务。——如果这样两个根据彼此冲突，那么，实践哲学所说的就不是较强的责任占了上风（较强的责任取胜），而是较强的使人承担义务的根据保持着这位置（较强的使人承担责任的取胜）。①

按照康德的理解，义务是出于敬重法则的行动必然性，是无条件的要求。如果承认义务冲突，就意味着义务的履行受到了另一个义务的限制，这等于否定了义务的无条件性，所以他认为法则和法则所规定的行为都不会发生冲突，现实生活中所谓的义务冲突其实是责任根据的冲突。可什么是责任根据呢？康德指出，"义务总是包含着一个责任的根据，或者有义务去遵循义务的行动的充分理由……"②。据此，似乎可以将责任根据理解为一种履行义务的理由，但是这种理由要同驱动性根据（rationes impellentes）区分开来，因为后者在康德看来是一种感性的规定根据，而责任根据来源于理性，具有规范性。同时，纯粹规范性的内容是不可能产生冲突的，所以责任根据也应当具有描述性。③ 但实际上康德并没有对责任根据的概念进行明确定义。

---

① ［德］康德．道德形而上学 ［M］．张荣，李秋零，译注．北京：中国人民大学出版社，2013：22.

② Kant, Lectures on ethics, Cambridge University Press, 1997, p. 273.

③ 刘作．论康德的道德冲突 ［J］．陕西师范大学学报（哲学社会科学版），2020（1）：127-128.

仅从履行义务的理由这一角度展开，责任根据可以理解为具体的法权基础和德性义务存在的理由。

　　因为康德将义务划分为法权义务和德性义务两大类，① 所以这两者分别对应不同的两类责任根据。具体而言，法权义务的责任根据是我们自己人格中的人性的法权和人的法权，这种根据所产生的义务是完全的义务；而德性义务的责任根据就是人格中人性的目的与人的目的分别赋予我们促进自我完善和他人幸福的义务理由，即自我完善和他人幸福，这种根据产生的义务是不完全的义务。② 另外，康德还认为，应当依照责任根据的强弱来确定义务是否确实成立，责任根据强的才产生责任，而较弱的、不充分的责任根据就无法产生责任。具体而言，责任根据的强弱比较主要是指法权义务的责任根据强于德性义务的责任根据，这一点体现在康德所提及的许多案例中。例如，他对"卡涅阿德斯之板"的解释：即使是为了保全自己的生命，也不可以将另一个人推下船板，因为不得剥夺他人生命是法权义务，而保全自己的生命是基于不得自杀的德性义务，前者的责任根据更强，因而后一个义务在冲突时就因为责任根据不充分而不存在了。

　　笔者认为，康德的义务冲突立场是建立在其自成体系的义务观之上的，义务冲突的本质属性以此为依托，具有较强的法理基础，他为现代刑法理论中的义务冲突开辟了新的论证路径。不过，也正是受到了康德义务体系的限制，责任根据说和当前刑法中的义务冲突难免会有些脱节。第一，"责任根据"的概念十分可疑。就连主张责任根据本质说的学者也承认，"责任根据的冲突"和"义务的冲突"似乎就只是纯粹术语上的问题，两者并没有多大

---

　　① ［德］康德. 道德形而上学［M］. 张荣，李秋零，译注. 北京：中国人民大学出版社，2013：37.
　　② ［德］康德. 道德形而上学［M］. 张荣，李秋零，译注. 北京：中国人民大学出版社，2013：34.

区别，只不过这种责任根据理论对义务冲突的解决具有一定的启发意义。①
康德并没有对责任根据做出明确定义，有时他会将具体的义务当作责任的根据，比如将感激这种德性义务直接作为责任根据。② 所以责任根据说最需要考察的其实是"责任根据"本身，如果按照一般理解，将这种责任根据理解为履行义务的理由，依然是不明确的。第二，康德的义务体系难以与现代刑法理论相容。康德的德性义务不隶属于外在的立法，而是源于目的，它是一种根据道德法则的自我强制。③ 所以，康德义务体系下的义务范围，实际上已经远远超过现在所理解的义务冲突事由的义务范畴，他所理解的义务冲突也被称为道德冲突，这种冲突是包括法权义务和德性义务在内的冲突。④ 尽管不能将法权义务和德性义务这组概念与法律义务和道德义务完全等同，但是按照今天的理解，不受法律约束的道德义务确实存在于康德所讨论的义务冲突中，这一点也导致他的责任根据说很难与刑法理论相互融合。因为违反纯粹的道德义务并不足以引起刑法反应，所以，涉及道德义务的冲突并不符合义务冲突状态的规范构成。例如，康德认为，即便是为了拯救无辜者的生命，也不能对行凶者说谎。因为保护无辜者生命是德性义务，它的责任基础是为了他人的幸福；而真诚（不能说谎）是一种以契约为基础的义务，契约基础是比他人幸福更强的责任根据，因此即便是以保护他人生命为目的也不可以说谎。⑤ 第三，还有一个无法解释的问题：康德认为较弱的责任根据不会产生义务，但是倘若冲突的责任根据完全相同时，又该如何判断哪一

---

① 提倡义务冲突的本质就是责任根据冲突的代表是德国刑法学者约尔登（Jan C. Joerden），可参见 Joerden, *Der Widerstreit zweier Gründe der Verbindlichkeit: Konsequenzen einer These Kants für die strafrechtliche Lehre von der "Pflichtenkollision"*, JRE 5, 1997, S. 44.

② 刘作. 论康德的道德冲突［J］. 陕西师范大学学报（哲学社会科学版），2020（1）：128.

③ ［德］康德. 道德形而上学［M］. 张荣，李秋零，译注. 北京：中国人民大学出版社，2013：167.

④ 不过，也有学者认为，康德所说的道德冲突只发生在伦理义务层面。

⑤ Timmermann, *Kantian Dilemmas? Moral Conflict in Kant's Ethical Theory*, AGPh 2013, Vol. 95（1）.

个较强哪一个较弱？所以在这个问题上，责任根据说也无法为义务权衡提供指引。

其实，提倡责任根据说的学者也认识到这种理论并不能完全契合刑法领域的义务冲突，但是责任根据说有另一个重要作用：确定义务冲突的体系性地位。因为责任根据说理解下的义务冲突，并不存在多个义务，而只有多个责任根据。较弱的责任根据不产生义务，所以义务冲突虽然表现为多个义务发生冲突，但是实质上就只存在一个义务。据此，责任根据说改变了传统义务冲突的规范构成，也改变了义务冲突的体系性位置。以父亲救助两个溺水儿子的经典情形为例，表面上父亲要履行两个救助义务，但责任根据说认为，此处父亲只有一个救助义务，其中一个义务已经不具有约束力，那么原本"累积的义务状态"就成了"择一的义务状态"。[①] 这种观点试图从法哲学层面寻找义务冲突的本质和出罪原理，当部分义务的有效性和约束力从一开始就不存在时，自然就不会有义务违反的行为。所以采纳责任根据说的学者认为，如何判断和衡量责任根据其实不再重要，重要的是，将义务多数通过责任根据本质说论证成一个义务后，义务冲突就是构成要件层面的问题了。

责任根据说的必然逻辑结论是，陷入冲突的行为人只要履行一个义务，就不符合构成要件。因为行为人自始就只有一个真正的义务，不存在义务的违反问题。假设行为人不履行任何一项义务，那么按照责任根据说，只能认定他违反了一个义务，并且只承担一个义务违反带来的刑事责任。例如，在特殊时期，有两个濒危病人都需要使用呼吸机，此时医生陷入义务冲突，若他对两个病人都不进行救治，也只承担一个病人的死亡结果。因此，笔者认为，此处存在保护漏洞，不承认多个义务的客观性，这将导致部分义务对象在刑法上彻底失去保护，此时其中一个病人的利益完全被放弃。应当承认，义务冲突状态在客观上必然存在两个或两个以上的义务，没有任何一个义务

---

① Joerden, Dyadische Fallsystem im Strafrecht, 1986, S. 182.

丧失约束力，此时若医生怠于履行任何一个义务而导致两个病人死亡，那么在构成要件层面就是对两个救助义务的违反，医生对两个病人的死亡结果都承担刑事责任，除非医生在义务权衡后选择了救治其中一个病人，履行部分义务，才得以排除其不履行另一个救助义务的违法性。如此，法律既没有忽略义务冲突状态中行为人的履行不能，也没有放弃对任何一个权利主体的保护。

责任根据冲突说受到一定的理论限制，它依附于康德所构建的义务体系，与目前的义务冲突问题难以融合。由于康德不承认义务之间的冲突，所以责任根据说不承认多数义务，而只承认最强责任根据所产生的唯一义务，由此所谓其他义务的不履行就不符合不作为犯罪的构成要件。这种体系定位完全忽略了另一主体应当受到保护的权利地位和实质上受到损害的事实基础，需要进一步审视。

综上所述，如果将义务冲突放在构成要件层面考察，明显过于提前，以致部分权利主体完全被排除在应当保护的范围之外，不当排除其他义务的效力。义务冲突状态在客观上必然存在两个或者两个以上的义务，这是刑法中义务冲突事由的适用前提，而行为人正确的义务相权行为是排除犯罪的条件。构成要件排除说不仅否定了适用前提的冲突特征，而且也忽略了义务衡量的作用，据此，将义务冲突放在构成要件层面考察的观点并不合理。

### 二、违法阻却立场

通说认为，义务冲突是违法性层面的问题，我国大多数学者也都持此观点。[①] 义务冲突的违法阻却说认为，陷入冲突状态的行为人只要选择并履行了恰当的义务，则造成危害后果的未履行行为不具有违法性，从而排除犯罪。从义务冲突理论的发展进程看，违法阻却立场获得了绝对胜利，但就义

---

① 我国持违法阻却说的学者及其观点可参见陈兴良.教义刑法学［M］.北京：中国人民大学出版社，2017：406. 张明楷.刑法学（上）［M］.北京：法律出版社，2021：314. 冯军.刑事责任论［M］.北京：社会科学文献出版社，2017：81.

务冲突何以排除违法性的实质根据，则存在不同观点，其中，优越利益理论、法秩序无能为力说和社会相当性说是具有较大影响力的主张。

（一）基于优越利益排除违法性

作为违法阻却立场中的主流观点，利益衡量说不仅是义务冲突排除违法性的依据，也是现代刑法理论中最为重要的正当化根据。利益衡量理论可以用这样一句话来概括：当行为人只有通过损害或者威胁较低价值或较低位阶的法益，才能保护更高价值或更高位阶的法益时，他的行为就不具有违法性。①

将义务冲突认定为利益冲突，再根据优越利益原则排除义务冲突的违法性，这种主张的影响力极大，它最早可以追溯到1927年德意志帝国法院对一起堕胎案的判决。在该案中，未婚女性 R 与一名旅客发生关系后怀孕，长期患有精神疾病的 R 因为意外怀孕引起了"反应性抑郁症"，并产生自杀念头。她的精神科医生 S 经评估后，安排妇科医生 M 为 R 进行人工流产手术，M 根据 S 医生的精神评估报告为 R 进行刮宫手术。就本案被告人能否排除违法性以及基于何种理由排除违法性的问题，帝国法院认为，"在某种生活处境中，符合犯罪构成要件的行为是保护法益或者履行某法律义务的唯一方法时，这一行为是否符合法律、是否被禁止或者是否具有违法性……这个问题应当根据相互冲突的法益或者义务的价值关系来确定，而这种价值关系是从生效法律中推导出来的"②。帝国法院将这种违法阻却根据归纳为"法益和义务衡量"，并认为这种衡量最终取决于某种价值关系。这一原则不仅奠定了利益衡量作为正当化事由根据的理论地位，而且也间接确立了法益、义务和利益（价值）这三者的关系。从裁判表述看，法院将法益和义务放在同一体系位置，甚至可以认为，该原则中的法益和义务是一组能够相互替换的概念，义务冲突和法益冲突被放在一起笼统考察，它们均可以追溯到价值或利益的冲突。在该案的影响下，义务冲突被视为利益冲突的具体表现形式，其本质是

---

① Mezger, Strafrecht: ein Lehrbuch, 3. Aufl., 1949, S. 239.
② RGSt 61, 254.

受保护的利益被类型化为义务后在具体情境中发生了冲突。

除了判例来源，优越利益主张也有相应的理论加持。有学者指出，义务冲突就是指行为人对两个受到威胁的利益都有义务去救助却只能救助其中一个的情形，如果他保护了优越利益，或者在等价情况中保护了其中任何一方利益，那么他的行为就不具有违法性。① 在这一定义下，义务冲突状态就不是多个义务在特定情境下无法同时履行的困境，而是多个利益受到威胁无法同时受到保护的窘况。相应地，义务相权行为也不再以义务衡量和义务履行为内容，而直接以利益衡量和利益保护为核心。这种观点是巧妙的，但依照这种逻辑来理解义务冲突，实际上已经改变了客观义务冲突状态的原初构成。

上述基于优越利益理论主张义务冲突具有正当性的观点具有如下特点：其一，将义务和利益等同看待，更准确地说，优越利益主张认为义务的重要性取决于义务所指向的法益价值。据此，与其说义务冲突是多个义务在特定情境下无法被同时履行的困境，不如说是多个法益受到危险而无法同时受到保护的窘况。其二，义务选择的标准就是优越利益的保护。按照这种观点，只要行为人在冲突状态中选择保护了更高位阶的法益，则行为就是正当的，不履行行为导致的危害后果不具有违法性。

众所周知，优越利益主张"作为违法阻却的一般根据，还是具有可取性的"②，但是在论证义务冲突的正当性问题上依然存在困境：首先，优越利益理论本身的困境在于，任何一种刑法所保护的法益遭到侵害，都无法基于另一更大法益获得保护而理所当然地获得正当性。否则，所有违法阻却事由就成为凭借高位阶法益而要求他人服从或牺牲的制度。因此，即便在紧迫状态下，行为人无法同时履行所有义务或者无法保护全部法益，而选择重要义务

---

① 这一定义是由德国著名的法哲学家、刑法学家乌尔弗里德·诺伊曼（Ulfrid Neumann）教授提出的，具体可参见 Neumann, Die Moral des Rechts: Deontologische und konsequentialistische Argumentationen in Recht und Moral, JRE 2, 1994, S. 92.

② 陈兴良. 教义刑法学 [M]. 北京：中国人民大学出版社，2017：378.

或价值更高的法益，本质上并不能说明这样的行为就是正当的。其次，即便承认优越利益主张是一种正当化根据，但它无法解释同等重要的利益被择一保护时行为的正当性。对此，有学者指出，保护利益与牺牲利益相等同时，也表明没有造成法益侵害，因而阻却违法。[①] 这种观点实际上十分牵强，不符合利益"优越性"的基本含义。具体而言，依托于功利主义的利益比较最多只能说明，当义务所涉及的两个利益有明显高低之分时，行为人选择履行更高价值利益的义务具有正当性。反之，它根本无法解释，行为人在利益价值同等重要的义务冲突中，选择其中任何一个义务也不具有违法性。此外，假如利益等同也能够排除违法性，那么是否意味着紧急避险制度中也允许同等价值的利益牺牲？最后，优越利益也无法解释行为人陷入三个以上义务冲突的情况。这是因为，优越利益理论的基本逻辑，是通过比较最终被保护的利益和所有被放弃的利益，来实现社会效益最大化阻却违法性。那么，当行为人只能履行一个义务时，其保护的利益大概率无法超过被放弃利益的总和，除非所保护的那一个利益确实超过其他两个甚至更多利益相加的结果，不然行为就无法基于"优越利益"被正当化。

可见，优越利益主张作为违法阻却的根据，至少不足以解释义务冲突的问题，即便在违法阻却根据的问题上，优越利益主张及利益衡量法则获得了压倒性优势。不过，优越利益观点能在义务衡量中发挥重要作用，只是单纯依赖利益位阶或价值大小来肯定义务冲突的正当性，无法说明义务冲突不具有违法性的内在原理。

（二）基于"法秩序无能为力"给予非消极评价

另一种违法阻却的观点认为，虽然义务冲突中的行为人无法在紧急情况下做出义务选择，也无法履行全部的义务，但是法秩序本身亦是如此，法秩序也难以对义务的选择做出明确回答。尤其是同等价值的义务相互冲突时，法秩序也无法向行为人指明选择哪一项义务才是正确的，所以，处在这种冲

---

① 张明楷. 刑法学（上）[M]. 北京：法律出版社，2021：288.

突状态的行为人，无论如何选择都不能被认为是不尊重法律、违抗法律的行为。① 笔者将这种观点称为"法秩序无能为力"说。②

　　根据"法秩序无能为力"的主张，在"应当（Sollen）"的范畴内，必须存在清晰的行为指令，既然法秩序都无法回答义务冲突状态中行为人应当选择哪一个义务，就无法评判行为人的选择是正确还是错误。倘若法秩序要求行为人同时履行两个相互排斥的义务，这本身就是矛盾的。③ 只有当法秩序能给出一个明确且特定的选择时，再进一步评价行为人的选择才是有意义的。据此，在难以进行义务衡量的冲突状态中，行为人的任何选择（除了不选择），都不应当受到法秩序的消极评价；而在法秩序能够给出具体指引的义务冲突状态中，行为人正确选择义务履行就应排除法秩序的消极评价；假如行为人什么都不做，那必然具有违法性。④ 较之传统的优越利益说，"法秩序无能为力"的观点在解释义务冲突的违法阻却性质时，其理论基础在于说明违法性评价的不合理性。"法秩序无能为力"主张站在法秩序或者法律评价的角度去考察义务冲突问题，它承认义务冲突状态的客观性、矛盾性以及紧急性特征的同时，从法律规范的指引功能出发，以指引的明确性和指引的能力来否认违法性，认为行为人在冲突状态中无力履行所有义务，并不是其欠缺法律忠诚的证据。因此，义务冲突是违法性层面的问题。

　　然而，"法秩序无能为力"说也并非完全合理：法秩序真的无能为力吗？在所谓的"无法解决"的义务冲突状态中，这种观点或许具有较强的说服力，因为在义务重要性程度相当时，无论行为人放弃哪一项义务或者选择哪

---

① Vgl. Rönnau, in: LK-StGB, Vor § 32, Rn. 117, 119, 123.
② "法秩序无能为力"与"行为人无能为力"是笔者对违法阻却和责任阻却某一类观点的总结。行为人无能为力是责任阻却观点的依据，即因义务冲突而产生的后果是行为人能力原因导致的，因而不能阻却违法性，只能阻却责任。在下文的责任阻却立场中会详细论述。法秩序无能为力是以批判行为人无能为力观点为核心的主张，但鉴于先行介绍违法阻却立场的关系，先梳理和评价法秩序无能为力说。
③ Satzger, Die rechtfertigende Pflichtenkollision, JURA 2010, S. 753ff.
④ Küper, Grund - und Grenzfragen der rechtfertigenden Pflichtenkollision im Strafrecht, 1978, S. 22.

一项义务，都没有比另一种选择更充分的理由，此时依据法秩序无能为力阻却行为人的违法性尚且是合理的。但是，如果义务位阶有明显高低或者义务的重要性差别显著时，此时的法秩序依然会有明确立场和方向，很难再主张法秩序无能为力了。从这个角度看，法秩序无能为力说只能为特定的义务冲突的正当化提供依据，至于在其他义务冲突场合，法秩序要求行为人选择重要义务的场合，阻却违法的理论依据并不充分。此外，在义务衡量和选择的问题上，"法秩序无能为力"几乎无法发挥任何规范作用。笔者认为，"法秩序无能为力"的说法有待商榷。对于任何一种义务冲突状态，无论是可以进行衡量的还是难以进行衡量的，法秩序都会有相应的指引。这种指引是给出最低限度的履行要求，即在义务重要性等同的情况下不允许行为人故意全部不履行，在义务重要性不同的情况下要求行为人履行更为重要的义务。

（三）基于社会相当性排除违法性

在刑法中，依据社会相当性原理阻却违法的观点并不令人陌生，而且社会相当性理论可以解决优越利益无法说明的同等价值的冲突问题。具体而言，行为人如果在冲突义务中选择了重要的义务，或者在同等重要的义务中择一选择了义务进行履行，就是符合社会相当性的行为，从而排除行为的违法性。我国刑法学者周光权教授指出，以社会相当性理论作为违法阻却根据，是行为无价值理论的结论，这种观点将部分具有法益侵害的行为排除在违法性认定之外，只将那些超出了社会相当性限度的法益侵害行为评价为违法。[1] 据此，义务冲突的正当化依据在行为无价值论者看来，履行重要义务或者履行任意等价义务的行为就是符合社会相当性的，从而排除不履行的违法性。[2] 不少学者都将社会相当性作为违法阻却的重要根据之一，[3] 因此在解释义务冲突体系定位时，也可能发挥这样的功能。

---

① 周光权．刑法总论［M］．北京：中国人民大学出版社，2016：197.

② 周光权．刑法总论［M］．北京：中国人民大学出版社，2016：222-223.

③ 杜宇．作为超法规违法阻却事由的习惯法——刑法视域下习惯法违法性判断机能之开辟［J］．法律科学，2005（6）：58.

但是，以社会相当性学说解释义务冲突的违法阻却性质，存在如下矛盾：

首先，溯本求源，社会相当性说最初是由德国著名刑法学者韦尔策尔提出并构建的。1939 年，韦尔策尔在《德国整体刑法学杂志》（ZStW）发表《刑法体系研究》一文，奠定了社会相当性说在刑法理论中的重要地位，直至今日依然影响着刑法领域的诸多问题。在该文中，韦尔策尔表达了法益侵害理论最致命的缺陷在于"它不是现实社会生活空间内，而是在一个毫无活力和功能的世界里去审视法益"①。假如仅仅依靠法益本身，那么就不能揭示违法性的实质内核，所以必须将关注的重点从法益侵害转移到法益侵害的特定行为方式。据此，只有"对于通过道德来维持秩序的共同体存在而言不可容忍"的那些行为才应当予以禁止。在他的理解中，"所有在功能上处于人类共同体生活之历史形成的秩序之内的行为，都应当被排除在不法的概念之外，这种行为被称为'社会相当的'行为"。② 社会相当性是韦尔策尔所理解的刑法体系构建的内在原则，它不仅适用于法律已经对社会相当性给予明示或者暗示规定的情形，同时也适用于全部的构成要件。社会相当性理论所具有的功能性特征，让法益自始至终都处在生机勃勃的功能之中。③ 也就是说，社会相当性的具体缘由在于这种行为对于整个社会的正常运作和发展而言，是必不可少的、通常存在的，否则一切以法益侵害为导向的话，整个社会就会僵化，因为任何一个举动、一件事情都会对法益产生直接或间接、微小或重大的影响。除此之外，具有社会相当性还与社会价值关联，也就是说，社会相当性的成立要求和整个社会发展的价值取向相互协调，这种判断存在于整个社会的具体生活需要中，以及整个社会共同体的评价中。据此，韦尔策尔的社会相当性说是事实与价值的统一，如果行为在社会生活中具有事实上的通常性和必要性，并且也符合历史形成的道德秩序和价值评价，就

① Welzel, Studien zum System des Strafrechts, ZStW 58 (1939), S. 514.
② Welzel, Studien zum System des Strafrechts, ZStW 58 (1939), S. 516-517.
③ Welzel, Studien zum System des Strafrechts, ZStW 58 (1939), S. 517.

具有社会适当性。

问题是，韦尔策尔的社会相当性并不是为了给违法阻却提供理论支撑，而是用于否定构成要件该当性的理论。他曾指出，"必须特别警惕将所有违法阻却事由转变为社会相当性之具体事例的危险"①。社会相当性是用于将那些语义上符合犯罪的构成要件，但是通过社会的道德秩序判断在实质上并不属于构成要件范畴的情形予以排除，这类行为才属于韦尔策尔所谓的"社会相当"的行为。将社会相当性的作用定位在违法性的判断之前，用于限制可罚的不法，才是韦尔策尔最初的想法。② 更为重要的证据是，作为社会相当理论的开创者，他本人在义务冲突问题上却是责任阻却的代表。这一点足以证明，至少按照社会相当理论的原初理解，它并不能直接证明义务冲突阻却违法的问题。此外，义务冲突的具体表现也与韦尔策尔所列举的符合社会相当性的案例不符。在他看来，符合社会相当性的行为如铁路、矿井以及采石等工作所带来的人身安全问题，还有参与体育竞技、合乎医疗行业规范而实施的治疗、一般的商业交易等。③ 相反，义务冲突状态对于行为人而言，一般是异常的、偶然的、特殊的紧急状态。

当然，不排除社会相当性理论在传播和发展的过程中，产生了功能上的转变，继而以新的理解在违法性层面发挥作用。在现代刑法理论中，将社会相当性理论作为违法阻却一般原理的观点并不罕见，这种作为违法阻却根据的社会相当性认为，应以行为具体的全部情形作为判断资料，并结合法益侵害结果和行为样态。④ 由此，社会相当性说作为违法阻却根据的弊端就暴露无遗，最主要的批判就是"社会相当"的模糊性。由于社会相当性说的概括

① Welzel, Studien zum System des Strafrechts, ZStW 58 (1939), S. 529.
② ［德］乌尔斯·金德霍伊泽尔. 社会相当性与可罚的不法［J］. 陈璇，译. 人民检察，2019（17）：32.
③ Welzel, Studien zum System des Strafrechts, ZStW 58 (1939), S. 518.
④ 高仰止. 刑法总则的理论与适用［M］. 台北：五南图书出版公司，1986：8.

性、多义性和直觉性特征，作为一种出罪基础本身就存在很多问题。<sup>①</sup> 依靠社会一般人认为不具有违法性的行为来主张义务冲突不具有违法性，依然需要进一步去证明。"社会相当性一词只是一个内容空洞的用语。"<sup>②</sup> 虽然学者希望借助社会相当性理论来弥补利益衡量的一些缺陷，结合行为与法益侵害后果对整个义务冲突问题做出违法性判断，但是社会相当性的理论弊端或许并不能彻底解决义务冲突难题。因此，社会相当性理论更像是部分义务冲突的违法阻却论者搬来的"救兵"，当优越利益无法解释同等价值的义务冲突时，就援引社会相当性解决。正是因为社会相当性的标准和界限难以确定，判断义务冲突是否符合社会相当性也会趋向主观化，因此并不值得提倡。

（四）违法阻却立场的问题

作为义务冲突理论的主流立场，违法阻却的根据各有不同，优越利益说、法秩序无能为力说和社会相当性理论分别从不同角度说明了义务冲突阻却违法的理由。必须承认，上述违法阻却根据对义务冲突理论的丰富与发展具有重要意义。

在违法阻却问题上，优越利益主张及利益衡量法则，不论是针对义务冲突，还是其他违法阻却事由，显然获得了压倒性优势。利益观点一方面说明义务冲突不具有违法性的内在原理，另一方面还可以在义务衡量中发挥重要作用。如果认为义务冲突阻却违法的理由是保护了更为优越的利益，不得不牺牲较低的利益，那么义务衡量就是比较义务所保护的具体利益孰高孰低，这在逻辑上是一脉相承的。但优越利益并不能解释所有义务冲突状态的正当性。例如，当行为人陷入三个或者三个以上义务冲突时，只能履行一个义务，那么比较被放弃的法益和被救助的法益，很可能无法做到真正的优越利益。

---

① ［日］西田典之.日本刑法总论［M］.王昭武，刘明祥，译.北京：法律出版社，2013：114.
② ［德］乌尔斯·金德霍伊泽尔.社会相当性与可罚的不法［J］.陈璇，译.人民检察，2019（17）：32.

如果将目光放在法秩序上，认为法秩序和行为人一样，在冲突过程中也处在难以抉择的状态。这一主张也只是针对部分义务冲突状态，若在义务具有明显差距的场合，法秩序的选择就会异常清晰。事实上，即便是在难以衡量的义务冲突状态中，法秩序也总会得出一种选择结论，这种选择导向可能是甲义务，也可能是乙义务，也可能是任意一个义务。法秩序无能为力说则源自"能力所及范围之外义务无效"或者"法不强人所难"等更形而上的法理基础，它用来批判责任阻却的部分观点或许具有一定的说服力，但在论证义务冲突事由本身的违法阻却性质上，依然有所欠缺。

以社会相当性理论解释义务冲突问题，主要是日本刑法理论中的结论，但它不符合社会相当性说的原初构想，又未呈现明确的评价标准。因此，包括社会相当性说、目的说等标准不明确的违法阻却原理，并不能说明义务冲突的体系位置问题。

因此，尽管违法阻却这一结论在今天的刑法理论中基本已经取得胜利，但是传统违法阻却立场的实质法基础，均不能彻底说明义务冲突排除违法性的根本原因。

### 三、责任阻却立场

义务冲突的责任阻却说是义务冲突理论发展初期的主流观点。目前，仍有学者认为，义务冲突是责任层面的问题。责任阻却论者都认为，义务冲突中的行为人无法全部履行所有义务是其个人层面的能力问题，而非法秩序的问题，因此只能在责任层面考察义务冲突问题。

（一）"行为人无能为力"说

"行为人无能为力"说与上述"法秩序无能为力"说相对应，① 这种观点认为，陷入义务冲突的行为人本来"应当（sollen）"履行所有的义务，

---

① 实际上，法秩序无能为力观点的提出，是为了应对责任阻却论者所提出的行为人无能为力主张。本书从三阶层犯罪论体系的顺序，先阐释违法阻却立场，后介绍责任阻却立场。

因其不"能够（können）"履行所有义务而导致法益侵害后果，所以义务冲突不能排除违法性，只能在责任层面讨论排除犯罪的问题。

早期刑法理论始终坚持"违法是客观的，责任是主观的"，所以在义务冲突理论发展初期，责任阻却说是主流观点。例如，德国刑法学者冯·韦伯是义务冲突责任阻却说的重要代表之一，他认为，"义务冲突并不处在'应当'领域，而是处在'能够'的范畴之内，它并不涉及规范本身的状况，而只涉及规范服从的负责性（Verantwortlichkeit）。"① 与"法秩序无能为力"说相同的是，这种立场也认为，在极端状态下（如生命冲突），法秩序也无法解决义务冲突情形，而且优越利益原则在此时触及个体的不可侵犯性和生命价值难以衡量的瓶颈，所以法秩序丧失判断和评价行为人选择的能力；但不同的是，"行为人无能为力"说强调，法律不可以谴责的部分，只是行为人在义务选择时的内心想法，而在无法决定义务重要性的情境下，法秩序依然可以要求行为人基于"良心"做出选择。因此，当出现义务冲突时，应该尽可能地留给行为人抉择空间，如果这一决定是行为人经过良心考虑做出的，那么行为人就没有责任。② 这是因为，在真正悲剧性的冲突面前，只能在良心层面寻找答案，"每个个体都只能和自己的上帝去协调"③。可见，"良心抉择"是"行为人无能为力"说的重要内容。

"行为人无能为力"主张的矛盾之处在于：第一，"行为人无能为力"说是基于心理责任论的基本主张所展开的义务冲突出罪论证，其核心判断标准——"良心"——具有很强的主观性，几乎无法形成明确的判断标准。这是因为，所谓的"良心"，不是一个规范概念，它看不见也摸不着，理论上难以限定，实践中更是说不清道不明。"良心"取决于一个人的自我判断，可是，任何人都不能主张自己的良心抉择是正确的或者比他人更正确，无论是立法者还是裁判者，都无法基于自己的权力宣称自己的良心抉择能够排除

---

① v. Weber, Die Pflichtenkollision im Strafrecht, FS Kiesselbach, 1947, S. 233ff.

② Gallas, Pflichtenkollision als Schuldausschliessungsgrund, FS Mezger, 1954, S. 311–334.

③ v. Weber, Die Pflichtenkollision im Strafrecht, FS Kiesselbach, 1947, S. 233ff.

犯罪。归根结底，"良心"是不可知的。判断一个人是否真的无能为力或许还有客观迹象可寻，而判断一个人的选择是不是基于良心，根本就无从着手。第二，将行为人的良心纳入考察范畴，以主观意志决定行为人是否成立犯罪，这种逻辑本身就违背基本的刑法理念。因为，刑法不是惩罚思想的法律，而是惩罚行为的法律。换言之，即便行为人是违背良心、昧着良心而进行义务履行，但只要他在客观上选择并履行了恰当的义务，就应当认定义务冲突事由成立。无论是排除违法性的判断还是排除责任的判断，判断材料都只能是行为人外在的客观行为，至于该行为人是否基于良心，不该是法秩序需要考察的。第三，"行为人无能为力"观点还需要反思的是，基于"良心"所做出的义务选择就当然地被排除责任吗？其理论根据何在？① 鉴于以上疑问，以"行为人无能为力"来论证义务冲突具有违法性，只能在责任层面考察的观点也存在矛盾。

（二）缺乏期待可能性

最早根据期待可能性理论解释义务冲突体系位置的是德国刑法学者加拉斯，他首先否认在违法性层面对义务冲突进行考察，认为义务冲突的违法阻却过早协调了这种关于法律价值秩序的坚不可摧的思想。他主张，义务冲突是一种关于冲突心理化的问题，"义务冲突在责任层面而非不法层面，才是合理的"。而"应当"要区分主观上的应当和客观上的应当，这两种"应当"并不矛盾。行为人在义务冲突时履行了部分义务，而不得不放弃其他义务，他依然实现了主观上的应当，只不过不符合客观上的应当而已。假设行为人是经过深思熟虑而做出义务选择的，就应该认定他屈从了自己的良心，符合主观上的应当，从而阻却行为人的责任。然而，他的行为并不符合客观上的应当，因此无法排除违法性。② 在德国刑事司法实践中，也有基于期待可能性排除义务冲突行为人责任的判例：父亲没有及时地将自己生病的女儿送往医院，因为女儿和濒临死亡的妻子同时恳请他，不要救自己。最终行为

---

① Mezger/Blei, Strafrecht AT, 14. Aufl., 1970, S. 236.

② Gallas, Pflichtenkollision als Schuldausschliessungsgrund, FS Mezger, 1954, S. 311-334.

人选择救助妻子而没有及时将女儿送医，女儿因此死亡，但是，如果及时送医，女儿尚有生还可能性。对此，帝国法院认为，女儿的生命和妻子的生命是同等重要的，行为人做出这样的选择，既不是因为个人信仰，也不是因为认识错误。对他而言，不理会妻子的请求或者不理会女儿的请求都不是他心中所希望的，因此根据缺乏期待可能性而排除行为人不救助女儿的责任。①

同样是将义务冲突放置在责任层面考察，加拉斯认为，陷入义务冲突的行为人最终是否要承担责任，取决于行为人抉择时的心理条件（psychische Voraussetzung），为此，他将义务冲突情形中的行为人心理区分为以下几种情况：第一，行为人错误地认为自己选择了更重要的义务，实际上选择了次重要的义务；第二，行为人虽然意识到，在法秩序意义上或者在社会伦理的价值排序上，他确实履行了位阶低的义务，但是出于个人原因、宗教信仰等理由依然履行了这一义务；第三，行为人有意识地履行了位阶低的义务，因为他无法克制促使他这样做的物质或者精神上的冲动。其中，第一种情形属于禁止错误问题，按照《德国刑法典》第 17 条的规定，如果错误无法避免，那么这种行为就能够成立责任阻却。第二种情形中的行为人属于确信犯，这类行为不仅是违法的，同时也是有责的，因为法秩序的规定和个人的价值相比，具有毫无疑问的优先性。若行为人没有理会法规范，就应当受到谴责，只不过确信犯的责任可能会在一定程度上予以减轻，比如行为人的行为是出于救助他人，这在法秩序层面依然具备伦理上的价值，但是对信仰的忠实本身并不代表任何减轻理由。第三种情况则是以期待可能性排除责任的义务冲突问题。期待可能性在义务冲突问题上，并不意味着义务履行行为无法被期待，而是说行为人履行所有义务无法被期待。据此，期待可能性的原理在于，义务冲突中行为人处于这种心理上的强制状态，这是一种"能够"的欠缺，从而具备免责基础。② 期待可能性理论与责任概念相互关联，如果行为人在一种心理强制的状态中实现了构成要件，而这种状态又是一个普通守法

---

① RGSt 36, 78.

② Gallas, Pflichtenkollision als Schuldausschliessungsgrund, FS Mezger, 1954, S. 311-334.

公民所无法承受的，那么他的行为虽然在客观上和主观上都违反了义务，但是其精神上的行为并未反映出敌视法律或者无视法律的状态，因此不宜认定为负有责任。

一方面，以欠缺期待可能性论证义务冲突的责任阻却，是较为流行的做法，因为这一概念在责任排除问题上表现出强大的解释功能。但同时，以此为理论根据的义务冲突首先要面临期待可能性本身所受到的批判。规范责任论学者在研究有责性问题时，提出了期待可能性的相关主张，他们将现实生活中不能期待行为人实施合法行为的情形排除在可责性之外。从弗兰克（Frank）所主张的责任要依据"随附情状的正常性"，到郭特希密特（Goldschmidt）认为的责任的本质是合法行为的可能性，以及施密特（Schmidt）提出的期待可能性是责任的规范要素，① 期待可能性理论一直在责任层面发挥着重要作用。刑法理论中的期待可能性，实际上是对人的意志的相对自由的反映，对客观条件限制人的意思自由作用的承认。② 但是，"还原理论的真相就会发现，期待可能性是一个理论含量很低，承载不了太多'期待'的，早已逐渐退化成教义学上一个无足轻重的概念"③。自期待可能性理论产生以来，越来越多的学者意识到，这一概念极为模糊，仅在德国社会较为特殊的历史时期发挥过阶段性作用，用于解释超法规的责任阻却极有可能导致滥用。④ 所以，作为出罪根据的期待可能性理论本身就很难获得支持。另一方面，欠缺期待可能性的观点也仅仅针对义务价值相当的冲突情形。换言之，义务冲突情形以及义务冲突状态中的行为处境只在某个论证视角十分符合无期待可能性的情形，而无法解释所有的冲突状态。除此之外，排除责任的理

---

① 高仰止. 刑法总则的理论与适用［M］. 台北：五南图书出版公司，1986：282-287.

② 姜伟. 期待可能性理论评说［J］. 法律科学，1994（1）：25.

③ 王钰. 适法行为期待可能性理论的中国命运［J］. 政治与法律，2019（12）：108-123.

④ 董文蕙，吴辉龙. 期待可能性理论的体系风险及中国态度［J］. 华南理工大学学报（社会科学版），2020（3）：49-57.

由和"行为人无能为力"主张一样,最终回归到"良心"标准,即行为人深思熟虑做出义务选择的行为就是遵从良心的选择,符合主观上的应当,从而阻却责任。① 因此,欠缺期待可能性的出罪根据也存在"良心"标准的所有理论困境。

(三)较小恶害理论

还有一种义务冲突的责任阻却根据是德国刑法学者韦尔策尔提出的较小恶害(das kleinere übel)理论:如果义务冲突中行为人的选择和履行行为是基于一种"较小恶害"而做出的,那么在不法阶层没能得到承认的目的合理性就应当在责任评价时发挥作用。② 换言之,相较于什么义务都不履行,行为人选择履行部分义务的行为在客观上是一种"较小恶害"。

韦尔策尔也认为,义务冲突是一种良心冲突,所以此处的"恶"(übel),本质上还是一种主观判断,"较小恶害"的义务履行应当阻却责任。韦尔策尔以德国战时安乐死案为例,指出二战期间的两名医生面临着无法逃避的选择:要么让所有精神病人都依据纳粹政府的法令被执行安乐死,要么牺牲一部分病人从而拯救更多的人。他指出,后一种选择依然涉及行为人的不法与责任,因为将部分病人作为工具来实现救助目的,是违背人的尊严的做法。在这样的情形中,法秩序不应当对医生的选择进行责任非难,因为行为人是用一种较小的不法来抵抗更大的不法,即行为依然属于不法,但从良心层面看,任何人在面临相同情况时都会做出与之相同的选择。③

不过,韦尔策尔认为,义务冲突并不具有独立性,而是一种超法规的、阻却责任的紧急避险。在该种体系前提下,韦尔策尔总结义务冲突情形免责的三个条件:第一,行为人的行为是避免造成更大不幸的唯一方法;第二,行为人在客观上确实选择了较小的恶;第三,行为人主观上是基于救助目的。倘若行为人的行为没有阻止更大的不幸,而是将风险从一个主体转移到

---

① Gallas, Pflichtenkollision als Schuldausschließungsgrund, FS Mezger, 1954, S. 311-334.
② Welzel, Neues Bild des Strafrechtssystem, 2. Aufl., S. 59f.
③ Welzel, Das Deutsche Strafrecht, 11. Aufl., S. 184, 88.

另一个主体，或者是从一群人转移到另一群人，这就不成立阻却责任的义务冲突。这种主张就是否认行为人纯粹扮演"上帝"角色牺牲原本就无辜的人，比如将轨道转向侧轨牺牲原本没有危险的工人，以挽救整车人的生命，这在韦尔策尔看来，不仅违法，而且有责。但是，如果所有的人都面临着危险（比如所有的精神病人都可能被执行安乐死），那么此处以一部分人救助另一部分人的行为就可以作为超法规的紧急避险来看待。又比如，在呼吸机案①中，韦尔策尔认为拔下存活率低的患者的呼吸机来救助存活率高的病人，也是实现了较小的恶，应当阻却责任。基于上述韦尔策尔对不同义务冲突案例的回答，可以发现，依据"较小恶害"这一看似客观的判断标准来解决义务冲突问题，本质上是比较危害结果和履行结果来认定行为人的责任。从结果视角看待义务冲突中行为人的选择，如果履行行为确实符合"较小的恶"，那么行为人就应当被免责。但是，如果牺牲原本完全没有遭遇危险的利益来履行救助义务，那么即便这种损失利益和救助利益比起来是相对小的代价，也不符合"较小恶害"的范围，因为义务冲突的构成应当是针对已经陷入危险的法益主体的救助，而非针对没有陷入危险的法益主体。

以较小恶害理论作为义务冲突的免责依据，具有以下局限性：其一，相较于用"行为人无能为力"这样的说辞，韦尔策尔希望以一种相对客观的比较性结论来论证义务冲突的免责性。然而，这种立场依然强调"良心冲突"以及义务冲突状态给行为人造成的心理强制感。据此，虽然较小恶害具有一定的客观性，但是行为人所承受的心理状态依然是责任阻却的重要前提。就此而言，较小恶害理论并没有脱离责任阻却论者最常强调的"良心"，即对行为人的约束只剩下"良心"。其二，履行一个义务，相对于放弃所有义务而言，是否也是实现了较小恶害？实际上，"较小恶害"并没有规范意义上

---

① 呼吸机案：医院里有三台呼吸机，A、B、C 三名患者分别已经在使用，现因车祸送来另外三名患者 X、Y、Z，主治医生经过与两名专业医生的协商讨论，认为应当拔掉 A 患者的呼吸机为 X 接上。因为 A 即便使用呼吸机，其生存概率也已经微乎其微，可是 X 若接上呼吸机则大概率能活下来。后 A 的呼吸机被拔出并死亡。

的标准，对于行为人的行为是否符合"较小的恶"，有不同的理解。其三，从韦尔策尔对义务冲突问题的解答看，他的义务衡量模式存在局限性，比如，他认为医生牺牲一部分精神病人的生命来换取大部分病人的生存机会，也是实现了"较小的恶"，应当被排除责任。这种观点承认生命冲突状态中的生命数量比较，以这种纯粹利益优势作为阻却责任的根据，并不妥当。综上所述，韦尔策尔的观点，并没有脱离以"良心"为基础理论困境，也没有提出如何认定"较小恶害"规范标准，更是将义务冲突事由的成立化约为纯粹利益的比较，所以"较小恶害"作为义务冲突的出罪根据，也存在诸多问题。

（四）对责任阻却立场的批判

直至今日，仍然有不少学者认为，义务冲突是责任层面的问题。将义务冲突置于责任层面的优势在于，义务衡量被弱化，行为人的选择和义务履行并不影响行为的违法性质。如果义务冲突只是责任层面需要考察的问题，那么法秩序要检验的仅仅是：行为人的义务选择是否基于良心做出？行为人未履行部分义务是否缺乏期待可能性？行为人的义务履行是否实现了较小的恶？这些问题的答案并不需要规范评价上的义务衡量。然而，义务冲突的体系位置在责任层面，意味着行为人无论做何选择都具有违法性，履行任意义务和不履行所有义务的情况都将获得相同的违法性评价，由此产生的最大问题在于，责任阻却立场允许任意第三人对行为人的"不法"行为进行防卫。

具体而言，在义务冲突的紧迫状态下，行为人不履行义务或履行任意义务都具有"不法"性质，这意味着包括在冲突状态中被放弃的法益主体在内的所有人均有权对此进行防卫。例如，游泳池中有两个孩子同时遇险，救生员只来得及救助其中一个孩子，正当救生员准备救助孩子 A 时，孩子 B 的母亲在岸边拿起猎枪要求救生员先去救助 B，而放弃救助 A。① 在这一案例中，B 母亲的行为如何定性，完全取决于救生员救助孩子 A 的行为如何定性。按

---

① Otto, Die strafrechtliche Beurteilung der Kollision rechtlich gleichrangiger Interessen, JURA 2005, S. 471ff.

照责任阻却论者的观点，择一履行义务的行为是一种现实、紧迫且具有不法性的侵害（孩子 B 的生命的）行为，那么 B 的母亲对该不法行为就具有防卫权，因此上述案例中的母亲的行为具有正当性。类似的结论也会出现在呼吸机案中：医院同时送来两名生命垂危的病人，由于只有一台呼吸机空闲，主治医生不得不选择其中一个病人进行救助，而另一个病人可能会因为没有呼吸机而丧生。从责任阻却说的立场出发，医生选择救助的行为具有违法性，则被放弃救助的病人家属有权强制医生让自己的家人获得呼吸机。基于上述案例，承认这种防卫权的正当性，就会产生如下问题：

第一，陷入义务冲突的主体从一个"救助者"变成"侵害者"，这种结论既不合理也不符合义务冲突的制度价值。在义务冲突状态中，行为人也属于法秩序所需要保护的重要法权主体，其应当履行多项义务，保护或恢复多个法益，但无论如何都无法等同于"侵害行为"。如果认为，无论行为人履行抑或放弃履行，都是在侵害法益，那么法秩序本身也不主张和鼓励行为人的履行行为。归根结底，责任阻却论者迫切地想要说明未履行部分的不法性质，但没有意识到，在主张未履行义务造成法益侵害具有违法性的同时，也必须承认行为人履行的部分也具有违法性，因为履行和不履行是同时发生的，行为人未履行某一义务的原因就是其选择履行了另一个义务。主张这种行为的不法属性，是因为责任阻却论者只关注被放弃的法益以及行为人相应的不作为，而忽略行为人正在救助法益以及行为人的履行行为。

第二，如果对义务冲突行为进行防卫的行为具有正当性，那么在冲突状态中，获得救助的机会就成了强者的机会。因为势力更强的一方通过行使防卫权，大概率能够让行为人履行救助自己的义务。在这种情况下，行为人就会丧失义务选择的能力。例如，救生员根据溺水孩子远近以及自己的救生能力所做出的选择，医生基于专业判断所决定使用呼吸机的病人，都会因为"不法"属性随时受到防卫权的改变。这意味着，某种法律允许的强制力将约束或改变行为人义务选择的行为。

第三，这种防卫权违背法秩序本意。刑法中的防卫权，是法秩序允许社会主体针对不法侵害进行积极的防卫，这是法秩序在"正"对"不正"问题上的主张，其本意是更加有效且全面地保护法益。就此而言，义务冲突制度旨在让行为人陷入紧急状态时仍然能够尽力履行更多的义务、保护更多的法益。肯定第三人的介入和强制行为是正当的，在实践中根本无法促进行为人积极履行救助义务，反而会因为第三人的行为而耽误义务履行，甚至在不法评价等同的情况下，行为人并不愿意去履行。

综上所述，若将义务冲突定位在责任层面，即认定履行（或不履行）行为具有不法性，从而允许第三人通过防卫权干预行为人的选择，则法益保护的最终目的极可能落空，义务冲突的制度价值也难以实现。

### 四、二元论立场

义务冲突二元论是指区分不同情况，将义务冲突划分为阻却违法的义务冲突和阻却责任的义务冲突。二元论既承认义务冲突具有阻却违法性的可能，也主张部分义务冲突情形不阻却违法性，但在责任层面能够排除犯罪。

（一）二元论的基本主张

主张二元义务冲突理论的重要代表是德国刑法学者耶塞克（Jescheck）和魏根特（Weigend），这种观点提出义务冲突分为具有违法阻却功能的义务冲突和能够阻却责任的义务冲突两种情形。其中，违法阻却的义务冲突是指，行为人在不同位阶的义务相互冲突时，履行了较为重要的义务而放弃了位阶较低的义务。[①] 换言之，能够阻却违法的义务冲突必须是在义务重要性存在差异的冲突状态中才可能实现。据此，阻却责任的义务冲突就存在两种可能性：第一，如果行为人以牺牲较高位阶的义务为代价履行了较低位阶的义务，则不能阻却违法性；第二，在所谓的"无法衡量义务高低的义务冲突"或者"等价值的义务冲突"中，行为人的履行行为或者不履行行为可能会涉及生命法益的侵害，此时基于生命价值的特殊性无法轻易排除行为的违

---

① Jescheck/Weigend, Lehrbuch des Strafrechts, 5. Aufl., § 33 V 1a.

法性，因此放在责任层面考察。① 归纳而言，阻却责任的义务冲突就是履行了错误的义务，以及生命冲突情形。

其中，责任层面的第二种义务冲突情形，也被称作"法律上无法解决的义务冲突"。按照耶塞克和魏根特的观点，在安乐死案件中医生面临的义务冲突、父亲救助两个孩子的义务冲突、医生在分配呼吸机时的义务冲突等案件，行为人履行的义务和未履行的义务都同等重要，然而履行全部义务又是不可能的，在此种义务冲突中，行为人无论做何决定，都是具有违法性的，②但这种情况可以在责任领域考虑排除犯罪。在这种冲突情境中，只要行为人认真地进行检验，选择并履行了部分义务，就应当认定他选择了较小恶害。所以，这种观点在责任问题上接受了韦尔策尔的较小恶害理论。但同时，二元的义务冲突理论也强调，这并不意味着行为人只有选择了较小恶害才可以免责，那些无力改变事态发展的行为人，也应当排除责任。③

（二）二元义务冲突理论的评析

在违法阻却说和责任阻却说的争议中，二元的义务冲突理论，无论从论证逻辑上还是从体系结论上，都显示出折中性。二元论接受了违法阻却立场中最重要的利益衡量观点，将可以衡量出义务高低的冲突类型作为一种紧急避险的特殊形式，④ 从而依据紧急避险的基本原理排除行为的违法性；与此同时，二元论又融合了责任阻却立场中的"较小恶害"和"良心抉择"等观点，论证具有违法性的义务冲突情形可以在责任层面进行讨论。可见，二元的义务冲突理论协调了违法阻却立场和责任阻却立场的部分矛盾，看似完美地规避了上述两种立场的缺陷，但是，二元的义务冲突理论也有无法自圆其说的地方：

首先，难以划分可以阻却违法性的义务冲突类型和可以阻却责任的义务

---

① Jescheck/Weigend, Lehrbuch des Strafrechts, 5. Aufl. , § 47 I 2.

② Jescheck/Weigend, Lehrbuch des Strafrechts, 5. Aufl. , § 33 V 1b und c.

③ Jescheck/Weigend, Lehrbuch des Strafrechts, 5. Aufl. , § 47 I 3.

④ Jescheck/Weigend, Lehrbuch des Strafrechts, 5. Aufl. , § 33 V.

冲突类型。按照上述观点，能够比较出义务高低的义务冲突就可能阻却违法性，只要行为人选择更高的义务进行履行。比如，保管人不应将某工具归还给所有人，如果他明知所有人会用该工具进行堕胎；[①] 在发生交通事故后，将受伤人员送往医院以避免造成生命危险的义务优先，等待事故处理人员抵达现场的义务位序在后；一个乘客和一件行李同时掉进海里，船长就不能为了保住行李而放弃救助乘客。[②] 反之，不能比较出义务轻重的冲突类型或者同等价值的义务冲突，无论行为人如何选择都是具有违法性的，就只能被放置在责任层面考察。问题是，这种观点对义务类型划分标准并不十分合理。这种欠缺一方面体现在对义务能否衡量出高低的标准趋于综合评价，即"从冲突的整体性看，其所涉及的利益和行为人所遵守的最终目的，以及考虑到普遍认可的价值想象，这一义务是否可以被视作更高的义务"。[③] 问题是，根据这一标准也无法判断义务的轻重高低，因为衡量义务"所涉及的利益和行为人所遵守的最终目的"，这一标准十分模糊，需要结合普遍的价值设想，这本质上等于没有明确标准的综合评价。另一方面，在责任阻却的义务冲突中，二元论也混淆了"不可解决的义务冲突"与"同等价值的义务冲突"。虽然论者表示，"这种无法解决的相同价值的义务冲突或许不能像通说那样阻却违法性，因为履行彼义务和履行此义务对于法秩序而言，都是同样重要的。不过，同等利益的义务冲突可以作为责任阻却事由。"[④] 但从具体案例的说明上看，其实只是特指生命冲突情形，其内在原理即生命价值的特殊性。换言之，这种二元论其实并不能涵盖所有的义务冲突问题，它实质上只区分了生命冲突和其他义务冲突，而只有生命冲突才是责任阻却的义务冲突。

其次，将违法阻却的义务冲突作为紧急避险的形式之一，忽略了义务冲突事由在犯罪论体系中的独立价值，并不符合现代刑法理论的主流立场。按

---

① RG 56, 168（170）.

② Jescheck/Weigend, Lehrbuch des Strafrechts, 5. Aufl. , § 33 V.

③ Jescheck/Weigend, Lehrbuch des Strafrechts, 5. Aufl. , § 33 V.

④ Jescheck/Weigend, Lehrbuch des Strafrechts, 5. Aufl. , § 33 V.

照耶塞克和魏根特的主张，由于阻却违法的义务冲突能够明确区分义务的重要性，就相当于紧急避险中的利益衡量原则。因此，违法阻却的义务冲突，其实就是阻却违法的紧急避险，① 保护较高利益的义务履行能够阻却不履行其他义务的违法性，这是紧急避险的基本原理。上文已述，从规范层面能否明确界分"能够明确区分义务高低的义务冲突"和"无法解决的义务冲突"，尚且存在疑问。即便可以将前一类义务冲突区分后进行单独处理，那么完全依照紧急避险处理也存在理论困境。这不仅忽略义务冲突事由和紧急避险事由的区别，将义务冲突作为一个不具备独立价值的出罪事由考察，也将义务衡量全然归结到利益衡量上，具有不合理性。

最后，二元论对同等价值的义务冲突的处理方案，也不合理。从紧急避险的视角看，通说认为，当牺牲法益与保护法益相等时，也能够成立阻却违法的紧急避险，包括在生命冲突的情形中。比如，张明楷教授指出，虽然将他人生命作为手段或工具的行为是具有违法性的，但是，"如果不允许以一个人的生命保护更多人的生命，则意味着宁愿导致更多人的死亡，也不能牺牲一个人的生命，这难以为社会一般观念所接受，也不一定符合紧急避险的社会功利性质"②。据此，即便生命是等价的、不可衡量的，生命法益产生冲突时难以进行衡量，但并不意味着任何等价冲突都不可能成立违法阻却事由。当然，按照早期刑法理论的观点，紧急避险造成的损害必须小于所避免的损害，不能等于，更不能大于，③ 包括德国刑法也要求违法阻却的紧急避险"被保护的法益应明显超过被牺牲的法益"④。但是，这并不意味着同等利益的冲突就完全不具备违法阻却的可能性。尤其是除了生命利益的特殊

---

① Jescheck/Weigend, Lehrbuch des Strafrechts, 5. Aufl., § 33 V.

② 张明楷. 刑法学［M］. 北京：法律出版社，2016：221.

③ 高铭暄，马克昌. 刑法学［M］. 北京：北京大学出版社、高等教育出版社，2000：111.

④ 具体可以参见《德国刑法典》第 34 条：为避免自己或他人生命、身体、自由、名誉、财产或者其他法益遭遇现实的、无法以其他方法避免的危险者，其行为不具有违法性，但是在衡量相冲突的利益时，所涉及的法益及其危害法益的危险程度，以所保全的利益明显优越于所侵害的利益，且行为是避免危险的适当方法为限制。

性，其他同等价值的义务并非如生命一样具有不可衡量的属性，所以因生命不可衡量性而无法阻却违法的问题，在其他同等价值的义务冲突中可能就无法适用。

应当说，二元的义务冲突理论的提出，在某种程度上受到了德国刑法中二元的紧急避险理论的影响①，从而将同等价值的义务冲突放在责任层面考察。所以，上述二元的义务冲突可以总结为以下两点：其一，综合衡量下能够比较出义务高低的义务冲突，作为阻却违法的紧急避险来处理；其二，生命冲突中的行为必定具有违法性，因为生命具有不可衡量、至高无上的特征，以任何理由牺牲生命法益都不能被正当化，但是可以阻却行为人的责任。应当认为，二元的义务冲突理论在体系结构上是具有借鉴意义的，但是上述立场在具体的区分与认定上都有待商榷。

### 五、法外空间立场

#### （一）义务冲突情形属于法外空间的基本观点

法外空间说也是解决义务冲突问题的重要理论之一。从法外空间的理论源头看，古罗马时期就已经有学者主张法律对某些领域无法管辖②，这些领域的人们所犯的错误，只能交给上帝去处理，法律并没有处罚权限。在此之前，大部分自然法学者都认为，人类的生存和具体活动根本不可能存在法律真空，社会发展的一切都能够为法秩序所囊括。③ 换言之，从自然理性的角度出发，所有经验的对象都存在着这种理性，所以对于人类的一切行为都可以根据客观有效的行为准则去判断对错。然而，随着各种特殊情形的出现，法秩序面对某些生活情境开始显得力不从心，如自杀问题、宗教信仰问题、生命冲突问题等。在处理这些情况时，如果直接以法规范或者传统的法理论

---

① 德国刑法区分违法阻却的紧急避险和责任阻却的紧急避险，前者要求保护利益明显优越于牺牲利益；后者则允许利益的等价。

② See Tacitus, Complete Works of Tacitus, trans., Church & Brodribb, The Modern Library, 1942, Ann. 1.73："Wrongs done to the gods were the gods' concern."

③ Brinz, über die Zeit im Recht, 1882, S. 5.

进行定性，似乎并不妥当，但这类行为在客观上确实破坏了法秩序的稳定性，应当对其进行调整。在此困境下，法外空间的概念应运而生，它试图打破传统的答案，并以新的理论概念解释这些特殊状态，而义务冲突恰好位列其中。

主张义务冲突属于法外空间范畴的观点认为，"能力缺席之处，规范就无从谈起"①，法秩序在义务冲突情形下就应当撤回规范的要求、放弃规范的评价，行为人的行为因此既不受到禁止，又未获得容许。② 与传统体系定位有所不同的是，法外空间论者试图从这种紧急状态中得出另一种答案：法秩序应当保持绝对的中立，既不做出积极的合法性评价，也不做出消极的违法性评价。不评价或者放弃评价才是法秩序针对义务冲突问题的应对方案。倘若认为义务冲突属于法外空间的问题，那么法秩序就要承认行为人的行为不承担相应的法律后果，但同时也不必认可它是具有合法性的。③ 法外空间理论更像是解决义务冲突问题的无奈之举：如果将义务冲突中的行为评价为违法，那么又很难解释行为人的选择似乎已经是最优解；相反，如果将义务冲突中的行为认定为合法，那么等于完全忽略了严重侵害法益的行为。两者只能各退一步，在违法性模式和合法性模式中选择一个中间方案。④

法外空间的理论特征，决定了法外空间说主要用于解决那些难以进行义务衡量和判断的冲突类型。因此，属于法外空间的义务冲突通常要求义务是等价值的。⑤ 所以，将义务冲突置于法外空间领域进行考察的前提是同等价

---

① Arthur Kaufmann, Das Unrechtsbewusstsein in der Schuldlehre des Strafrechts, 1949, S. 153.

② 具体的论述可参见 Arthur Kaufmann, Rechtsfreier Raum und eigenverantwortliche Entscheidung, FS Maurach, 1972, S. 336. 关于法外冲突理论的国内学者的论述参见王钢. 法外空间及其范围——侧重刑法的考察［J］. 中外法学, 2015 (6)；陈璇. 生命冲突、紧急避险与责任阻却［J］. 法学研究, 2016 (5).

③ Philipps, Sinn und Struktur der Normlogik, ARSP 52 (1966), S. 204.

④ ［德］阿图尔·考夫曼. 法律哲学［M］. 刘幸义, 译. 北京：法律出版社, 2004: 326.

⑤ Dingeldey, Pflichtenkollision und rechtsfreier Raum, Jura 1979, S. 482.

值的义务冲突类型，假如冲突义务有明显的价值高低或履行先后，那么法外空间的主张和解决方案都将难以成立。从这一角度看，作为一个解决极端情形，尤其是解决难以衡量的义务冲突情形的理论，法外空间其实是个补充性的理论。①

按照法外空间说的主张，义务冲突状态下，行为人不履行义务的法律结果，可能会有两种结论：一是放弃评价②；二是评价为"不禁止—不允许的"。和违法阻却论者、责任阻却论者的结论都不同，法外空间理论中的法秩序放弃评价，意味着不进行任何形式的评价，刑法就不会介入。将法外空间的行为定义为"不禁止的"行为，既不是"违法"，也不是"不违法"，而是第三种完全中立的情形。

（二）对法外空间主张的评析

首先，法外空间理论本身就存在理论困境。最先提出法外空间概念的学者是贝格勃姆（Bergbohm），他针对法律无所不能这种传统主张，指出社会中必然存在着法律无法企及的领域。③ 法外空间理论能够有效地防止法律恣意扩张，限制法律对个人生活的过度干预，从而有力地保障自由。④ 如果说，贝格勃姆的法外空间说是一种比较单纯的"法无所企及""法律之外"的意思，那么"不禁止"（unverboten）概念的提出，在一定程度上改变了法外空间的理论内涵。菲利普斯（Philipps）认为法外空间是"不禁止的规范领域，尽管如此，从这种不禁止中也无法推导出任何许可，或者——等同于——非不被允许的领域，但同样也没有被允许"。⑤ 按照这一定义，法外空间就是指"不禁止的规范领域"。这一概念有两个重要方面：第一，"不禁止的"是区

---

① Kaufmann, Strafrechtspraxis und sittliche Norm, JuS 78, S. 366.
② 恩吉施（Engisch）用"放弃评价"来论证法外空间的存在，他指出，法规范若作为一种评价规范，除了认可与反对之外，还有第三种可能：放弃评价。Vgl. Engisch, Notstand und Putativnotstand, 1932, S. 426.
③ Bergbohm, Jurisprudenz und Rechtsphilosophie, 1892, S. 375.
④ 王钢．法外空间及其范围——侧重刑法的考察［J］．中外法学，2005（6）：1546.
⑤ Lothar Philipps, Sinn und Struktur der Normlogik, ARSP 52 (1966), S. 205.

别于"合法的"和"违法的"的第三种概念，它不代表法秩序的肯定评价
（合法的或者正当的），也不代表法秩序的否定评价（违法的或者禁止的）；
第二，"规范领域"表明，法外空间或许并没有脱离法体系，依然是在法律规
范之内所设定的一种空间。这种定义遭到了学界的强烈批判。不少学者认为，
根本就不存在所谓的"法外空间"，因为不存在与法律没有任何关联的事实，
所谓的法外事实，也是处在法律所允许的范畴内的。由于法秩序的本质属性
就在于其广泛性，法秩序可能会有不能触及的规定，但是法秩序表达立场的
方式并不是通过选择部分领域来调整，而是同时也调整着其他部分——正是
通过排除法律效果来实现的。因此，所谓的法外空间不过是因为法秩序根据
自身的意志将部分行为规定为不受法律约束的，而不是用法律之外来解释。
而法外空间也并不意味着法律没有规定，而是在一种消极意义上否定法律后
果的事实领域。①

　　其次，"法外"的译法是带有迷惑性的②，按照目前对法外空间的理解，
"法外"未必是指法体系、法规范或者法秩序之外，而是指一种依然处于规
范领域之内的"不禁止"行为。但是这一评价结果也并不能完全与法秩序分
离，因为这一结论的评价主体就是法秩序本身，评价标准亦是法秩序对义务
冲突行为的基本立场。没有法律后果的行为、没有法律评价的空间、没有法
律干预的领域，实质上依然受到了法秩序的约束，因为并不一定要产生消极
的法律后果才可以被认为是受到了调整。因此，从严格意义上讲，法外空间
更接近法秩序的另一种主张，它虽然不同于不法阻却和责任阻却，但是依然
存在于犯罪论体系之中。例如，考夫曼将法外空间区分为三种不同的类型，
第一种是指"构成要件外的"或者"法规范外"的空间；第二种是指没有法

---

①　Radbruch, Rechtsphilosophie, 6. Aufl., 1963, S. 298.
②　德语的原词"rechtsfrei"直译为"自治于法律的""自由于法律的"，贝格勃姆使用
　　的"rechtsleer"意味着"法律真空的"。虽然两者在意思上的区别不大，但是后一
　　种表达逐渐被放弃。

律后果的空间；第三种是指那些与生命价值相关的紧急情况。① 实际上，第一种情形就是指构成要件不该当的日常行为，第二种就是指违法阻却事由、责任阻却事由以及其他免罚事由，第三种就是难以解决的灰色地带的法律问题。所以，这种法外空间体系在本质上并没有脱离法秩序的评价。

按照上述理解，法外空间最终沦为一种"法内评价"，那么依据法外空间理论来定位义务冲突在犯罪论体系中的位置就存在这样的逻辑难题：如何理解"不禁止的"或者"放弃评价"的概念？如何在"违法的"和"不违法的"这一组封闭的矛盾概念中论证出第三种可能性？此处涉及法外空间说饱受诟病的模糊性问题。假设真的存在法外空间，那么它的边界几乎是无法确定的、不明确的，因而在学理上几乎是毫无用处的。② 从理论本身的阐释看，法外空间根本没有明确的界限，无论是定义还是分类，都没能达成共识。若将义务冲突认定为法外空间的情形，那么一方面无法确定是否所有的义务冲突情况都属于法外空间，还是说只有最极端的一部分义务冲突（如生命冲突）才位于法外空间；另一方面，法外空间论可能导致行为人更加无所适从，因为法秩序根本无法提供任何指引，这是不是意味着行为人即便不履行任何义务，都是法律所不可评价的？假设承认义务冲突问题位于法外空间，那么就必须先就"法外空间"的概念达成一致，否则这种体系定位根本就没有意义。

其实，如果行为人在义务冲突状态中根本无法获得法秩序的明确表态，那么就意味着法秩序在这一问题上回避了决定，将难以衡量的义务冲突定位于法外空间，这种做法应当被否定。③ 因为法外空间说否定了法律调整的范围和能力，这无异于"投降"和"逃避"。在这种理论基础上构建起来的义务冲突解决方案是存在问题的，它首先忽略了法律的保障功能，法秩序在义

---

① Kaufmann, Rechtsfreier Raum und eigenverantwortliche Entschuldigung, FS Maurach, 1972, S. 336.

② Canaris, Die Feststellung von Lücken im Gesetz, 1964, S. 40f.

③ Henkel, Der Notstand nach gegenwärtigem und künftigem Recht, 1932, S. 37.

务冲突问题上并非没有立场，至少它不允许行为人完全放弃所有待履行义务。①

最后，处在法外空间的义务冲突最多只涉及那些等价值的、难以解决的义务冲突状态，这种义务冲突体系论证根本无法囊括义务冲突的所有类型。"既不是正当的，也不是违法的"评价只会让义务冲突问题变得更加难以判断。而且，法外空间并不涉及义务衡量的问题，因为既然义务冲突是超然于合法与违法之外的问题，那么行为人无论如何选择义务，即便是不选择任何义务，都应当是不受法律评价的。

综上所述，将义务冲突作为一个法外空间问题，只不过是处理某些特殊冲突状态时使用的一种"诡计"或者"无奈之举"。法外空间理论下的义务冲突，要么根本没有超出法秩序的评价范围，要么就根本无法明确法外空间的界限而导向模糊化。就此而言，法外空间说不仅没有考虑生命冲突之外的义务冲突状态，而且也忽略了义务相权行为的重要性，在法外空间土壤中的义务冲突根本无法进行体系构建。因此，无论以哪一种概念理解法外空间，都不宜将义务冲突问题置于其中。

## 第三节　义务冲突体系定位之厘清：阶层论视角

在阶层论中讨论义务冲突的体系定位，一是出于理论渊源的考虑。义务冲突根植于大陆法系阶层理论，在强调检验逻辑顺序的阶层体系中，义务冲突的体系位置发展出上述各种观点，下文在梳理与评析各种立场及其实质法根据的基础上，明确义务冲突的违法阻却立场。二是在阶层论视角下讨论义务冲突的体系位置也是顺应我国刑法理论的研究趋势。义务冲突问题既不能忽视其研究进程和理论基础，也不能脱离本土情况全然照搬域外理论。因

---

① Otto, Die strafrechtliche Beurteilung der Kollision rechtlich gleichrangiger Interessen, Jura 2005, S. 472.

此，厘清义务冲突在阶层论中的体系位置，是为了进一步明确义务冲突的性质，从而讨论其在四要件犯罪论体系中的适用可能性。义务冲突在阶层论中的体系定位，应当坚持违法阻却立场，但既有的违法阻却根据都不足以说明义务冲突的正当性，因此对义务冲突阻却违法的实质法根据应当重新探索，寻找新的出罪根据。

**一、违法阻却立场的坚持**

在阶层论体系中，义务冲突体系定位主要还是违法阻却和责任阻却之争。构成要件排除说的理论缺陷比较明显，这种观点直接忽略了行为人未履行义务的情况确实对具体法益造成了损害，这种强行排除义务的理论主张并没有获得支持；法外空间说属于犯罪论体系之外的超法空间，也有学者认为这是阻却不法的依据之一；二元义务冲突理论看似观点相对中立的主张，但实际上只是将生命冲突与其他法益的冲突进行区分，在处理义务冲突问题时依然具有片面性，本质上并没有脱离违法阻却和责任阻却的体系定位主张。总的来看，有关义务冲突的体系定位，最具影响力的还是违法阻却说和责任阻却说。

和违法阻却说相比，责任阻却说存在更多无法解释的矛盾。既有的违法阻却根据虽然有论证缺陷，但是对违法阻却说的质疑主要源自正当化根据的偏离。义务冲突的违法阻却依据在论证义务冲突行为的正当性时，以传统的利益衡量主张为主流观点，无法完美诠释义务冲突的性质。笔者认为，将义务冲突置于违法性层面考察具有合理性，主要理由如下：

其一，举重以明轻，义务冲突的违法阻却性质是基于和紧急避险事由的比较。义务冲突和紧急避险相比，表现为对具体已经受到侵害或即将遭受侵害法益的消极放弃，而紧急避险则多为对无辜者法益的积极侵害。[①] 在紧急避险的违法阻却论证中，一般认为，法秩序虽然不能要求一个抽象权利的人

---

① Rönnau, in: LK-StGB, Vor § 32, Rn. 117, 119, 123.

格者为了普遍的福祉忍受自己权利的侵害，但可以要求国家公民在特定情况下做出牺牲。伦理国家意义上的福祉概念可以解释无辜的被避险人忍受紧急避险的义务。① 据此，如果将无辜第三人忍受避险行为的义务理解为一种"倒霉"，但是基于维系共同生活和最大限度保障社会发展的目的，作为社会共同体的成员，必须容忍这种"祸从天降"的处境，法秩序将此类侵害无辜者法益的避险行为评价为正当。与无辜被避险人相比，在义务冲突状态中等待救助的法益主体已经处在危险之中。主张紧急权（Notrechte）的学者认为，包括正当防卫和紧急避险在内的出罪事由均是基于紧急与危难状态的权利行使，而正当防卫和攻击型紧急避险则处在两端的位置，前者是自主原则最大化的表现，而后者以团结原则为主，自主原则的功能较小。② 在紧急避险中，被避险人和避险人是无辜者和肇事者的关系；在义务冲突中，他固然有义务消除无辜者面临的风险，但不足以被评价为"肇事者"。因为在一个"理想"的义务冲突状态下，行为人也是一个陷入困境的"无辜者"。功利主义论者认为，紧急避险和义务冲突的正当化基础，都是实现了社会的最大效益，所以在危难之际尽可能保全或救助更大更多的法益。根据上述与紧急避险的比较，本书认为，因履行义务并保护相应法益而不得不放弃其他义务，致使原本就陷入危险的法益没能得到救助，和紧急避险向无辜第三人转嫁风险比起来，基于团结原则和自主原则获得的权利倾向更为明显。

其二，出于法益保护的最终目的，法秩序对义务冲突的判定应当提供一种积极的履行指引。只要将行为人正确履行义务的行为认定为一种符合法律期待的、符合法律要求的行为，才能尽可能地让陷入冲突状态中的行为人去履行更重要的义务、救助尽可能多的法益主体。倘若将行为人部分履行义务的行为认定为否定法秩序、对抗法秩序的具有违法性的行为，那么无论是从法律上还是从情感上来说，都没有人愿意去承担一个"履行不履行都是违法

① 赵雪爽. 对无责任能力者进行正当防卫兼论刑法的紧急权体系 [J]. 中外法学, 2018（6）: 1628-1630.
② Pawlik, Der rechtfertigende Defensivnotstand im System der Notrechte, GA 2003, S. 14.

的"义务。据此，满足成立条件的义务冲突也只能是排除违法性的，只有这样才能将紧急状态下的法益救助寄托在行为人身上，鼓励或者促使行为人尽可能地履行义务。义务冲突作为违法阻却事由，将避免"不履行义务"成为"性价比"最高的选择，也不会削弱行为人在危难之际履行义务的积极性，法益保护也将最大限度地实现。

其三，基于对"不具有违法性"的正确理解。通说认为，在三阶层犯罪论体系中，符合构成要件的行为，在理论上都是具备违法性的行为，这是构成要件的违法判断功能。据此，在违法性阶层所检验的，并不是针对犯罪行为本身是否确实具有侵害法益的违法性质，而是判断是否存在能够阻却违法的特殊情形。正当化并不代表最终的处境和结果要符合最理想的效果，而是划定一个"不违反法律义务"的行为的最宽泛的边界。对一种正当化事由的认同，自始至终都不是将某种行为评价为积极的行为，而是将这种行为认定为没有违抗法秩序，从而为法秩序所接受的行为。所以，将义务冲突放在违法性层面考察，将符合要求的义务冲突认定为不具有违法性的行为，并不是指行为人不履行义务的行为就是积极的、正确的，而是行为人在此类紧急与危难的情况下，部分履行的举措并没有违抗法秩序。

由上可知，义务冲突的正当化结论是合理的，义务冲突也只有放在违法性层面考察，才能真正发挥其制度价值。

## 二、传统正当化依据的缺陷

义务冲突的正当化依据，即指义务冲突中行为人未履行义务的行为在犯罪认定过程中阻却违法性的法理基础，即回答行为人陷入冲突状态后不履行部分义务而造成法益侵害后果的行为何以排除违法性的问题。上文已经介绍了违法阻却立场三种重要的理论基础，即优越利益说、法秩序无能为力说和社会相当性说，它们从不同角度论证义务冲突的正当性，具有重要的学术价值。尤其是优越利益说，它作为违法阻却根据的重要理论，至少证明了行为人在义务冲突状态中毫不作为的行为肯定难以成立违法阻却效果，行为人至少履行了部分义务且保护了部分利益，否则就没有所谓的"优越利益"产生。不过，这些主张并不是完美的，他们在解决义务冲突问题时会出现无法突破的困境。

首先，传统的正当化根据几乎只关注义务保护的法益，但问题是，优越利益的实现并不能完全证明义务冲突事由具有正当性。这是因为，同种类型的法益并不等于同等价值的义务，所以片面关注义务所涉及的法益，只能说明某些义务冲突情形，但不是所有的义务冲突状态都适用这一标准。社会相当性说和优越利益说在本质上具有相似性，都没有脱离法益及利益的比较。在此，需要追问：法益真的是判断义务履行重要性和优先性的唯一标准吗？答案是否定的，因为即便是法益类型相同的义务冲突状态，法秩序也会对义务的性质和重要性做出区分。例如，都是保护生命法益的义务，道德义务和法律义务的重要性与优先性也可能存在差异，一般救助义务和保证人义务也有所不同。

其次，既有理论几乎只关注被放弃法益和被保护法益的比较，当行为人陷入多个（指三个以上）义务冲突时，既有观点难以解释义务冲突的正当性。因为按照违法阻却说的具体主张，行为人在义务冲突状态中阻却违法的根本原因是，履行义务所保护的法益大于放弃义务所保护的法益（优越利益原则），至少保护法益和放弃法益是同等重要的（社会相当性原则）。而这种实质法基础或许在两个义务相互冲突时是能够发挥一定的作用，但是行为人确实只能履行一个义务，不得不放弃其他两个或多个义务。这样一来，放弃义务所涉及的利益之和就很可能超过行为人履行一个义务所保护的法益。此时，即便优越利益主张做扩大解释（承认同等利益的履行也是实现了优越利益），也无法证明义务冲突行为的正当性，因为行为人所履行的义务并没有实现"优越利益"。归根结底，现有学说所主张的违法阻却实质根据都是一种基于法益保护的"比较思维"或"加减思维"，它要求陷入义务冲突状态的行为人通过利益衡量和价值判断履行最重要的义务，无论是优越利益说、社会相当性说还是其他学说，大多概括性地要求行为人在诸多冲突中选择更为重要的利益与价值。正因为如此，以义务履行的对象利益为考察核心，附加在义务冲突行为人身上的就只有衡量的要求与履行的义务。

最后，既有理论几乎只关注法益受害者，而忽略行为人也是法秩序保护的权利主体。虽然在义务冲突中，行为人是本应当履行多个义务的义务承担者，但同时也具有"选择履行"的自由与权利。具体而言，如果只关注等待救助的法益主体，而要求陷入这种冲突状态的行为人履行义务，就容易忽略行为人本身也是陷入紧迫状态的法益主体，他也有需要法秩序保护的利益以及法秩序允许的紧急权利。因此，传统的正当化观点都过分关注（或者只关注）义务所保护对象的利益，而忽略行为人在义务冲突状态下面临的紧迫性和冲突性，更不考虑行为人在义务冲突状态中的权利和自由，所以难以解释行为人在代表同等利益的义务冲突中选择任意义务履行的合法性，也无法回答行为人在三个以上的冲突中牺牲了更多的义务或利益的正当性。

鉴于上述理由，义务冲突的正当化必须寻找新的理论根据。证明义务冲突事由的正当性，至少要解决两个层面的问题：其一，"部分"履行的正当性，即行为人在义务冲突状态中只履行了部分义务，而未履行其他义务造成法益侵害后果的不作为不具有违法性。其二，"选择"履行的正当性，即行为人在义务同等重要的情况下，具有选择履行的权利和自由，这种选择具有正当性。根据这样两方面的内容，本书主张，义务冲突的违法阻却根据应以行为人为核心。

### 三、行为人权利说的展开

上文已述，现有学说的根本问题是过分强调义务对象的根本利益，从而不由自主地将权衡范围限定在履行的义务和未履行的义务两部分中，作为义务冲突阻却违法的根据，尚不足以令人信服。从另一个角度讲，上述理论依据产生证明漏洞的根本原因是缺乏对陷入义务冲突状态的行为人的关注。据此，本书主张，义务冲突的正当化依据应回归到紧急权体系中，以行为人（义务承担者）在紧急情形中的权利和自由为根据。

行为人在义务冲突状态中的权利地位，是刑法中紧急权理论的展开。刑法中的紧急权源自"紧急时无法律"这句法谚，它的基本含义是，在紧急情况下，公民可以实施法律在通常情况下所禁止的某种行为，以避免紧急状态所带来的危险，也可称为"情况的紧急是最佳的法律"。其中，正当防卫、紧急避险、自救行为、义务冲突都是公民在紧急状态下实施的权利行为，这些权利行为的共同点，是将法律在通常情况下所禁止的行为作为手段来保护相应法益。① 具体而言，正当防卫中的防卫权、紧急避险中的避险权、面对侵害时的自我救助权利，都是紧急权的典型适例。在自救型义务冲突中，行为人为保护自己的生命而违反义务的行为，显然符合紧急权的基本样态。可能存在疑问的是选择型义务冲突，行为人作为一个没有受到侵害的利益主体，是否具备所谓的紧急行动权，实施法律原本所禁止的行为？答案是肯定的。概括地理解紧急权，其实是指一种以通常情形下所禁止的行为来消除紧急状态的权利②，行为人的行为以放弃或违反部分义务为代价，保护特定法益不受侵害，从而改变或脱离原有的紧急状态。义务冲突状态是一种紧急情形，这是"冲突"概念的应有之义，多个义务在特定的时间与空间重合，将此类义务履行的迫切状态视作刑法中的紧急状态，并无疑问。与此同时，紧急权的行使并不以保护自身的法益为目的，它是指公民在缺乏公力救助途径的急迫情况下，以损害他人的某一法益为代价来保护另一法益的权利。③ 因此，将义务冲突中行为人不得已放弃部分法益的行为，理解为一种保护另外法益的紧急权行使行为，依然是符合紧急权的基本内容。再如，日本刑法学者对违法阻却事由的分类中，有正当行为与紧急行为的区分一说，其中，义务冲突与正当防卫、紧急避险等均属于急迫情形下的正当化事由，从而区别于法令行为、正当业务行为等属于正当法律依据下实施的行为。④ 结合上

① 张明楷. 刑法格言的展开［M］. 北京：北京大学出版社，2013：284.
② 张明楷. 刑法格言的展开［M］. 北京：北京大学出版社，2013：298.
③ 陈璇. 紧急权：体系构建、竞合适用与层级划分［J］. 中外法学，2021（1）：5.
④ ［日］大谷实. 刑法讲义总论［M］. 黎宏，译. 北京：中国人民大学出版社，2008：225.

述理由，义务冲突中行为人的紧急权是合理存在的。

权利说的主张虽然受到域外刑法理论中紧急权体系的重要启发，但这并不代表权利说在我国刑法发展中毫无根据。因为在我国刑法典创制过程中，立法者始终都认为，像正当防卫、紧急避险这样的情况，就是"公民的一项合法权利"。① 也就是说，将我国刑法中的出罪事由视作法秩序赋予行为人侵害他人权益的一种权利，而非仅仅是刑法条文中所说的"不负刑事责任"②，是有历史依据的。据此，义务冲突和正当防卫、紧急避险一样，都是紧急权的具体表现形式。

不过，义务冲突和正当防卫、紧急避险肯定存在紧急权问题上的细微差别。首先，陷入义务冲突的行为人所具有的紧急权，显然不及正当防卫中防卫者的紧急权这般强势，原因是后者所对抗的是不法侵害，防卫者在绝大多数情形下都不必考虑相关利益的比例关系。正当防卫中的紧急权，不仅仅产生于侵害者针对防卫者的越权行为，而且还有侵害者对普遍法权和基本社会秩序的挑战。③ 因此，未遭遇不法侵害的义务冲突行为人的紧急权就没有如此大的权限。其次，义务冲突行为人的紧急权和紧急避险人的紧急权也有区别。一般而言，避险人的权利是一种对无辜第三者法益的侵害行为，但是义务冲突行为人的权利是对自己有义务保护对象的利益放弃。从这一点看，放弃的利益主体或者利益价值是相对确定的，但是选择避险的行为却是复杂多样的。据此，避险人行使权利时要比义务冲突行为人行使权利时，理应更注重法益比例和行为方式。最后，陷入义务冲突的行为人，具备义务人和权利人的双重地位。换言之，在拥有紧急情形时的权利之前，行为人还是一个义务承担者，正是因为他对多个义务都要承担履行职责，所以才会在具体的情形中陷入冲突困境。据此，义务冲突中的紧急权力度就在一定程度上受到了

---

① 高铭暄. 中华人民共和国刑法的孕育诞生和发展完善［M］. 北京：北京大学出版社，2012：25.

② 陈璇. 公民扭送权：本质探寻与规范续造［J］. 法学评论，2019（3）：176.

③ 赵雪爽. 对无责任能力者进行正当防卫——兼论刑法的紧急权体系［J］. 中外法学，2018（6）：1628.

抵消。结合上述理解，义务冲突中的行为人权利应当理解为在紧急状态下的"有限自由"，这种自由介于防卫权和紧急权之间，具体表现为一种"选择权"。

相较于传统学说，行为人的权利概念能够相对彻底地证明义务冲突在犯罪论体系中的违法阻却地位。它既能够证明行为人在同等重要的义务中选择履行任意义务的正当性，也可以证明部分履行情况下义务对象承担忍受义务的合理性。

一方面，权利说能够说明行为人在义务冲突状态中的"选择权"问题。这种权利以紧急权为上位概念，是个人自由在义务冲突中的表现形式。权利概念转变了论证视角，将义务冲突阻却违法的依据定位在行为人这一主体上，因此不再受到因只关注义务对象而不得不遵循的最大或最优利益原则的僵硬限制。由此而言，行为人在同等重要的义务中选择任何一项义务履行的行为就自然具有合法性。而且，不论行为人是陷入两个义务的冲突，还是三个甚至更多数量义务的冲突，择一履行的正当性均源自紧急权赋予的选择自由，而非依赖于利益价值的比较。这就能够合理解释，放弃义务的利益总和即便超过了履行部分，在合理行使选择权的情况下也依然是正当的。但同时也应当注意，行为人的权利并不是不受限制的，完全不考虑履行部分和未履行部分的利益差距，也必然会在违法阻却的结论中产生偏差。权利说虽然能够有效地表明行为人的法权地位，但并没有免除行为人进行必要义务衡量的要求，换言之，在义务重要性差距悬殊的冲突场合，若完全不考虑利益比例而做出不恰当的选择，依然无法阻却行为的违法性。

另一方面，权利说也能论证行为人因放弃部分义务而造成他人法益损害的行为的正当性，亦即"部分履行"的合法性问题。传统的违法阻却依据其实都没有正面回应这个问题，即被放弃的义务对象明明遭遇到刑法领域内的法益损害，为何与这种损害有因果关系的行为依然不会受到法秩序的负面评价？现有学说仅仅从履行行为和未履行行为的权重关系来说明部分履行的正当性，显然是不够的，暂且不论对这种权重关系的认定标准尚未达成共识，即便确定了行为是"以小换大"的情况，也不可当然地排除重要性小的利益主体的法权地位。然而，若以权利说作为义务冲突的违法阻却依据，则能够基于紧急权的理论基础来证明这一难题。一般认为，刑法中的紧急权是以社会团结义务为基础的，即社会共同体的成员应当在某种程度上相互照应，每个人都应当对他人负有一定责任，在必要时适当地牺牲自己的部分利益。①无论是正当防卫、紧急避险，还是义务冲突状态，刑法承认的紧急权都是受到限制的，因为这种权利的行使同时意味着其他权利需要对此进行让步。而这种让步是为了维护主体间相互承认的生活方式。② 这是功利主义的紧急权思维所无法解决的难题，因为只追求利益的最大化，用任何衡量与比较模式，在结果上都会忽略被放弃义务的对象的权利地位。也就是说，被牺牲的利益、被放弃的义务所保护的主体，其实成了另一部分法益保护或义务履行的工具。但是，若是基于社会团结原则的紧急权，就能够解释被放弃个体在紧急情形下的容忍义务。正是因为行为人也是社会生活中的法权主体，其在紧急情形下理应被赋予处理紧急情况、消除紧急状态的自由，而在此冲突情形中受到权利侵害或法益损害的权利主体应当基于社会团结之原理忍受行为人的此类行为。

综上所述，行为人权利说以刑法理论中的紧急权为基础，能够说明义务冲突在犯罪论体系中阻却违法的应然地位。它解决了传统优越利益主张、社会相当性学说以及目的理论都无法解释的难题，相对严密地论证了行为人在同等重要义务冲突状态中择一履行的正当性，以及行为人未履行义务造成他人法益损害的行为不具备违法性的根本原因。换言之，相较于之前所介绍的理论依据，权利说既证明了义务冲突行为人"选择"履行的合法性，也证明了义务冲突行为人"部分"履行的正当性。权利概念兼顾义务对象的利益的同时，也充分考虑并保护行为人的法权地位，强调紧迫情况下原本作为义务

---

① 王钢. 紧急避险中无辜第三人的容忍义务及其限度——兼论紧急避险的正当化依据［J］. 中外法学，2011（3）：618.
② Kühl, Freiheit und Solidarität bei den Notrechten, FS für Hirsch, 1999, S. 273.

承担者的主体也具备紧急权，同理，原本作为权利者的相对人也必须容忍自身利益无法得到恢复或者救助。

## 第四节　义务冲突在我国刑法中的位置：四要件视角

上文关于义务冲突体系定位的讨论，是在三阶层犯罪论体系下展开的。众所周知，有关犯罪论体系的转型和四要件的取舍研究已经蔚然成风①，绝大多数学者在讨论出罪事由时也多在阶层理论的话语体系内采用"违法阻却事由""责任阻却事由"等表述。然而，传统理论与司法实践依然以采纳耦合式四要件犯罪论体系为主，就此而言，包括义务冲突在内的所有出罪事由，在我国犯罪论体系中的定位与域外情况不可能完全相同。上文对义务冲突违法阻却地位的论证是探索义务冲突在四要件犯罪论体系中的定位与出路的重要基础。如果以四要件犯罪论体系的缺陷或不足为由，绕开义务冲突在我国刑法中的定位问题，则未免有逃避本土问题之嫌，是故，在当前四要件犯罪理论在我国刑事司法审判中尚占主导地位的背景下，分析义务冲突在我国刑法理论中的命运，是极其必要的。

### 一、义务冲突在四要件理论中的体系定位

虽然在四要件犯罪论体系中，义务冲突不可能像在阶层论一般产生多种体系定位的争议，但是，义务冲突的独立性地位、排除犯罪的功能地位以及超法规地位，依然是明确的。

在我国刑法理论中，很少有人将义务冲突作为附属于其他事由的概念。因为，目前我国刑法理论对义务冲突的介绍，大多来源于德国和日本对义务冲突的通说理解。换言之，我国对义务冲突独立性的认定，是直接"拿来"

---

① 邓子滨.《法学研究》三十年：刑法学［J］.法学研究，2008（1）：70-85.

了已经经过百余年发展的义务冲突理论，所以在理论发展初期的附属性特征，并非我国刑法讨论义务冲突时的重点。因此，刑法理论中，义务冲突是和正当防卫、紧急避险、被害人承诺、法令行为等相互并列的具有独立性的排除犯罪情形；司法机关也认可，理论上存在业务上的正当化行为、义务冲突及被害人承诺等超法规违法阻却事由，具有上述事由即应"出罪"。[①]

按照传统观点，义务冲突等具有出罪功能的情形，在四要件刑法理论中被称为"排除社会危害性的行为"或者"超法规排除犯罪性事由"。[②] 有论者认为，这种行为其实源自20世纪50年代苏联刑法中所谓的"排除行为的社会危害性的情况"。[③] 这种情况是指"社会危害性是构成一切犯罪最重要的要件，在某些情况下，即使是对法律所保护的利益造成了严重的损害也不能构成犯罪，现行立法把正当防卫和紧急避险、拘留罪犯称为排除行为社会危害性和违法性的情况"。[④] 我国受苏联刑法理论的影响，使用了"排除社会危害性行为"的表述与基本定义，"社会危害性"也成为我国刑法理论中的重要概念之一。基于"社会危害性"的犯罪概念，能够被排除犯罪的情形或者事由就当然地成为"排除社会危害性的行为"，据此，像正当防卫、紧急避险这样的法定事由就有了基本的性质。虽然这种"排除社会危害性"的行为性质并没有在形式上进入四要件犯罪论体系，因为它显然不属于任何一个要件，不过起码让出罪事由的存在有了空间。高铭暄教授指出，"排除社会危害性的行为，是指外表是犯罪，而实质上并不具有社会危害性，不具有犯罪构成，并且对国家和人民有益的行为，包括正当防卫和紧急避险"。[⑤] 再如，马克昌教授认为，这些情况"表面上好像符合犯罪构成，但实际上并不

---

① 参见曾小平、陈其军假冒注册商标罪一审刑事判决书（2019）川0502知刑初2号。

② 陈安庆．超法规排除犯罪性事由研究［M］．上海：上海社会科学院出版社，2010：102.

③ 何秉松．犯罪构成系统论［M］．北京：中国法制出版社，1995：402.

④ ［苏联］H.A.别利亚耶夫，M.Д.科瓦廖夫．苏维埃刑法总论［M］．马改秀，张广贤，译．北京：群众出版社，1987：171-172.

⑤ 高铭暄．刑法学［M］．北京：法律出版社，1982：162.

符合犯罪构成，且有利于社会，这是因为它首先缺少相当严重程度的社会危害性这一实质要件，其次是因为缺失刑事违法性这一形式要件。即同时排除社会危害性和刑事违法性的行为，形式上也不存在犯罪构成"。①

　　众所周知，我国刑法典明文规定的排除犯罪性事由仅有正当防卫和紧急避险这两种情形。但理论上并没有否认超法规出罪事由的存在，而且学界对超法规事由的研究和讨论一直都未曾停止。受到日本刑法理论对超法规事由的分类影响，有学者将被害人承诺、法令行为、正当业务行为以及安乐死情形归纳为"超法规常态行为类型"；又将自救行为和义务冲突归纳为"超法规紧急行为类型"，以此构建我国超法规排除犯罪事由体系。② 实际上，"超法规"特征也是相对而言的，一种出罪事由是否属于超法规事由，取决于一个国家的刑法规范。也就是说，义务冲突或许目前在我国以及世界上绝大多数国家都是一个超法规事由，但若通过立法的改变，也可能成为法定出罪事由。当然，"超法规"并不是指超越一切法规或者超出刑法典的规定，而仅指刑法上未明文规定，但是法理上允许将其考虑在内的出罪情形。③ 按照我国刑法的规定，义务冲突并不是法定的出罪事由，而是一种超法规出罪事由。

　　与阶层论相比，义务冲突在我国刑法中的体系定位最大的不同在于表述上的区别。在四要件犯罪论体系中，义务冲突不能被称作"违法阻却事由"或者"责任阻却事由"，也不可能是构成要件排除因素，义务冲突的性质多被表达为"排除社会危害性的事由"或者"排除犯罪性的事由"。根据这一表述，义务冲突在我国犯罪论体系中的地位问题，还可以归纳为以下几个方面：第一，不存在社会危害性是各个排除犯罪性事由不被认定为犯罪的实质原因，且此类情况在形式上也"不具备违法性"，不仅如此，此类行为甚至

---

①　马克昌.犯罪通论［M］.武汉：武汉大学出版社，1999：709.
②　陈安庆.超法规排除犯罪性事由研究［M］.上海：上海社会科学院出版社，2010：105.
③　陈兴良.教义刑法学［M］.北京：中国人民大学出版社，2014：400.

对国家和人民有益。上文已述,社会危害性概念在我国刑法理论的发展进程中扮演了一个不可替代的角色,罪与非罪的决定性因素在于社会危害性。社会危害性是我国整个刑法体系的基石,关于犯罪与刑罚的一切问题都将不自觉地回到社会危害性上。① 因此,在"社会危害性"概念占据主导地位的刑法环境下,将正当防卫、紧急避险以及义务冲突等都作为"排除社会危害性的行为",这种认定符合我国刑法发展历史。第二,被视作排除社会危害性典型范例的正当防卫、紧急避险,它们在形式上或者"外表上"都符合犯罪构成,但因为欠缺实质要件排除犯罪。按照这种理解,作为排除社会危害性的义务冲突行为,在犯罪构成上也符合不作为犯罪的具体要求,只不过在实质上欠缺社会危害性。第三,四要件语境下"排除社会危害性的情况"具有一定的封闭性,它需要法律与社会道德共同的基础。因此,被害人同意、职务行为、执行命令等情况,其实属于根本不会给法益造成损害,或者显然合法且对社会有益的情形,这类情形与刑法规定的排除社会危害性与违法性的情况相比,完全是另外一种法律性质。②

综上所述,只要正当防卫和紧急避险能够在四要件刑法理论中占据一方领地,那么义务冲突也必然有存在的空间。只不过,不同于阶层论体系中存在多个可能性的情况,义务冲突在四要件犯罪论体系下就是一种刑法未规定的其他排除社会危害性的情形。在义务冲突行为中,行为人违反了义务,从而对刑法所保护之利益造成损害或威胁,所以行为人的行为在实质上造成了危害,形式上符合四个犯罪构成要件。需要论证的是,义务冲突情形是否符合上述主张中所强调的"实质上不具有社会危害性",甚至是一种有利于国家和社会的行为。社会危害性作为四要件犯罪体系中的重要概念,表现为给国家利益、公共利益或者公民的个人利益造成极为严重的损害。根据紧急避

---

① 曾宪信. 建立具有中国特色的刑法学科科学体系的设想 [J]. 中南政法学院学报,1986 (1): 21-30.

② [苏联] H. A. 别利亚耶夫,M. п. 科瓦廖夫. 苏维埃刑法总论 [M]. 马改秀,张广贤,译. 北京:群众出版社,1987:173.

险的基本主张，个人的损害于部分紧急情形下要屈从于更大的利益保护。苏联刑法学者多马欣指出，应当从行为对整个社会（而不仅仅从它对个别人）的危害或利益出发进行评价。当然，紧急避险状态下实施的行为对蒙受损失的主体而言，是有害的，但是对整个社会来说保护了更为重要的权益。①

据此，义务冲突在我国刑法理论中亦有讨论的空间，只不过"其他排除社会危害性的行为"是义务冲突在四要件犯罪论体系中的唯一归属。这种唯一性有利有弊。其优势在于，义务冲突虽然并非刑法典明文规定的出罪事由，但是实质上是和正当防卫具有同样价值和出罪功能的特殊情形。而且，在判断过程中，只要义务冲突事由成立，就可以排除犯罪成立。但是唯一的体系定位在司法实务中存在极大的适用困境，如果是在多种可能性的阶层论体系下，义务冲突事由在实务中被检验的可能性很大，适用概率更高。

## 二、义务冲突在四要件理论中的困境

义务冲突在四要件理论中的体系性位置比较明确，这种定位看似清晰，却有名无实。这是包括正当防卫、紧急避险等所有出罪事由在四要件犯罪论体系中的共有问题。平面化的犯罪论体系，虽然没有完全排除义务冲突等情况的适用，但不可避免地让出罪事由处在一个比较尴尬的位置。

依据四要件理论判断犯罪的过程，并不注重区分大陆法系下的不法与责任，而只是将犯罪进行客观与主观的划分。② 所以，四要件理论内部无法直接容纳三阶层理论中的"正当化事由"或者"违法阻却事由"，正当防卫、紧急避险，包括义务冲突，都是犯罪成立的四个要件之外所讨论的内容。但是，排除社会危害性的行为一方面是"符合犯罪构成的"，另一方面又是

---

① ［苏联］多马欣. 苏维埃刑法中的紧急避难［M］. 张保成，译. 北京：法律出版社，1956：5-6.
② 陈兴良. 刑法阶层理论：三阶层与四要件的对比性考察［J］. 清华法学，2017（5）：17.

"没有社会危害性的"且"不成立犯罪的",此处的理论悖论可见一斑。① 按照传统四要件的基本原理,所有的出罪事由,都是在犯罪构成之后进行讨论的,任何排除社会危害性的行为都将破除犯罪的成立。正当化事由无法与四要件犯罪论体系相容,现有的排除社会危害性事由的体系位置则导致四要件并不是犯罪构成的充足条件,这些都是主张阶层论的学者对四要件进行批判的重要理由。

义务冲突会面临四要件理论固有缺陷所带来的适用困境。义务冲突在阶层论视角下是一种违法阻却事由,行为人在义务冲突状态中的正确选择将排除部分不履行行为的违法性。问题是,阶层论中的违法性与四要件理论中的违法性不完全等同,前者是属于犯罪构成的第二阶层,直接阻断犯罪成立;后者则是在四要件之外进行讨论,即行为满足犯罪构成后再重新考察行为不具有社会危害性,是以不具备违法性的问题。因为四要件理论中所讨论的"违法性"以不具有社会危害性为前提②,因此由刑法的正当化事由与犯罪构成体系之间的重要关系而引发的我国传统四要件理论的存改废之争,一直是个火热的学术话题。③ 像义务冲突这样具有出罪效果的情形,若要在四要件理论中获得发展,则必须解决四要件体系本身与各个正当化事由之间的理论关系。

在实践中,义务冲突的适用困境并不难想象,因为即便是正当防卫、紧急避险这样的法定出罪事由,都还没有在实践中形成较为成熟的适用规则,更何况义务冲突这样的超法规出罪事由,理论上没有详尽的适用标准,规范上也没有明文的法条基础。在我国刑事司法实践中,最为主要的出罪依据是

---

① 孙道萃.犯罪构成与正当化事由的体系契合:学说、视角、立场与路径[J].刑法论丛,2012(1):31.

② 参见[苏联]多马欣.苏维埃刑法中的紧急避难[M].张保成,译.北京:法律出版社,1956:5-6.作者指出,"决不能一面证明行为具有危害性,同时又证明行为没有违法性。正是因为在紧急避难状态下所实施的行为没有社会危害性,所以它也没有违法性"。

③ 田宏杰.刑法中的正当化行为与犯罪构成关系的理性思考[J].政法论坛,2003(6).

刑法第十三条的"但书"规定，其出罪功能的司法认可度极大，几乎凌驾于所有的出罪事由。① 此外，有司法解释和指导性案例做背书的"正当防卫"是除"但书"条款之外适用率最高的出罪事由。与之相对，紧急避险制度尚未出台相应的司法解释和权威案例，其适用率就远低于正当防卫。笔者在中国裁判文书网以"紧急避险"为关键词进行检索，以"刑事案件""一审"为限定条件，收集并筛选出相关判决 551 起，其中法院认定成立紧急避险的案例仅 5 起，认定成立紧急避险过当的有 9 起，而其余所有案件法院直接不采纳或者不回应紧急避险的相关主张。由此可见，当出罪事由欠缺权威且明确的适用指引时，实务部门的应对策略十分消极。法定出罪事由尚且如此，义务冲突、被害人承诺等超法规出罪事由的适用空间更是微乎其微。

### 三、义务冲突在我国犯罪论体系中的出路

义务冲突在我国刑法理论中的困境，本质上是域外理论本土化进程中的协调困境。寄希望于我国犯罪论体系的转型，从而"一劳永逸"地解决所有违法阻却事由的适用困境，也不是当下的最佳途径。犯罪论体系之争由来已久，更是我国刑法转型时期的重要议题，阶层论在理论层面获得了压倒性胜利，但也不得不回应传统派提出的质疑。因此，除相对极端的"推倒重来派"和"坚守本土派"之外，犯罪论体系的改良派也提出不少折中方案，以解决四要件体系与正当化事由之间的对立关系，从而为出罪事由的适用开拓可能性。例如，周光权教授主张构建犯罪客观要件、犯罪主观要件和犯罪排除要件的新三阶层理论②，即将犯罪排除事由放置到判断犯罪的最后一个阶段；又如，曲新久教授提出的罪行、罪责和正当化事由的划分③；还有学者

---

① 刘艳红 . 形式入罪实质出罪：无罪判决样本的刑事出罪机制研究 [J] . 政治与法律，2020（8）.
② 周光权 . 犯罪论体系的改造 [M] . 北京：中国法制出版社，2009：281.
③ 曲新久 . 刑法学 [M] . 北京：中国政法大学出版社，2009：78-79.

提出将所有正当化事由作为四要件后的第二层次，即实质违法性判断。① 然而，犯罪论体系争议并不是本书要解决的核心问题，主张任何一种理论观点，或者以正当化事由为契机推动我国犯罪论体系的转型，都不是一朝一夕之事。在目前的理论研究中探索义务冲突的适用可能性，或许更有利于解决实际问题。更何况义务冲突在四要件理论中也有相应的体系位置和适用出路，具体分述如下：

第一，四要件犯罪论体系并没有彻底排除出罪事由的适用。无论是理论界还是实务界，至少都承认正当防卫和紧急避险的存在，即犯罪论体系并没有阻挡所谓"排除社会危害性的情况"。归根结底，犯罪论体系不是法官断案的实质理由，也不是法庭辩论的实体内容，而只是一种逻辑思维工具。② 更何况，任何犯罪论体系都有其局限性，不存在所谓完美的犯罪论体系，任何一个犯罪论体系都无法同时解决诸多问题。③ 不难发现，无论违法阻却事由和四要件理论之间有多少难以跨越的距离，只要是得以公认的正当行为，依然能够获得应有的理论地位和适用机会。

第二，义务冲突本土化的关键在于，应当以何种途径促进义务冲突在刑法理论中的发展以及引起司法实务部门的关注。本书认为，以刑事诉讼为入口，建立义务冲突事由实际的刑事辩护地位，来推动义务冲突理论体系的构建，或许是现阶段的最佳方案。既然传统的出罪事由在四要件主导的司法裁判中依然具备论证的空间，那么其他出罪事由也必然没有丧失适用可能性。实体性犯罪构成体系的功能能不能自动实现，不仅仅取决于犯罪构成本身在技术上设计得良好与否、自身的语言是否精确以及是否对具体的适用情境给予了足够的重视，更取决于刑事诉讼的运作与推动。没能进入犯罪构成体系的正当化事由，并不会因为体系问题而被"异化为无"，而是依然具备着应

---

① 葛磊. 我国犯罪构成体系的逻辑考察［M］//陈兴良. 犯罪论体系研究. 北京：清华大学出版社，2005：152-175.

② 周详. 四要件与三阶层犯罪论体系共生论［J］. 中外法学，2012（3）：659.

③ 曲新久. 刑法的逻辑与经验［M］. 北京：北京大学出版社，2008：123-124.

有的功能。① 任何排除犯罪成立的情形，都兼具实体上和程序上的双重价值，在理论层面被弱化的体系地位，可以通过诉讼过程中的程序地位来弥补。这就要求，当被告人一方主张出罪事由时，审判机关应当在裁判文书中明确该事由是否成立，并给出相应的理由。实务的积极回应能够有效加速出罪事由的本土化进程，进一步明确义务冲突等超法规出罪事由的成立条件，从而实现理论和实践的良性互动，改变出罪事由的适用现状。

第三，上文所提出的义务冲突在我国刑法中的出路，都以义务冲突事由在诸个核心问题上取得理论共识为前提。倘若对义务冲突的定义、体系位置、认定标准等都无法获得大致统一的观点，那么义务冲突在刑事司法领域的提出也将无功而返。一个相对具有逻辑性的义务冲突事由认定标准，也能够为义务冲突在我国刑事司法中的适用打开更多的可能性。在充分合理的理论基础上，跳脱出生命冲突案例，在其他情形中探索义务冲突适用的可能，也是义务冲突本土化展开的重要举措。

是以，义务冲突在四要件犯罪论体系中的位置，首先是一种法律没有规定的排除社会危害性的情形，义务冲突成立能够排除犯罪。只不过，这一体系性定位存在先天的论证矛盾和适用困境，这也是义务冲突等超法规违法阻却事由没能在我国刑事司法领域获得重视的原因之一。假如义务冲突无法在实践中被检验，仅仅凭借纯粹的域外理论继受，根本无法与我国刑法体系相融合。所以，唯有明确义务冲突事由的认定标准，推动其作为刑事辩护依据而获得程序上的基本地位，在成熟的义务冲突理论的基础上进行本土化适用探索，才有望获得本土化的理论突破。

---

① 孙道萃. 犯罪构成与正当化事由的体系契合：学说、视角、立场与路径［J］. 刑法论丛，2012（1）：60-61.

# 第四章

# 义务冲突事由的认定

无论在哪一种犯罪论体系下讨论义务冲突问题，都需要明确这种情形的成立条件以及判断方法。义务冲突事由的认定逻辑以及具体的义务衡量方案，是指义务冲突事由的具体成立条件，在四要件犯罪论话语中，就是成立一种排除社会危害性的义务冲突应当具备哪些基本要求。义务冲突产生排除犯罪的效果，要求行为人在具体的冲突状态中选择并履行正确的义务。至于如何认定义务的正确性和妥当性，亦即义务衡量标准问题，一直以来都是学界研究的重点，也是解决义务冲突问题的关键。如果行为人最终的义务决定并不符合法秩序衡量下的义务选择，那么就意味着阻却违法或者排除社会危害性的义务冲突事由无法成立。本章将论证义务冲突的二分构造，构建"义务冲突状态—义务相权行为"的认定逻辑，在行为人权利说的正当化根据下，提出行为人本位的义务衡量理念与紧急权体系下的义务衡量规则。

## 第一节　义务冲突事由的认定逻辑

义务冲突的认定，是指义务冲突的刑法认定或者义务冲突事由的认定。义务冲突在刑法中的认定逻辑即指在确定义务冲突事由是否成立时的判断思维路径，合理的认定逻辑有助于理性划定义务冲突成立的具体范围，也有助于达成义务冲突成立要件的理论共识，从而推进义务冲突的实践适用。本书主张义务冲突的认定应当区分义务冲突的客观状态和陷入状态后的义务权衡行为，以义务冲突状态的存在为适用前提，以正确的义务相权结果为阻却违法或排除犯罪的效果要件。这一认定逻辑不仅遵循从客观到主观的合理判断路径，而且也有助于区分"义务冲突"作为事实状态的概念和作为刑法事由的概念。

## 一、义务冲突的二元构造及其意义

义务冲突二元结构，就是将义务冲突的成立区分为义务冲突状态和义务相权行为，从而确立从客观到主观的逻辑检验顺序。

（一）既有主张的成立要件不统一

关于刑法中义务冲突的成立条件，学界一直没有定论。但是归纳而言，有几个条件被认为是成立义务冲突所必不可少的：第一，义务人同时承担两个不能同时履行（不相容或者不能共存）的法律义务①；第二，行为人为了履行部分义务不得不损害或者放弃其他义务。② 这两个条件也构成通说所主张的义务冲突概念。除了这两个客观构成条件，学界提出的义务冲突成立要求还包括但不限于以下几种情况。例如，"冲突中的法律义务的优先顺位没有制度化和法律化"，理由是，如果在法律上已经存在先后顺序，冲突就不成立了③；还有观点认为，义务冲突的引起不可归责于行为人④，行为人"必须履行较高义务而放弃较低义务"，"义务之懈怠履行形式上符合某一犯

---

① 也有学者将此条件拆分为两个条件：同时存在不相容的两个义务和被履行的义务均属于法律义务。参见冯军. 刑事责任论［M］. 北京：法律出版社，1996：73-75.

② 这一条件其实就是对"冲突"的解释，多见于对义务冲突的定义中。

③ 钱大军，宋双. 论法律义务冲突的构成要件与产生原因［J］. 社会科学战线，2005（2）：204.

④ "义务冲突的引起不可归责于行为人"这一条件是我国刑法理论介绍义务冲突问题时必定附加的条件。有关这一条件的解释可参见冯军. 刑事责任论［M］. 北京：法律出版社，1996：76. 曾淑瑜. 论义务冲突［J］. 法令月刊，1998（7）. 不过，笔者并不赞同将此作为义务冲突成立的前提，下文会对此条件进行批判。

罪的构成要件"①。由此可见，有关刑法中义务冲突的成立要件，至少存在三要件说、四要件说、五要件说等多种主张。②

如果没有厘清义务冲突事由的成立条件，那么刑法中义务冲突事由的认定必定会出现争议，义务冲突在实践中的正确适用也就无从谈起，义务冲突理论在刑法中阻却违法或者排除犯罪的目的和功能更不可能实现。目前学界对义务冲突构成要件的主张在某种程度上说明了义务冲突的基本构成，同时也存在缺陷：

其一，罗列模式的成立条件增加适用难度。实际上，对某个出罪事由的成立要件逐一罗列，是我国刑法学的惯用方案，理论和实务对正当防卫、紧急避险的成立条件的表述就能说明这种现象。当然，罗列模式在成立条件取得基本共识的情况下，弊端并不明显，但是在争议比较大的问题上就显得尤为被动。因为任何一个成立条件的存废、对任何一个成立条件的不同理解，都会影响到义务冲突的成立及认定。

其二，既有观点对义务冲突成立条件的主张都存在不同程度的逻辑混乱情况。例如，有的条件是对义务概念或者冲突概念做了限缩，有的条件则是对义务冲突中行为人的行为提出要求，还有的条件则是对义务冲突状态的形成原因做出限制。或许这些限制中的绝大部分要求都是合理的，同时也是成立义务冲突所必不可少的前提要件，然而，毫无章法的条件增减只会让义务冲突的构成要件杂乱无章。

其三，既有观点中的成立条件过分关注义务冲突客观状态的内容，而忽略了义务冲突的成立还需要义务权衡及选择结果的正确性。换言之，大部分成立条件都只说明了什么是"义务冲突"的客观情境，而未阐明义务冲突的效果要件。

（二）二元的义务冲突构造

二元的义务冲突构造就是充分考虑到罗列模式的种种弊端，为化解义务

---

① 黄卿堆，黄永桐. 刑事义务冲突及其解决［J］. 福建法学，2005（4）：7.
② 孙亚慧. 刑法义务冲突的解决［D］. 北京：中国青年政治学院，2016：2.

冲突成立条件的争议而提出的。除此之外，二元的义务冲突构造也符合本书对义务冲突概念的理解，即二元的义务冲突所对应的是作为出罪事由的义务冲突。具体而言，成立阻却违法性或者排除犯罪的义务冲突情形，应当具备两层内容：一是客观义务冲突状态确实存在；二是行为人在该状态中履行了正确的义务。

实际上，我国早有学者提出过义务冲突事由的二分构造。比如，张明楷教授认为，阻却违法的义务冲突必须具备两个基本条件：存在两个以上的作为义务和必须权衡义务的轻重。① 这一主张分离出义务冲突构成的两个层面，即义务冲突的成立不仅仅需要多数义务和冲突状态存在，也要求有行为人在义务冲突中的权衡行为。再如，叶良芳教授认为，义务冲突只有具备以下两个条件才能阻却违法性：一是义务的冲突性；二是选择的效益性。② 这一观点也敏锐地区分出义务冲突状态与义务相权行为两个方面，也就是二元义务冲突构造的基本内容。除此之外，也有观点强调，必须严格区分义务冲突与义务冲突下的行为，避免当前学界将两者混淆所造成的流弊③，这种主张也认识到义务冲突状态的客观状态和在此状态中的行为是有区别的。

因此，本书主张义务冲突成立的二元结构，并将这两个存在逻辑顺序的认定条件概括为"义务冲突状态—义务相权行为"。按照这一表述和认定顺序，刑法中义务冲突的成立应当先判断：是否确实存在客观的义务冲突状态，若不存在，则可能是假想的义务冲突；如果行为人所陷入的特定情形确实可以被认定为义务冲突状态，则进行下一步判断。第二步即检验行为人在冲突状态下的义务履行行为是否符合法秩序的要求，若行为人做出了正确的义务选择，则义务冲突事由成立；若履行行为不符合法秩序的要求，则义务冲突事由不成立。

---

① 张明楷. 刑法学（上）[M]. 北京：法律出版社，2016：238-239.
② 叶良芳. 刑法总论 [M]. 北京：法律出版社，2016：169.
③ 陈贵芳. 刑法中的义务冲突研究 [D]. 南昌：南昌大学，2008.

（三）二元构造的意义

义务冲突的二元构造，虽然只是在判断顺序和结构上对义务冲突成立要件进行整理，不能称之为理论创新，但也具有丰富的理论意义和实践价值：

第一，义务冲突的二元构造遵循从客观到主观的逻辑认定路径，相比罗列式的条件梳理，其思维模式更合理。目前，我国学者对出罪事由的认定条件或规范构造，习惯采用逐条罗列的平铺模式。换言之，将某一事由得以成立的每个前提条件逐一列出，各个条件之间并不以特定的逻辑关系为基础，或者只存在相对松散的联系。实际上，不只是义务冲突的认定条件，逐一罗列出罪事由的条件也表现在我国刑法理论对法定出罪事由的认定中。以正当防卫的成立条件为例，通说认为，正当防卫的成立应当符合以下条件：必须存在现实的不法侵害行为；不法侵害必须正在进行（紧迫性）；关于防卫意识（主观的正当化要素）；必须针对不法侵害人本人进行防卫；必须没有明显超过必要限度造成重大损害。① 虽然上述几个条件也并非随意排序，仔细考察不难发现这是一种从客观外部条件到主观内部要件，再到防卫后果的顺序，然而，如果调换这些条件的顺序，似乎也并不会对正当防卫的认定造成实质影响。理论上将正当防卫需要满足的以上五个条件称为起因条件、时间条件、意识条件、对象条件和限度条件，全部满足则成立刑法中的正当防卫。假如义务冲突的构成要件也采用直接罗列的方式，也是一种认定思路。简单罗列的成立条件逻辑性不强，这种顺序在义务冲突事由成立的情形中，问题并不明显；但在现实情况存在争议时，就可能会因为考察顺序的不同而产生矛盾。个体对任何一种情况的认定，在思维上无法被约束。平铺式的成立条件也会讲究某种思维顺序，只不过任何一个条件都不依附于其他条件或以其他条件为基础，所以在认定时会出现很多种可能性，这些可能性都是不同思维模式所产生的结果。罗列成立要件看似清晰，实际上出罪事由的适用难度反而增加。对每一个条件的不同理解都会给事由成立与否带来分歧，比

---

① 张明楷. 刑法学（上）[M]. 北京：法律出版社，2016：198-211.

如长期受到丈夫暴力虐待的女子，趁丈夫沉睡时将其杀死，是否符合正当防卫的时间条件？于欢的行为是否突破了防卫限度？[①] 同理，我国对义务冲突的构成条件亦采用罗列的形式，它们之间并不存在明显的逻辑先后关系，有的是对义务冲突客观状态的要求，有的是对行为人履行选择的要求。对任何一项条件的不同观点都将影响义务冲突成立与否的结论。

相较而言，义务冲突的二分结构能够确定一种比较合理的判断路径，即从义务冲突的客观状态到行为人的义务权衡行为，从客观到主观的基本检验过程。具体而言，义务冲突状态是行为人面临的一种实际处境，具有客观性；义务相权行为是行为人在这种客观处境下的具体举止，包括行为人对义务的衡量、选择和履行，还有行为人的主观意识等，具有主观性。在判断刑法中的义务冲突事由是否成立时，应当先判断是否确实存在合格的义务冲突状态，若行为人所处的情境根本就不属于义务冲突情形，则根本没有必要进一步判断义务相权行为是否符合要求。当行为人确实处在义务冲突的状态时，则进一步判断义务相权行为，判断行为人的行为是否阻却违法性或排除犯罪。

第二，二元结构揭示了义务冲突的刑法概念。义务冲突状态和义务相权行为是对刑法领域"义务冲突"概念的全面解释。从定义上看，义务冲突首先指多个义务发生冲突的现实状态，可是若只对义务冲突做此理解，就容易产生这样的误区：义务冲突就是指一种客观的紧迫状态。因此，大部分对义务冲突成立条件的认定也多围绕义务冲突状态的具体内容展开。这种理解是不全面的，刑法中的义务冲突之所以不同于义务冲突在其他领域的概念，正是因为这种义务冲突具有出罪属性，无论是阶层理论还是四要件体系，皆是如此。在哲学或者伦理学领域中，可以将"义务冲突"作为一种假设或者思想实验，然后讨论行为人在不同选择之下是否符合伦理、符合正义等。在刑法领域论及"义务冲突"，不能只将目光锁定在义务冲突的现实状态上，因

---

[①] 参见最高人民法院指导案例 93 号：于欢故意杀人案。

为这一层客观状态的含义不足以解释义务冲突的出罪特征。义务相权行为是行为人陷入义务冲突状态后，得以排除犯罪的重要条件，亦是义务冲突刑法概念的核心内容。实质上，义务冲突状态和义务相权行为的区分，表明"行为人是否处在义务冲突"和"行为是否成立义务冲突"是两个不同的问题，判断行为人是否确实处在所谓的义务冲突状态固然是个重要前提，但更不能忽视的是行为人在此过程中的行为举止。

第三，二元结构能够增加义务冲突的适用概率，在实务中更有利于保护处于义务冲突状态的行为人。其实，无论是罗列式地表明义务冲突的构成条件，还是采用二分结构，都只是一种检验义务冲突是否成立的思维方式，因为二分结构也能拆分成多个平行条件。例如，正当防卫在主流教科书中多采用逐条列举的构成分析，但在适用中并没有因此受到影响。这一方面得益于正当防卫较为成熟的理论基础，另一方面也依赖于比较明确的规范条件。义务冲突的情况则并不理想，因为义务冲突在我国的理论研究显然不及正当防卫、紧急避险，也不及被害人承诺这样的超法规事由，加上没有刑法规范的支撑，若采用逻辑松散的罗列形式来分析其成立条件，很容易成为一个纯粹的理论问题，而无法进入司法实践领域。义务冲突事由的发展离不开司法实践的努力，应当确立一个比较合理的逻辑框架，打开义务冲突的适用路径。

## 二、以义务冲突状态为适用前提

义务冲突状态是讨论义务冲突事由是否成立的前提要件。对义务冲突状态的判断，实际上是考察行为人是否确实处在一种紧迫的、难以抉择的状态。按照前文的定义，义务冲突状态应当符合以下两个客观条件：存在两个或两个以上的义务（义务前提）；行为人出于某种原因无法同时履行（冲突前提）。义务冲突状态就是对作为客观状态的义务冲突概念的再一次解读。

存在两个或者两个以上的义务，其实是指行为人在当下出现了两个或两个以上需要履行的义务。在义务冲突状态中，义务多数是最核心的条件，虽然义务多数未必导致义务冲突，但是冲突的前提必然是多个义务的存在。试想，倘若只有单个义务，那就根本不会发生所谓的义务冲突。① 按照本书对义务冲突状态的理解，对"义务"的限定应当尽可能宽泛，以确保行为人在急迫状态下的紧急权得以行使，上文就义务冲突界定问题已经详细论证，义务并不应当受限于道德义务还是法律义务，也不可片面地将义务理解为刑法中的义务，但是产生冲突的义务应是在现实情况下能够具体化到一种针对特定对象的作为义务。为了保持义务冲突状态或者义务冲突事由适用情形的客观性，应该尽可能回归义务冲突情境的事实特征。

以义务冲突状态为适用前提，意味着在认定义务冲突状态时，需要尽可能打开义务冲突事由的适用空间，亦即尽可能承认行为人陷入某种紧迫状态。根据行为人权利说，义务冲突的实质法基础依托于紧急权体系展开，如果不能认定义务冲突行为人陷入足够紧迫的状态，那么在这种状态下的权利就不可能存在，义务冲突的成立也无从谈起。据此，确认义务冲突的客观状态是否成立、是否符合刑法所理解的义务之间的冲突，是义务冲突事由适用的基本前提。

在一种包括道德义务的、超脱于刑法义务的义务理解下，义务冲突状态会呈现出一定程度的扩大解释趋势。然而，承认这种义务冲突状态的成立并不会引起义务冲突事由的滥用，因为义务冲突状态的成立只是义务冲突事由判断的第一层面，目的是开启该种出罪事由的检验大门，并不意味着排除违法性或者排除犯罪的义务冲突事由的成立。趋于客观的义务冲突状态表明，义务冲突的现实情况成立与否，和义务冲突是否最终排除违法性是两个层面的问题。所以，对第一个层面的判断不必过于严苛，即便对义务范围的认定相对宽泛，也不会引起义务冲突事由的滥用。义务冲突行为人出罪的效果要件在于义务相权行为，在冲突情境下的行为人符合法秩序的基本要求，选择并履行恰当的义务才会产生出罪效果。

为义务冲突事由划出一个更为广义的适用范围，有利于其在实践中的展

———————————

① 冯军. 刑事责任论 [M]. 北京：法律出版社，1996：73.

开。义务冲突状态的确立是为了启动义务冲突事由的检验，若连义务冲突的前提状态都难以成立，则义务冲突作为辩护理由的实践肯定微乎其微，更不必指望在最终认定上获得支持。据此，本书认为，实现义务冲突理论的本土化适用，区分义务冲突状态和义务相权行为是重要一环。

在义务冲突状态的认定中，对义务范围的广义理解是一种积极的方案。我国部分学者对义务冲突成立条件的严苛认定，几乎完全阻断了义务冲突在我国刑事司法中的成立可能性。在一种只限于作为义务的义务理解下，义务冲突状态很容易与紧急避险情形相互区分。所以，在客观前提中确认紧迫状态究竟是一种义务冲突的状态还是可以展开紧急避险的情形，至关重要。

"无法同时履行"是对"冲突"概念的通常理解。"冲突"的限定是为了避免纯粹的义务多数被认定为义务冲突状态，此处强调"紧迫性"。冲突，意味着情况的紧急特征，这也就为紧急权的主张提供现实依据，义务冲突的出罪基础也有据可循。除此之外，还要注意冲突的判断。不宜纯粹以事后的理性判断全面否定行为人的冲突感，也不应只依赖于行为人的感受而超越冲突的一般理解。总之，冲突性不单纯以行为人的主观感受为标准，它依然具有客观性，这种紧迫性是指法益遭遇现实危害的紧迫状态。因此，冲突是指法益的恢复在义务履行问题上无法全部实现的冲突性，而不是行为人或者社会一般人在具体状态中的两难感受。

综上所述，义务冲突状态是义务相权的基础，冲突状态若不成立，就根本没有必要进行义务权衡的判断。义务冲突状态具有客观性，它一经成立就不以人的意志为转移。

### 三、以义务相权行为为效果条件

义务相权行为是判断义务冲突事由是否成立的第二个问题，也是行为排除违法性的效果要件。与义务冲突状态不同，义务相权行为必须依赖于行为人的具体行为，具有主观性。在义务相权行为中，义务衡量无疑是最为核心的内容，判断行为人最终的义务选择是否正确、恰当，是否符合法秩序要求，取决于义务衡量标准。一直以来，义务衡量都是义务冲突理论讨论的核心问题，确定了某种衡量标准，则根据这一标准得出义务选择结论，如果行为人的选择与这一结果相一致，则认为义务相权行为是正确的，行为人未履行部分不具有违法性，义务冲突事由成立。不过，既有学说围绕义务衡量标准展开讨论，至今未有定论。本书认为，义务衡量标准固然重要，但是明确义务相权行为在二元结构中的逻辑地位也同样重要。

以义务相权行为为效果要件，即是指行为人只有经过义务衡量，在诸多义务中选择并履行了更为重要的义务，才符合法秩序要求的义务相权行为，才能够因此阻却其他未履行意思所造成的法益侵害的违法性。而在冲突状态中无动于衷或者没有选择正确的义务的行为人，则不符合义务相权行为这一条件，义务冲突无法成立，无法产生阻却违法的效果。

义务相权行为包括履行行为和履行意思。履行行为即行为人选择并履行了重要的义务，保护了更重要的法益。履行义务即对行为人主观方面的要求。其中，对履行行为的判断，本质上也是对履行结果的评价，这依赖于一套合理正当且能达成共识的义务衡量标准。需要注意的是，任何衡量标准的确定都是为了事后判断行为人对义务选择是否正确和恰当，法秩序不要求也无法要求行为人在冲突状态中进行严密的思维活动。所以，判断履行行为是否正确，是对履行结果的评价。义务履行意思主要包括履行认识和履行意志。在认识要素上，要求陷入冲突状态的行为人知道自己处在一种紧急的冲突状态中。具体而言，行为人知道自己需要履行多个义务、保护多个陷入危险状态的法益，否则将会产生法益损害后果。义务相权行为不要求善良的履行意志，即行为人选择履行的动机并不是法秩序评价的内容。例如，父亲在两个儿子同时溺水的义务冲突状态下，出于个人偏爱救助了 A 而放弃了 B；或者种族主义医生在冲突中救助了白皮肤的 C 而放弃了黑皮肤的 D。[1] 只要行为人的救助行为符合义务衡量规则下的选择结论，就应当认为义务相权行

① Satzger, Die rechtsfertigende Pflichtenkollision, JURA, 2010, S. 753-757.

为成立，义务履行的意志与动机并不能否定这种选择结果。换言之，义务履行行为和相应的放弃履行行为，不要求行为人拥有"善良"的内心，也不需要他依照基本的良心来履行义务，思想本身并不是刑法规制的对象，法秩序无法因为一个邪恶的履行意志而处罚行为人正确且合法的履行行为。所以，上述情况不能成为否定义务履行主观层面的理由。

上述分析表明，对义务相权行为的检验，是一种结果性的判断。只要行为人义务选择和履行的结果符合"履行较为重要的义务"或者"正确、恰当的义务"，那么义务相权行为就得以成立。至于行为人是否在思维活动中，严格按照某个标准展开了义务的比较和权衡，以及出于何种原因选择了此义务，并不影响义务冲突事由的成立。所以，在此阶段需要检验的是：其一，行为人是否认识到自己陷入急迫两难的情境中；其二，行为人选择并履行的义务是否与义务衡量标准下的结论一致。

## 第二节　义务衡量标准的确定

义务衡量标准是判断义务相权行为是否符合法秩序要求的重要内容，也是解决义务冲突难题的核心内容。正因为如此，过去围绕义务冲突所展开的研究，几乎就是对义务衡量标准的讨论。通说认为，假如行为人在诸个冲突义务中，选择了更为重要的义务，或者在同等重要的义务中履行了任意义务，则应当排除行为人不履行其他义务的违法性。但问题是，如何判定义务的重要性和履行的优先性？这就是义务衡量标准需要解决的问题。本节梳理现有的义务衡量规则，对这些衡量标准进行评价与反思，并在权利说的基础上提出行为人本位的义务衡量标准。

## 一、不同衡量规则介评

### （一）法益或利益衡量规则

比较流行的观点认为，义务的衡量就是法益的衡量，所以义务的轻重取决于义务所保护的法益轻重。[①] 法益衡量规则以优越利益主张为基础，所以，如果认为义务冲突的本质是利益冲突，义务冲突的实质法根据是基于优越利益排除违法性，那么义务衡量规则就是根据法益价值进行判断的标准。不可否认，利益与义务之间确实存在着难以割裂的紧密关系，法益无疑是义务直接指向的重要价值。从义务设定的目的上看，任何法律义务都扮演着利益保护的角色[②]，义务都是以保护利益为目的而被确定下来的，所有义务履行必然包含着对具体利益的保护。必须承认，法律的目的就是（或者必然包括）保护法益。[③] 从义务的从属性特征看，义务附属于利益，犯罪之所以被表达为"法益侵害"，正是基于义务的这种从属性特征。若没有值得保护的利益作为基础，义务就根本不可能存在。[④]

利益衡量规则试图将利益和义务构建成本质与现象的关系。作为一种主流的义务冲突衡量标准，依托于优越利益主张的衡量标准，存在以下缺陷：

首先，最重要的问题是，利益的范围和内容无法确定。尽管义务的设定离不开利益的保障和价值的追求，但是利益本身是很难被固定的。被刑法所确证的义务都涉及特定法益的保护，所以在义务冲突中，不履行义务的后果就是对刑法所保护的法益造成侵害。可问题是，法益和利益之间还有一段距离。倘若将利益衡量等同于法益衡量，那么权衡就会变得异常简单，只要完成对法益在价值位序上的定位，整个判断过程即告终结，这无疑是对利益衡

---

① 张明楷. 刑法学［M］. 北京：法律出版社，2006：239.

② Jansen, Pflichtkollision im Strafrecht, 1930, S. 22.

③ 劳东燕. 刑法中目的解释的方法论反思［J］. 政法论坛，2014（3）：79-80.

④ Neumann, Die Moral des Rechts: Deontologische und consequentialistische Argumentationen in Recht und Moral, JRE 2, 1994, S. 92.

量的严重误解。① 事实上，利益概念要比法益概念更为丰富，利益表象也不像法益所指向的生命、身体、自由、财产等明确而单一。利益衡量应当理解为一种具有综合性的价值判断②，而非简单的法益排序。当利益具有综合性、复杂性和多重性时，义务就很难与利益产生明确的对应关系。相较而言，义务是具体的行为要求，当义务冲突状态形成时，任何义务都会依附情节而指向某个特定的法益，比如救助生命法益的义务、保护财产法益的义务。利益或许包括法益，但绝不仅限于法益，它容纳义务设定之初所主张的社会制度利益和其他相关价值，在具体的冲突状态中，利益包含可能造成损害或取得收益的所有要素。义务设定目的诚然离不开利益基础或价值主张，但利益范围无论是在规范设定时还是在义务冲突产生时都无法被确定下来，甚至还会随着时间、政策和社会环境的变化而发生改变。因此，将本身就模糊的利益当作义务的本质内容，依然有待商榷。

正因为如此，利益衡量极可能导致恣意。③ 利益的内容并不能简单确定，它的范围大小取决于利益划定者。利益衡量中的利益包含在具体冲突情形中相互对立的所有价值④，所以法益至多只是其中一种利益，而法益种类和个数、义务不履行可能导致的直接或间接后果、义务保护对象的特殊性等内容也都是利益或价值的具体组成部分，都可能影响利益衡量的结果。因此，以价值相对主义为基础的利益衡量论具有不可避免的恣意性，因为价值和利益是多元的，利益衡量归根结底是衡量者的主观活动，而权衡结果也是衡量者基于自身主观意志的选择结论。试图通过利益衡量来判断义务的重要程度，就无法避免义务轻重结论的恣意性。比如，如果认为利益的范围只是法益，那么利益衡量就等于是法益位阶的比较；如果将利益范围进一步扩大，同时

---

① 劳东燕. 法益衡量原理的教义学检讨［J］. 中外法学，2016（2）：358.
② 梁上上. 利益衡量论［M］. 北京：法律出版社，2016：34.
③ 梁上上. 利益衡量论［M］. 北京：法律出版社，2016：114.
④ Renzikowski, Notstand und Notwehr, 1994, S. 34.

考虑义务类型、法益需保护性①、损害的范围或危险的紧迫性等内容②，那么利益衡量又变成另一套对比方案了。可以推断，在利益衡量原则下，所有指引权衡的规则都是虚设的，因为评价者一旦在总体感知上有所倾斜，衡量结论其实就已经确定了，所谓的衡量规则就会被打破。比如，德国刑法理论中有关义务衡量的通说认为，先比较义务类型，原则是保证人义务优先于团结义务③，除非团结义务所保护的利益明显优越于保证人义务所保护的利益。④ 这种既将义务类型作为衡量原则，又将明显优越利益作为例外处理的方式，就是利益衡量恣意性的典型表现。因为只要原定的利益范围和比较规则违背情感上的综合判断，那么由初始规则产生的义务顺序就会被轻易改变，美其名曰"利益标准"。归根结底，利益衡量不过是衡量者自己为了获得一个看上去更合理的结论而设计的一套游戏规则，小利益圈无法实现的结论就放在大利益圈去论证，通过这种不停改变利益范围的方式，衡量者或者评价者总能获得想要的结论。

最后，利益衡量规则与生命冲突案件存在不可调和的矛盾。众所周知，生命冲突问题是义务冲突的典型表现，绝大多数的义务冲突状态都表现为涉及生命的两难境地。由于生命具有至高无上、不可衡量等特征，涉及生命的义务权衡便成了义务冲突中最棘手的问题。然而，纯粹的利益衡量总能比较出一个孰轻孰重的结果，因为只要不断扩大作为评价要素的利益范围，即使是生命也照样可以权衡。彻底贯彻利益比较就是按照功利主义，实现所谓的效益最大化目标。据此，一个人的生命价值就可能低于一百个人的生命价值，一个科学家将带来的社会效益原则上大于一个文盲能够创造的社会价值，一个在逃通缉犯的生命值得保护性就理应低于一个正直善良者的生命值得保护性。完全遵循利益衡量标准就必然得出诸如此类的结论。可是，这种

---

① Lenckner, in: Schrönke/Schröder StGB, Vor §§ 32 ff., Rn 74.
② Rönnau, in: LK-StGB, Vor § 32 Rn, 122.
③ Satzger, Die rechtfertigende Pflichtenkollision, Jura 2010, S. 756.
④ Jakobs, Stafrecht AT, 2. Aufl., 1991, 15/7.

个体工具化主张在生命问题上是很难站得住脚的，因为这种权衡方式不仅没有认真对待个体的独立性，而且还消解了个体需要被保障的法权地位。① 因此，以利益衡量标准作为义务冲突的衡量规则，难以解决生命冲突问题。

（二）义务类型标准

义务类型标准是德国义务冲突理论的通说观点。根据义务类型的不同，义务可以首先区分为保证人义务（Garantenpflicht）和团结义务（Solidaritätspflicht）。这种区分源自《德国刑法典》第323c条规定的不为救助罪，即德国刑法要求公民在他人陷入危难之际施以援手，这一见义勇为的义务也被称为"团结义务"或者"一般救助义务"。按照德国刑法理论的通说，保证人义务优先于团结义务。② 也有学者将此称为义务强度（Intensität）的区分，也就是说，保证人义务的强度高于团结义务，因此以义务强度为标准，保证人义务优先于团结义务。③ 以义务类型标准来确定义务冲突中的义务履行先后，是目前德国刑法理论的通说观点，根据这种观点，父母应当优先救助自己的孩子，放弃同时遭遇危险的其他孩子，因为父母对自己孩子的救助义务是一种保证人义务，而对陌生孩子的救助义务则是基于《德国刑法典》第323c条的一般救助义务。

义务类型标准的问题在于：第一，该衡量标准还有一个例外，即除非团结义务所保护的利益明显优越于保证人义务所保护的法益。④ 可见，这种义务类型标准本质上依附于利益衡量标准，这种既将义务类型作为衡量规则，又将明显优越利益作为例外处理的方式，本质上就是对利益衡量规则的依附。还有学者指出，通过义务类型来确定义务先后的规则，其适用前提是冲

---

① Engländer, Die Rechtfertigung des rechtfertigenden Aggressivnotstands, GA 2017, S. 243f.

② Satzger, Die rechtfertigende Pflichtenkollision, JURA, 2010, S. 753-757.

③ Neumann, Die Moral des Rechts: Deontologische und konsequentialistische Argumentationen in Recht und Moral, JRE 2, 1994, S. 93.

④ Jakobs, Strafrecht AT, 2. Aufl., 1991, 15/7.

突义务在法益及危险性等方面都趋于一致，此时以履行保证人义务为先。①但是，无论是先确定义务类型，再以优越利益来确定最终履行顺序，还是在同等重要的义务冲突中通过义务类型确定履行顺序，其实都是考虑义务类型的利益衡量模式。

第二，义务类型标准与我国现行刑法规范不兼容。义务类型衡量规则在德国刑法理论中具有重要地位，其中一个重要的原因是德国刑法中规定了"不为救助罪"。明确保证人义务优先于一般救助义务，实际上就是为了解决《德国刑法典》第 323c 条设置的救助义务所产生的冲突问题。因此，义务类型规则是基于刑法规范特色而提出的衡量标准。我国刑法并没有类似于《德国刑法典》第 323c 条的规定，即类似于见义勇为的法律规范。所以在继受过程中应当充分考察这种衡量规则是否具有本土化可能。

第三，义务类型的另一种表述是义务强度，从这一意义上看，保证人义务之所以优先于一般救助义务，是因为保证人义务的强度更大、约束力更大，而一般救助义务是基于社会团结原则对公民提出的互助义务，这种社会关系相对于保证人义务的关系更为松散，所以其强度不及保证人义务。

综上所述，义务类型标准或者义务强度标准在特定的法律规范体系下是具有合理性的，但是在具体适用时依然会被利益衡量主张所取代。在义务所保护的具体法益价值相当的义务冲突情形中，义务类型标准有借鉴价值，但不能机械地照搬域外理论，还应当结合我国刑法的具体情况。

（三）义务来源标准

义务来源标准就是指刑法上的义务优先于其他法律规定的义务，当受到刑法规范的义务与民法或行政法规范的义务产生冲突时，应当首先履行刑法义务。这种衡量规则获得了德国刑事司法裁判的认可。② 义务来源标准的基本思路是从法律后果的严重程度来判断义务的重要性。刑法作为最严厉的法，调整着社会关系，刑法义务自然成为首先要遵守的高位阶义务。但刑法

---

① Lenckner, in: Schrönke/Schröder StGB, Vor § § 32 Rn. 75.

② BGHSt 48, 307.

之外的如民事法或者行政法上义务，从违反后果上看均不可能达到刑法的严厉程度。

不过，义务来源标准的前提是将义务划分为刑事义务、民事义务和行政义务。有学者指出，刑事义务就是指刑事法律规范所规定的义务内容，刑事义务是国家通过法律向行为人提出的具有约束力的要求，刑事义务的不履行会使行为人承担刑事法律的谴责及制裁。[①] 前文已经指明，这种划分本身并不能成立，因为刑法规定的义务并不能与其他法律规范彻底割裂，有很大一部分义务首先是民事法或行政法上的义务，或者说有部分罪名是以违反民事或行政法律规范为前提的。例如，重婚罪的行为人违反了民事法上的规定，交通肇事罪的行为人违反了道路交通基本规范。所以，刑事义务这一概念十分可疑，正如不存在刑事权利，也不存在与之相对应意义上的刑事义务。[②]

退一步讲，假设义务来源标准的前提是成立的，亦即来源于刑事法律规范的义务具有当然的优先性，那么这种衡量规则没有解决同一来源的义务冲突问题。换言之，当发生冲突的义务都涉及刑法规范，任意义务的违反都会带来刑罚后果时，义务的衡量还需要依赖另外的标准才能解决。

（四）身份衡量标准

身份衡量标准就是根据冲突义务背后所代表的行为人身份来确定义务履行的具体顺序。这种衡量标准认为，义务冲突的本质是行为人社会身份的冲突，是其具有同一或者不同法律身份的冲突。在此，如何理解"身份"是一个重要的问题。这里的身份不同于身份犯中的身份，它可以被抽象地理解为行为人在社会生活中扮演的角色，无论这一角色是与生俱来的，还是后天获得的。例如，每个人一出生就会获得公民身份，这意味着他和其他人一样享有公民权利、履行公民义务，基于公民身份产生的义务源自行为人作为公民的属性。但是有些身份是不具有普遍性的，比如因孩子出生而获得父亲身份，因职业选择而获得警察身份、法官身份等，因涉嫌犯罪而被认定为被告

---

① 冯军. 刑事责任论［M］. 北京：法律出版社，1996：38-39.
② 陈兴良. 教义刑法学［M］. 北京：中国人民大学出版社，2014：406.

人身份，这些身份对应着各不相同的义务。身份具有区分作用，它不仅能够区别不同的义务履行主体，而且也体现不同的社会分工。但是在日益复杂的社会环境下，每个人的身份不可能是单一的，他们在不同的时间、不同的场合扮演着不同的社会角色，同时承担着与身份相匹配的法律义务。基于身份和义务之间存在这样一种紧密的联系，就有学者指出，法律义务本质上产生于社会对各种身份所对应角色的期待，法律义务通过身份被分配给不同的社会主体，而履行义务则是不同身份的人对行为预期的内化与认可。①

　　身份衡量标准认为，义务冲突就是身份冲突的外在表现。行为人的多种身份或者多个同种身份在特定的时间和空间范围内重合，他无法同时完成每个身份所期待他完成的行为，因此陷入义务冲突。按照这一观点，冲突状态中的义务权衡就应当依赖于身份的比较，这种比较的基本原则是：特殊身份优于一般身份，特殊身份所指向的义务优先于一般身份所要求的义务。比如，一个执行死刑的警察身份所指向的执行死刑义务就要优先于一个公民身份所要求履行的不得杀人义务。② 同时身份的特殊性越强，义务的重要性也越强，比如普通人违反义务而私拆信件，就构成侵犯公民通信自由罪，而邮电工作人员私拆信件则构成妨碍邮件通信罪，这就说明拥有特殊身份的人需要承担更特殊也更重要的义务，违反特殊身份所对应的义务原则上也将受到更为严厉的惩罚。③

　　以行为人的身份来判断义务先后，是一种具有创新性的衡量模式。因为这种观点着眼于"行为人"，即不再只讨论义务对象的利益或其他方面，具有重要的启发意义。但问题在于，如何认定一种身份比另一种身份更为特殊？和普通公民身份相比，警察身份或许显得更为特殊，但这种结论背后并

① 钱大军. 身分与法律义务、法律义务冲突［J］. 法制与社会发展，2006（2）：35-37.

② 这种情形其实并不属于义务冲突讨论的范畴，而是一个法令行为。鉴于钱大军教授主要是为了说明两种身份的特殊性有所区别，因此笔者不再对理论适用错误进一步展开讨论。

③ 钱大军. 身分与法律义务、法律义务冲突［J］. 法制与社会发展，2006（2）：40.

没有一套特殊性确认依据，但凡两种身份都具有各自的特殊性，就很难比较出孰轻孰重。例如，警察身份和父亲身份的比较：若甲是一个警察，他正在解救人质，此时他未成年的儿子不幸坠入案发现场的湖中，在这种情况下，哪一个身份更特殊？哪一个义务更重要？如果以身份拥有者的稀有度为依据，那么拥有父亲身份的人数必然远远高于警务工作者的人数，因此结论是警察身份比父亲身份更为特殊，甲应当先解救人质，履行警察身份所指向的义务。但若站在身份所对应的受保护主体的立场上，父亲就只是这个孩子的父亲，他无法随意充当其他人的父亲，对于儿子来说，作为父亲的甲是具有不可替代性的，而对于所有公民及人质而言，应承担救助义务的是任何一个具有警察身份的人，这并不具有唯一性，因为对公民的保护并不是依赖某个特定警察实现的，而是整个国家机关予以保障的。如此，甲的父亲身份似乎就更为特殊了。如果无法明确身份比较的标准，那么义务轻重也无从得知。

如果说对身份的特殊性认定仍然停留在身份的形式对比上，那么按照身份重合说的进一步主张，法律义务的设定源自"社会对于具有法律意义的身份相应的角色行为的期待"①，身份的重要性就是由社会对这种身份的期待所决定的。将法律义务看作社会对义务履行者特定身份的行为期待，比如作为一个未成年孩子的父亲，社会期待他在儿子危难之时履行救助义务；作为一名法官，社会期待他在工作时廉洁公正；作为一名警察，社会期待他保护遭遇不幸的公民。按照身份比较的实质标准——社会期待，义务衡量就转变为判断哪一种身份更被社会关注，哪一种身份的社会期待更为强烈。②但事实上，社会期待依然是不确定的，甚至比特殊性的比较更具争议。一方面，社会期待的判断主体是"社会"，或者说是社会中的一般人，而"一般人"的判断标准是最为含糊的。比如，警察正在抓捕小偷，此时他未成年的儿子在案发现场不慎跌入附近湖中，若不马上救助就会有生命危险。在这种情况下，一般人会更期待警察先去救助自己的孩子，而不是抓捕一个可能只偷了

---

① 钱大军. 身分与法律义务、法律义务冲突 [J]. 法制与社会发展，2006 (2)：35.
② 钱大军. 身分与法律义务、法律义务冲突 [J]. 法制与社会发展，2006 (2)：35.

几百元的小偷。但是如果警察正在抓捕一个杀人通缉犯,而他的孩子不过是在旁跌倒了,一般人可能就会更期待他先抓捕犯人。归根结底,社会期待值的判断和身份没有必然联系,它依赖于社会一般人对具体情形和整体事态的认识与评价。将社会作为权衡主体无异于站在上帝视角并在事后评价行为人的选择,将一切能够影响期待值的内容统统归纳进去。在这个意义上,将义务视作一种社会对与身份相应的角色行为的期待,其实是在构建义务履行和社会期待之间的逻辑联系,而原本所主张的身份本质被彻底架空,根本无法决定义务履行的先后。

另外,社会对身份行为的期待终归是一个事实层面的问题,评价者可以对任何一种冲突状态得出社会期待值高低、身份差异的结论,继而确定义务履行顺序的先后。但是,行为人没有选择社会更关注或者更期待的身份所对应的义务,并不能直接认定他的行为就是违反规范期待的。无论是讨论义务权衡标准,还是通过身份、角色或社会期待值来确定义务的顺序,其最终目的是在规范层面确定一套能够普遍适用的规则,而将内容落在社会期待上的身份标准永远也无法回到规范上。只要追问那些更被社会所关注或期待的行为通常是什么样的,就会发现这不过是综合衡量的另一套说辞。

所以,身份重合说依然存在理论矛盾。即便词典式地规定各种身份的特殊性排序,也同样无法据此确定义务履行的顺序。这是因为,身份对义务的设定固然重要,可义务一旦被具体化,身份的影响力可能就变得不那么重要,也难以成为决定义务重要程度的本质内容。从这个角度看,身份其实只能算是义务的起因和来源。

(五)结果导向的衡量标准

上述分析并未穷尽学理上所有的义务衡量规则①,但是绝大多数观点要么没有脱离法益衡量的基本规则,要么采用一种综合性更强的利益比较法则。比如,承认法益在义务衡量时是第一重要的,但损害的严重程度和危险

---

① 例如,还有观点主张以义务产生的先后顺序来确定义务的履行顺序。Vgl. Rönnau, in: LK-StGB, 12. Aufl., 2006, Vor § 32 Rn. 123.

程度也同样重要。① 从上述分析中不难发现，利益衡量规则在义务衡量中的作用，就和优越利益主张在违法阻却依据中的地位一样，明知无法完美地解决所有问题，还是取得了终局性胜利。这不仅仅是因为生命大于身体、自由和财产的法益位阶关系在总体上能够获得承认，而且这种顺序适用起来也非常简单。当利益衡量无法解释某种情形时，就增加各种补充要素来完善该衡量规则，即法益衡量说的修正。

　　纯粹从形式上比较义务根本无法直接得出义务的重要性程度，局限于义务本身很难自证哪一种义务具有优先性。比如，公民的纳税义务和赡养亲属的义务，只从这两个义务的表述看，根本无法确定义务位阶顺序。真正的义务比较必须放在特定的冲突情境内，同时还要追溯义务的本质内容。更何况，义务规范的数量不计其数，所以义务衡量必须借助某种标尺，从规范上确立义务权衡的具体要求。然而，包括利益衡量法则在内的所有衡量标准，都过分追求衡量结果的合理性，因为每一种衡量规则总会在个案里出现难以解释的矛盾，正因为如此，义务衡量规则一直没能取得共识。

　　实践证明，试图通过简单且僵化的法益位阶解决所有的义务衡量问题，不过是法学家们的美好愿景。影响义务重要程度的因素复杂而多元，任何与义务有关的要素都可能被拿来作为衡量义务重要性的"标准"，这取决于评价者最终想要得到什么样的结果，这种嫌疑是综合衡量方案无法逃脱的宿命。结果导向的衡量标准意味着，当义务衡量结果获得共识时，各个衡量方案其实都殊途同归；如果义务衡量结论从一开始就存在分歧，则不同衡量规则就成了各自的辩护理由。所以，只有转变逻辑论证路径，回溯到义务冲突的出罪依据，才能从本质上确立义务衡量的内在依据，探明影响义务轻重和履行先后的根本原因。

## 二、基于行为人权利说的衡量理念

　　根据上文的分析，现有的义务衡量标准主要存在两大问题：其一，以结

---

① Roxin, Strafrecht AT, 4. Aufl. , § 16.

果为导向确立义务衡量规则，导致各种义务衡量标准均具有一定的合理性，但缺乏正当性论证。其二，各种标准在本质上其实都是围绕利益衡量原则而展开的综合性权衡规则，这导致义务衡量带有恣意性。本书认为，义务衡量标准的正确性与合理性离不开对义务冲突违法阻却依据的理解。上文在义务冲突违法阻却依据的论述中已经指出，只关注义务对象的违法阻却根据并不足以说明义务冲突中的行为最终得以排除违法性或者排除犯罪的问题，义务冲突的实质基础在于行为人在紧急情形下的紧急权。根据这一观点，正当的义务衡量标准应首先遵循行为人本位的基本理念。

需要注意的是，理论上或者规范层面的义务衡量规则，在紧迫情形下能够给予行为人的指引是有限的。处在紧急情形中的行为人，根本无法与局外人或者事后评价者一样，事无巨细地衡量各个义务的重要性，然后确定义务履行的顺序，最后进行义务履行。即便理论上确定了毫无争议的义务衡量标准，这种标准也未必能够约束所有的行为人。因为对于有的行为人而言，就算放弃的义务会带来刑罚后果，也依然会做出相同的选择。所以，义务衡量标准的确定只是为了评价行为人在冲突状态中的选择，是否能为法秩序所接受，这是一个涵射的过程。换言之，理论上确立的义务衡量理念与义务衡量标准，都是用于事后评价，以确定一个法秩序所接受的义务。至于行为人选择某个义务到底是基于怎样的理念或者怎样的心理路径，并不是法秩序评价的领域。

义务衡量理念及相应的规则，都是为了得出法秩序的义务选择结论，从而和行为人的选择相互对照。义务衡量理念是确定一个衡量规则的基本方向，在行为人权利说的主张下，应当确立行为人在义务衡量过程中的重要地位，即行为人本位思想，这一衡量理念的作用和价值体现在以下几个方面：

第一，行为人本位在法理上符合义务冲突的出罪依据。上文已述，行为人权利说才是义务冲突违法阻却的合理根据，只有肯定行为人在义务冲突状态下的紧急权基础，才能解释义务冲突排除违法性或者排除犯罪的诸多问题。而行为人本位的义务衡量理念，是行为人权利说在义务衡量标准中的体现。纯粹的优越利益主张，在理论逻辑上就会得出利益衡量的结论，即义务衡量规则就应当是保护利益与放弃利益的价值比较，只要行为人选择了较高的利益，就是做出了正确的义务选择；若以社会相当性说论证义务冲突排除犯罪的可能，那么义务衡量规则就是指选择更符合社会相当的义务，但是这种模糊的比较规则最后还是会导向综合判断；基于良心抉择或者行为人无能为力等立场，义务衡量规则便还要依附于行为人的履行行为是否符合良心。可见，义务衡量规则与义务冲突的出罪根据之间存在紧密联系，虽然利益衡量规则在任何一种出罪依据主张中都具有重要地位，但是不同的理论基础都会存在不同的侧重和衡量规则。因此，行为人权利说是解释义务冲突出罪的正确理论依据，在此基础上，义务衡量规则的确定就必须考虑到这种出罪依据的内在要求。行为人本位的权衡理念是权利说主张下义务衡量规则的应有之义。

第二，确立行为人在义务冲突状态中的重要作用，意味着义务衡量规则要抛弃所谓的"一般人"立场，以"行为人"为核心。义务冲突中的义务衡量必须站在行为人的视角去比较义务背后的根本利益，而绝非用所谓的"一般人"立场来评价义务选择的对错。因义务未履行而造成的法益侵害是否可以在结果上归责于行为人，无论是从一般预防的需要还是从责任原则的要求来看，都必须以行为人本人的避免能力为依据。① 作为陷入义务冲突状态的主体，行为人是进行义务衡量、义务选择和义务履行的主体本身。"超出能力所及范围的义务无效（impossibilium nulla est obligatio）"是义务冲突行为人被排除犯罪的基本理念，据此，更应当确定义务冲突中行为人主体的重要性，因为"能力范围"指向的是行为人主体，而非社会一般主体，比如法秩序不可能要求一个根本不会游泳的父亲去承担救助落水孩子的责任。如果将义务与制裁或强制相联系，那么就等于将义务理解为行为人处在一种被强迫

---

① 陈璇. 不法与责任的区分：实践技术与目的理性之间的张力［J］. 中国法律评论，2020（4）：131.

的地位，而不是义务地位。① 做某事的义务和被强迫做某事是有区别的，比如一个歹徒持刀要求某人交出财物，这是一种以威胁或强制力为后盾的命令，这个被威胁者可以说是被迫交出财物的，但是不能说他是有义务交出财物。义务所指向的是人类的某个行为在这种意义上不是随意的，而是"具义务性的"。为义务行为所设定的"必须"和"应当"，其本质上是为了引起人们对这种行为规范以及相应的违规行为的注意，同时来明确地表述出这种以规则为基础的要求、批判或承认。② 强调义务冲突行为人对所有义务都应当履行，没有任何问题，但一味强调义务承担者处在这种被强制履行的地位，义务冲突就会成为行为人的"原罪"。行为人本位的义务衡量意味着，陷入义务冲突的行为人更应当被视作一个去保护更多法益或利益的"救助者"，而不是一个"负债"的人。

第三，行为人本位思想能与刑法目的相互契合，有助于划定合理的需罚性范围。在部分义务冲突情形中，由于义务不履行行为所造成的法益侵害后果，未必需要通过肯定其违法性来确证刑法的威慑力，因为处在紧迫状态的行为人，一般情况下都不存在对法秩序的蔑视，尤其是当他尽力履行并成功履行部分义务时，事实上是通过部分义务的履行尽可能地恢复被破坏的法秩序。作为一个出罪事由，义务冲突是确保行为人能够在紧迫情况下获得法秩序的积极肯定。若义务衡量要求是脱离行为人来考察的，或者想当然地以"一般人"视角去判断，义务衡量未必是合理的。当然，义务衡量标准不是越严苛越好，也不是门槛越低越好，任何不当的义务衡量理念都可能导致需罚性范围的变化，以及义务冲突被滥用或根本难以适用的风险。因此，需要明确的是，法秩序所主张的义务衡量规则应当做出何种引导才能够确保刑法目的理性的实现。在这个问题上，义务冲突和紧急避险是有所区别的，如果

---

① ［美］马丁·P. 戈尔丁. 法律哲学［M］. 齐海滨，译. 北京：生活·读书·新知三联书店，1987：53.
② ［英］H. L. A. 哈特. 法律的概念［M］. 许家馨，李冠宜，译. 北京：法律出版社，2011：75-78.

说紧急避险揭示了法秩序或者被避险对象对此类行为的"容忍"，那么义务冲突则是将紧迫状态下的法益援助全然寄托于对行为人的"期待"。在义务冲突状态中，当所有利益都等待被保护或拯救时，行为人的履行行为无论如何都是法秩序所要求和期望的，履行行为本身并未直接否定或对抗法秩序。所以，判断行为人的选择是否符合义务衡量要求时，需要考虑到这种评价是否能够让其他陷入义务冲突状态的行为人更为积极地履行义务，如此才能最大限度实现法益保护目的。

### 三、基于行为人权利说的衡量规则

根据行为人本位的义务衡量理念，确定与之相应的义务衡量规则，从而平衡行为人和义务对象（纵向）、义务对象和义务对象（横向）之间的利益关系。本书认为，基于行为人权利说的出罪主张，以行为人本位为义务衡量理念，所确定的义务衡量规则应当是纵横两个维度的。横向的义务比较，即是指传统的义务衡量规则，比较各个义务所涉及的具体法益或其他重要的利益要素；纵向衡量就是厘清引起冲突的责任分配问题，以行为人的紧急权张力和各个义务对象的容忍限度为标准，确定行为人行使紧急权所保护的对象是不是正确。

（一）义务所指向利益之间的横向比较

传统主张所认为的义务衡量规则，其实就是指利益之间的横向比较。横向比较十分重要，但鉴于利益衡量的恣意性，需要对义务比较的利益范围做一个基本限定。在此基础上，比较等待被救助的利益主体之间的利益大小，考虑法益位阶顺序、危险的紧迫程度以及未履行可能造成的其他危害后果等，其实都是横向利益衡量的内容。横向比较可以区分两种情形：

第一种情形，若各个义务所对应的利益位阶性明显，行为人在正常情况下都能立即辨明其中的比例关系，那么选择高位阶的利益而牺牲低位阶的利益，无论如何都符合横向的比例原则。在这种情况下，行为人行使的紧急权所针对的对象就应当是那个低位阶法益者，保护的是高位阶法益者。尽管利益衡量存在无法解释的困境，但必须承认利益法则在义务冲突乃至整个刑法理论中都发挥着无可替代的作用。利益冲突说难以成为义务冲突的实质根据，但利益衡量方案仍然和义务衡量相互勾连，因为从义务设定的目的上看，任何法律义务都扮演着利益保护者的角色。[①] 再者，犯罪之所以被表达为"法益侵害"，正是基于义务的从属性功能，若没有值得被保护的利益作为基础，义务就根本不可能存在。[②] 所以，义务衡量无法完全脱离利益的比较。但是，利益衡量可能产生的宽泛化、恣意化以及结果导向化，是可以避免的。因此，参与衡量的利益内容必须划定明确的边界，将义务衡量限定在"具体的、实体性利益"范围内[③]，排除纯粹抽象的秩序或者制度利益，以避免利益衡量沦为形同虚设的综合判断。这是因为，刑法作为惩罚法，它所保护的具体法益和主张的价值秩序安排，其实都可以追溯到他法部门所创设或构建的体系中去[④]，义务更是依附于其他法律而存在，所谓刑法典中的义务也始终都是其他法律的义务[⑤]，受到其他法律规范与社会秩序的约束。因此，若将纯粹的秩序法益都纳入利益衡量的考察范围，义务衡量就会陷入毫无边界的利益累加，最终成为一种毫无标准的综合判断。所以，应当将义务所涉及的直接的、实体性的、处在危险状态的法益作为利益衡量的内容。

第二种情形，当冲突义务所指向的直接的、实体性的利益比重相当，难以区分义务轻重时，也不直接意味着选择任意义务就是符合正确要求的。一个典型的案例就是在救助母亲还是救助女友的冲突状态中，或者救自己的孩子还是邻居的孩子这种情况下，通说观点也承认，在不可衡量的生命价值面

---

① Jansen, Pflichtenkollision im Strafrecht, 1930, S. 22.

② Neumann, Die Moral der Rechts: Deontologische und konsequentialistische Argumentationen in Recht und Moral, JRE 2, 1994, S. 92.

③ 李文吉. 我国刑法中管理秩序法益还原为实体性法益之提倡 [J]. 河北法学，2020 (5)：14.

④ 劳东燕. 功能主义刑法解释的体系性控制 [J]. 清华法学，2020 (2)：43.

⑤ 比如，违反民法典规定的一夫一妻义务，违反行政法规范中的纳税义务，违反道路交通安全法规中的规范驾驶义务等，这些义务的违反都可能造成法益损害，从而落入犯罪圈。

前，义务并没有因此完全一致。这是因为，在义务衡量时，除了在横向关系上考虑各个义务所涉及的具体法益类型和危险严重程度等情况之外，行为人本身和待救助对象的纵向关系也十分重要。当义务冲突行为被视作一种紧急权行使时，这种权利行使所保护的部分必然是以另一部分权利让与作为代价的。可问题是，行为人的权利是有限度的，各个义务对象的容忍范围也是不同的。由此可见，横向的利益衡量并不足以解决义务权衡的问题，义务比较必须纳入纵向衡量关系。

（二）行为人与义务保护对象之间的纵向衡量

上文已述，传统的利益比较，即是在放弃利益和保护利益之间进行衡量与比较，只要保护利益在某个评价范围内大于等于牺牲的利益，它所对应的义务就是冲突义务中更重要的义务，也具有履行的优先性。只有当行为人选择了更重要的义务时，义务冲突事由才得以成立，行为人未履行其他义务的行为才能排除违法性。这种双边的利益衡量模式的弊端，在近乎完美的义务冲突案例中，或许并不明显，它能够解决行为人偶然陷入的、义务高低比较明显的情形。比如在一次意外的大火中，父亲要救助自己未成年的孩子和邻居家请求他代为照看的狗，行为人在这种情形中对义务所附着的利益很容易判断，也相对明确。因为履行义务所保护的利益与放弃义务所保护的利益，在衡量的天平中差距悬殊。但是，在稍微复杂的义务冲突问题中，这种忽略行为人主体对位的利益比较就会遇到困境。

其中最棘手的问题是，传统的义务衡量模式难以解决自陷的义务冲突问题。部分义务冲突情境对于行为人而言是突如其来、毫无预兆的，但还有一部分义务冲突情境可能与行为人的行为相关①，正是由于行为人的过错而导致行为人陷入某种义务冲突状态。这种情形被我国绝大多数学者排除在义务冲突适用范围之外，因为他们主张，义务冲突的成立必须满足"冲突的形成

---

① 例如先行行为会产生义务，行为人自愿接受或承担的义务等。

不可归责于行为人"这一条件。① 但笔者认为，这种排除根本是毫无根据的，因为义务冲突状态是一种现实客观的情境，它一经产生就是确实存在的，而只要满足义务多数和履行冲突，就应当肯定行为人已经陷入了义务冲突中，至于行为人是否成立阻却违法的义务冲突，则取决于行为人的义务选择和义务履行行为。这是判断义务冲突是否成立的合理逻辑。自己陷入义务冲突状态的行为人和偶然陷入义务冲突状态的行为人，自然不能等同看待，这一点无可厚非。然而，以"义务冲突的产生不可归责于行为人"为由彻底排除义务冲突的适用，未免过于草率。因为自陷的义务冲突也存在几种不同的情形，全部排除义务冲突的适用，并不合理。

上述问题反映出，义务冲突中的利益不只是等待被履行的义务所对应的利益实现或法益保护，行为人与义务对象这一垂直关系也存在利益联系。据此，义务衡量在确定判断材料和衡量要素之前，还要重新建立衡量的维度。传统意义上的义务衡量，都只是比较义务对应的法益，或者拓展为义务不履行可能造成的损害、义务对象的需保护性、义务对应的危险程度、义务实现的法律目的等利益范畴。但是无论比较的内容和材料是什么，这种衡量都是在义务对象和义务对象之间的比较，实质上就是两个或两个以上等待义务履行获得保护的主体之间的比较。纵向的衡量结构就是在紧急权的违法阻却依据及行为人本位的衡量理念下，纳入行为人的权利地位。在义务冲突状态下，行为人是需要履行义务的人，与之对应的是，义务所指向的对象就是权利主体。如果在紧急权体系下，同时考察行为人的权利广度和深度，就会发现，在不同的义务冲突状态中，行为人的紧急权强度是不同的。有论者指出，紧急权体系就像一张网，让正当防卫、紧急避险这样的出罪事由不再是孤立的点，紧急权的优势在于，它为一部分紧迫状态下的正当化事由确定了

---

① 参见下述学者对义务冲突要件的论述：曾淑瑜．论义务冲突［J］．法令月刊．1998（7）：22-26. 王充．义务冲突三论［J］．当代法学，2010（2）：74-80. 冯军．刑事责任论［M］．北京：社会科学文献出版社，2017：74.

一个共同的标尺，即处在冲突状态双方的责任分配。① 如果对比正当防卫或紧急避险的权衡理念和比较模式，就会发现行为人和紧急权行使对象这一纵向关系，一直都是刑法理论所关注的问题。在正当防卫中，防卫人的紧急权权限大，因为紧急权行使的对象是引起不法侵害的主体，它对这一利益冲突情形②的责任程度就高。在紧急避险中，无辜被避险人对危险情形的责任程度低，行为人的紧急权权限就应当受到限制，比如必须关注利益的衡量。③同理，根据权利说的具体主张，义务冲突的履行行为（以及不得已的放弃履行行为）也是行为人紧急权的行使，所以在义务冲突状态下的紧急权权限就是衡量义务履行在结果上是否正确、行为是否具有正当性的评价依据。

纵横兼顾的衡量规则，在原本诸个冲突义务之间平面衡量的基础上，加入行为人的紧急权考察。如果行为人的紧急权权利限度大，与之相应的是紧急权的对象——被放弃履行义务所对应的主体，就要承担更大的容忍义务，此时行为人受到利益衡量的限制就比较小。例如，紧急权权限最大的正当防卫情形，即便防卫行为造成的损害已经超过了防卫人原本所受到的损害或危险，这种行为依然被认为是正当的。相反，如果行为人在义务冲突状态中的紧急权因为某些因素受到限制，那么义务对象的容忍义务只在合理的限度范围内才成立，也就是行为人的义务选择应当充分考虑到紧急权行使后果、义务对象的权利地位、履行的难易程度等利益问题。

这种具有弹性的紧急权在理论上并不陌生，它是所有依赖于紧急权体系而被正当化的具体事由的内在原理。紧急权的权限必然随着紧急情况的不同而有所不同，因此义务冲突中行为人所享有的紧急权范围及其影响因素，就是确立义务衡量标准的问题。所有紧急权的行使，都应当受到宪法上比例原

---

① 赵雪爽.对无责任能力者进行正当防卫：兼论刑法的紧急权体系［J］.中外法学，2018（6）：1614-1635.

② 是指防卫人与紧急权对象之间的利益冲突。

③ 赵雪爽.对无责任能力者进行正当防卫：兼论刑法的紧急权体系［J］.中外法学，2018（6）：1614-1635.

则的相应制约。① 而狭义比例原则（法益均衡原则）对各个紧急权的限度的控制就呈现出不同的宽严程度。《宪法》第三十三条和第五十一条共同确立了自由平等原则，这一原则意味着，任何人若未经他人同意，均无权损害其法益；与此相应，任何人对于他人未经本人许可损害自己法益的行为，也都没有忍受的义务。② 而紧急权的基础，有一部分是基于个人自由而对不法侵害的反击，如正当防卫、攻击型紧急避险中的紧急权，其行使自然不需要受到利益衡量的限制。③ 还有一部分紧急权源自社会团结原则，需要社会公民在其他人遭遇紧迫困难时，容忍自己的利益遭受一定程度的牺牲，以保障他人脱离紧急状态，这便是指转嫁型紧急权。④

义务冲突中的纵向比较，本质是行为人的权利与被放弃主体的权利之间的碰撞，因为紧急权的对象并不是那些履行义务后获得保护的主体及利益，而是那些因义务未履行而遭遇法益侵害的主体权利。从其他主体的容忍义务和行为人一般所面临的处境看，义务冲突中绝大部分的紧急权行使，都并非基于纯粹的个人自由而产生，因为他不得不牺牲部分主体的权益而让自己摆脱两难的紧急困境。由此可见，义务冲突中的紧急权本质上属于一种转嫁型紧急权，因此在绝大多数情况下，义务冲突中的行为人进行义务选择和义务履行都需要考虑各方利益。

在义务冲突的纵向关系中，行为人与其他义务主体存在责任分配的问题，这取决于义务冲突状态产生的具体原因，也决定了义务冲突中行为人紧急权的行使强度问题。具体而言，行为人因为自身过错陷入义务冲突状态，其就要对这一纵向矛盾关系承担主要责任，相应的紧急权就理应受到十分严格的限制，义务对象的容忍义务就只在十分有限的范围内才会成立。甚至在部分情况下，行为人会丧失这种权利。此时行为人就不再具备成立违法阻却

---

① 姜昕. 比例原则研究——一个宪政的视角［M］. 北京：法律出版社，2008：174.
② 陈璇. 公民扭送权：本质探寻与规范续造［J］. 法学评论，2019（3）：178.
③ Pawlik, Der rechtfertigende Defensivnotstand im System der Notrechte, GA 2003, S. 13f.
④ Renzikowski, Notstand und Notwehr, 1994, S. 185ff.

的基础，义务对象也不需要对其放弃履行的行为承担基于社会团结的容忍义务。① 因为行为人对冲突状态的形成要承担主要责任，具体到某一个义务对象上，该义务对象的容忍义务则相应减小。行为人行使紧急权时应当考虑到，如果该对象是被放弃的主体，法益损害后果是否超出容忍义务的范围或者是否超出的紧急权的限度。相反，行为人陷入并非由自己引起的义务冲突，此类情况下的行为人基于紧迫情况具备基本的紧急权，与此同时，义务冲突的纵向矛盾并非由行为人引起，行为人对此冲突状态几乎不需要承担任何责任，所以这种情况的紧急权强度最大，与之对应的义务对象的忍受义务也相对较重。

纵向的利益关系要受到比例原则的限制，因为义务冲突中的紧急权终归是一种转嫁型的紧急权，而非完全基于公民自由的紧急权，它无法像防卫权一样忽略各方利益之间的比例关系。从这一角度看，行为人不应在义务冲突状态下以紧急权为由逃避所有的义务履行，因为这种紧急权的行使将所有义务对象都视作紧急权对象，而更重要的紧急权行使的目的——保护受到危害的法益——完全落空。考虑义务冲突状态中的行为人享有的具体紧急权限度，会在一定程度上影响横向利益比较，因为各个义务对象与行为人之间的权利关系未必一致。纵向的利益关系上，行为人应在能力限度内履行最多的义务、保护最多的法益。义务履行有难易之分，有的义务明显更重要，但是行为人也知道自己的能力根本并不足以履行，这就是义务的可实施性问题。② 如果履行某项义务会使行为人自己的生命、健康等重要的法益受到威胁，这类义务在纵向衡量上可能会被排除。例如，父亲如果根本不会游泳，在没有其他救援工具或救援人员的情况下，也无法要求他立马跳进水中救助任何一个溺水的孩子，但是父亲的救助义务依然存在，只是形式上会有所区别。③

---

① 自陷的义务冲突是研究义务冲突中纵向关系的典型案例，下文会详细讨论。

② 李兰英.义务冲突下的正确选择［J］.法学评论，2002（2）：77.

③ 不会游泳并不代表父亲的救助义务就此被排除，他依然应当通过其他途径——例如拨打110、请求救生员帮助等来履行自己的救助义务。

总而言之，纵向衡量就是探索冲突状态的责任分配问题，确定行为人权利的限度大小与特定义务对象的容忍义务范围。在此基础上，义务衡量能够弥补只有横向利益比较带来的缺陷，从而更加科学地确定义务的优先性和重要性。

（三）义务衡量的结构示意图

综上所述，基于义务冲突的违法阻却根据是紧急权体系下的行为人权利展开，义务衡量规则应坚持行为人本位的理念，突破原有的义务衡量规则，在片面进行横向利益比较的基础上，充分考虑行为人与各个义务对象之间的纵向关系。图4-1能够更为清晰地表达上文所提出的"横向—纵向"相互结合的义务衡量规则。

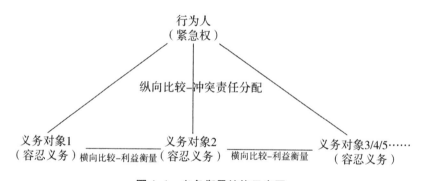

图4-1 义务衡量结构示意图

## 第三节 自陷的义务冲突

自陷的义务冲突是指因行为人自己的原因陷入义务冲突状态。行为人若在自陷的义务冲突中选择并履行了正确的义务，是否还能将不履行行为正当化，就是自陷义务冲突需要讨论的重要问题。自陷的义务冲突也是证明纵向义务衡量在总体衡量规则中具有重要作用的议题，不同的自陷情形能够体现不同的紧急权强度。

**一、概念、传统立场及其批判**

学界在义务冲突理论研究中，很少提及"自陷的义务冲突"这一概念，但是自陷问题不仅在现实生活中更为常见，而且当前我国义务冲突理论都认为，义务冲突的适用前提包括"冲突的形成不可归责于行为人"。按照这一前提条件，若义务冲突状态的产生是因行为人而起，则基本被排除义务冲突的适用可能。

至于如何理解"冲突的形成不可归责于行为人"，实际上并不十分明确。所谓"冲突的形成"，应该是指多个义务相互冲突的客观状态的形成。"归责"的解释相对复杂。若按目前刑法理论的通常理解，归责就是指结果归属于行为的过程[①]，即危害结果能否被认为是危害行为所引起的规范判断。不过，引起义务冲突的行为未必是一种对法益造成危害的行为，而义务冲突的紧急状态也不能等同于刑法中的危害结果。另一种比较常见的理解是，行为人对义务冲突状态的产生存在故意或过失责任。在最广义的概念下理解归责，那么但凡义务冲突的产生与行为人存在某种因果联系，就可以认为是行为人招致的义务冲突状态。

以上对"冲突的形成不可归责于行为人"的理解揭示了该要件的第一个重大缺陷——条件设定不够明确。这种不明确性还体现在各论者对该要件的阐述和运用不统一。例如，有学者举例，两个法院在同一天同一时间传唤证人出庭作证，这就不是行为人自己引起的义务冲突。但行为人负有事先向两个法院申报的义务，若因延误申报而导致两个法院同一时间传唤自己出庭作证，则是行为人引起的义务冲突。[②] 但是延误申报的行为是否属于刑法上的违法行为，还是一般违法行为，抑或根本不受规制的日常行为，这一点并不清楚。所以，这种由行为人引起的冲突究竟落在哪一种归责意义上，也不明确。再如，有论者认为，行为人出于故意制造危险的主观意图，将两个年幼

---

① 张明楷. 刑法学（上）[M]. 北京：法律出版社，2016：175.
② 曾淑瑜. 论刑法义务冲突 [J]. 法令月刊，1998（7）：22-26.

的孩子带到深水区游泳，若两个孩子同时溺水而引发的义务冲突状态，就是出于行为人的过错，这种情况并不能成立义务冲突。但是，假如行为人对孩子的溺水不存在故意或过失时则依然可以成立义务冲突情境。① 按照前半部分的表述，"故意带孩子去深水区"的行为属于行为人的过错，要排除义务冲突的适用。值得思考的是，单凭带孩子去深水区这一行为存在主观上的故意，就可以认定这一行为是可归责于行为人的吗？按照这种观点，"归责"的意思就是对行为人的主观判断，若行为人内心有造成这种冲突状态的故意和过失，就是可归责的。还有许多学者举例，行为人带领居家的两个孩子去游泳，在游泳过程中两个孩子同时溺水，行为人只能救助一个的情形就无法适用义务冲突。② 这一示例完全不顾及行为人是否在这一过程中违反注意义务，而只是因为行为人带着两个孩子的先行行为，就排除义务冲突的适用，这种理解将所有与冲突状态的产生存在某种客观联系的行为人都认为是可归责的。因此，"冲突的形成不可归责于行为人"这一前提条件概念模糊、标准不一、适用不合理。

按照最广义的归责理解，义务冲突事由可能会彻底丧失成立可能性，因为将任何一种客观联系都作为行为人惹起义务冲突状态的理由，并因此剥夺其在冲突状态中行使紧急权的权利，那么日常行为引起的义务冲突，都将不可能再具备阻却违法性或者排除犯罪的功能。

"冲突的形成不可归责于行为人"要件的第二个难以解释的问题是该要件设置的正当性问题，亦即为义务冲突的成立增加这样一个额外的前提，其背后的理论依据是什么？赞同这一条件的大部分学者都没有对此做出说明，唯一对该条件进行简单解释的冯军教授指出，冲突状态的产生不可归责于行为人，是因为"一个公正的法律不会将故意或过失的义务不履行行为规定为合法的行为"。③ 这种观点的问题是：第一，故意或过失的义务不履行其实是

① 赵兰娣. 刑法中的义务冲突［D］. 郑州：郑州大学，2019：27.
② 黄旭巍. 刑法义务冲突中"义务"的来源［J］. 学海，2017（6）：161-164.
③ 冯军. 刑事责任论［M］. 北京：社会科学文献出版社，2017：74.

行为人在冲突状态产生后进行义务选择与义务权衡的行为，按照二分结构，这是义务相权行为层面的内容。如果一个陷入冲突状态的行为人，有能力履行义务而故意不履行，当然不能被阻却违法。但是，此处所讨论的是行为人对义务冲突状态的产生可能存在故意或过失，这和义务权衡过程中故意或过失不履行问题是两个层面的问题，不应当混淆。从时间上看，故意或过失地引起义务冲突状态先于义务履行的问题，只有义务冲突状态成立后，才会有行为人履行或者不履行义务的问题。从行为目的上看，故意或过失地引起义务冲突状态，是故意或者过失地制造了一种特殊情境，在此情境中，若行为人做出正确的义务权衡，行为可能会因此排除违法性。而在义务冲突状态中故意或过失的义务不履行是另一个问题，即便行为人陷入一个并非由自己引起的义务冲突情形，也会出现故意或过失地不履行义务的情况。第二，跳出义务冲突的讨论语境，这一解释本身也存在矛盾。法律当然不会随意地将义务不履行行为正当化，但不排除在部分特定情形下需要将这种义务不履行行为正当化，这才是法律彰显其公正性的表现，也是正当化事由存在的根本原因。比如，刑法中的正当防卫，就是承认在特殊情况下，行为人不履行禁为义务（不得杀人、不得伤害他人）具有正当性。因此，将"冲突的形成不可归责于行为人"作为义务冲突事由成立的前提，欠缺理论正当性。

除却归责认定不明确、不统一，增设条件的正当性欠缺这两个问题外，重新回到上文所列举的"可归责于行为人"的案例就会发现，绝大部分的归责理解都不在意行为人的自陷行为本身，而只关注行为人招致义务冲突状态时的主观心态。只要行为人意欲杀害孩子，那么无论是带孩子去深水区游泳的行为，还是带孩子去郊游的行为，之后所产生的冲突状态就因为"可以归责于行为人"不再成立阻却违法或者排除犯罪的义务冲突。仅仅因为行为人内心的加害意思而剥夺其在紧急状态下的权利，而丝毫不考虑行为人惹起义务冲突状态的具体行为表现，这种判断逻辑就等于对行为人主观恶意的惩罚。实践中，不排除部分行为人蓄意制造义务冲突状态，目的是创造义务冲突状态，从而获得免罪结果，不履行义务的后果本身就是他积极追求的结果。行为人恶意的举动却能够获得法秩序的认可，人们在情感上难以接受这样的结果。因为行为人明明不是偶然陷入这种紧急状态，而是早有预料甚至故意让自己处在这种冲突中，因此他所面临的困境并不值得同情。但问题是，刑法作为最严厉的规制手段，不应当沦为公众道德评价的附庸与奴仆①，因为只依赖道德情感的法律判断必然是整个法治文明与进步所不容的。

基于上述理由，笔者对我国部分学者在义务冲突成立条件中所提出的"冲突的形成不可归责于行为人"的条件表示质疑，该条件不仅在具体指向上不明确，也近乎毫无理论根据。假如坚持义务冲突的成立需要以此为前提，则结果必然是导致义务冲突适用范围及行为人紧急权限的不当限缩。当然，自陷的义务冲突，其处理模式和法律后果肯定与偶然陷入的义务冲突不同，但这并不是将自陷要素作为义务冲突排除适用的理由。所以笔者认为，义务冲突的适用与成立，不应当也不需要"冲突的形成不可归责于行为人"这一条件。除了上文对该观点的质疑与批判，否定该前提要件与本书所主张的义务冲突违法阻却根据和义务冲突的二元构成一脉相承。由于义务冲突状态具有客观性，因此多个义务产生冲突的客观状态一经形成，就不再以人的意志为转移，假如强行将行为人对冲突状态产生的主观状态考虑在内，无异于在判断客观性情境时增加了一个主观内容的门槛。再者，义务冲突阻却违法，本质上是一种紧急权的行使，而紧急权的享有并非限定在对冲突毫无道德瑕疵的绝对无辜者之上。② 任何自陷行为所导致的义务冲突状态，都必须以自陷行为本身为讨论核心，道德上的负面评价既不能为行为人损害他人法益的行为开脱，同样也不能使行为人在紧急状态中的权利被随意剥夺。

所以，体系化地讨论自陷的义务冲突是否依然存在阻却违法或者排除犯罪的可能性，应当以自陷行为为核心，而不是以行为人对义务冲突状态的主观意志为标准。自陷行为会影响行为人在紧急状态中的权利，但行为人招致义务冲突状态并不代表行为的正当化不可能实现。对此，本书主张放弃义务

① 陈璇.克服正当防卫判断中的"道德洁癖"[J].清华法学，2016（2）：66.
② 陈璇.克服正当防卫判断中的"道德洁癖"[J].清华法学，2016（2）：53.

冲突成立的"归责"条件，区分合法的自陷行为和违法的自陷行为，全面讨论自陷义务冲突的情形。其中无论行为人对冲突的产生持怎样的心理状态，合法的自陷行为并不会影响行为人在具体义务冲突状态中的权利；违法的自陷行为也未必排除或限制行为人的权利。

## 二、合法的自陷行为及其处理

在自陷的义务冲突中，有些冲突状态虽然是由行为人的行为所引起，但这种自陷行为并不违法。合法自陷行为的标准是，引起义务冲突状态的行为并未对法益造成实质性侵害或者法所不容许的风险，据此，合法的自陷行为可能有以下几种常见类型：第一，缔结民事合同所产生的义务冲突状态。根据我国《民法典》第四百六十四条的规定：合同是民事主体之间订立、变更、终止民事法律关系的协议。合同约定权利和义务，因此行为人完全有可能因为自己所订立的合同无法同时履约而陷入义务冲突。第二，合法的先行行为所产生的义务冲突状态。不少学者主张，即使是合法的先行行为也可以引发作为义务，对此，带邻居孩子去游泳的案例被多次提起，若孩子在游泳过程中遇到危险，行为人就有救助义务[1]，我国学者多将此种情形归纳为自愿承担保证人地位的先行行为。[2] 根据这种观点，合法先行行为会产生作为义务，也就可能成立义务冲突的紧急状态。[3] 第三，日常行为引起的义务冲

---

[1] 高铭暄，马克昌.刑法学［M］.北京：北京大学出版社，高等教育出版社，2017：69.

[2] 王莹.先行行为作为义务之理论谱系归整及其界定［J］.中外法学，2013（2）：325-346.

[3] 需要注意的是，合法先行行为是否确实能够产生义务，对这一问题笔者持反对观点，因为行为人在这种情况下并没有创设所谓法所不容许的风险。带孩子去游泳可能存在溺水风险，带孩子逛街可能存在交通事故的风险，让孩子待在家里也可能遭遇火灾。学界就"合法先行行为是否产生作为义务"依然存在着争议，但该问题的讨论并非本书讨论的重点，虽然合法自陷行为产生的冲突状态是否确实存在，取决于对上述问题的回答。因此，本书讨论合法先行行为所产生的义务冲突问题，也是间接承认了合法先行行为会引起义务的观点，这一方面是为了更加全面地质疑部分学者所提出的"冲突的产生不可归责于行为人"这一观点，另一方面也是澄清义务冲突的部分误区。

突状态。例如，结伴旅行的危险共同体在遇难后的救助义务冲突。

在上述自陷的义务冲突中，无论行为人对义务冲突状态的产生持何种心理状态，均不影响义务冲突客观状态的成立，也不影响义务相权行为的判断，更不可以直接排除义务冲突的适用。换言之，只要自陷行为是合法的，就算行为人在主观上积极追求、消极放任或者过失引起冲突状态，都不应当据此否定义务冲突的适用可能性。主要理由如下：

其一，合法的自陷行为不具备归责根据或处罚基础。当行为人的行为是在法秩序所容忍的空间范围内展开的，那么法秩序就应当给予该行为人应有的权利和保障。完全合法的行为造成了某种义务冲突状态，也就等同于行为人偶然陷入或者因意外陷入某个义务冲突状态。此类自陷行为因为本身就不具备可归责性，也就无法影响义务冲突问题的讨论。再者，扩大解释自陷行为，就会发现，任何一种冲突状态只要根据宽泛的因果联系解释，总能归属到行为人自己的原因。当然，这种无限回溯的"自陷"定义并不正确，但盲目主张冲突不能是行为人自己引起的适用前提条件，这种观点值得商榷。合法的自陷行为，其实是用合法的行为方式有意或无意地造成了某种紧急情形，即便这种紧急情况本身涉及法益侵害或者法益侵害的危险，追究合法行为的责任也不具有正当性。据此，如果承认合法的先行行为会产生作为义务，那么行为人依然有可能在陷入这种冲突状态时被排除违法性。如果不承认合法的先行行为会产生作为义务，则义务冲突状态也无法构成，行为人不承担相应的履行义务。

其二，刑法不惩罚动机，义务冲突的成立不需要善良意志。实践中，不排除部分行为人的自陷行为合法，而内心积极希望产生义务冲突状态，自己可以在冲突状态中选择履行义务，以达到某种法益侵害的实际目的。然而，刑法能不能处罚这样的意志？只有当行为人内心的意图需外化为特定的行为时，才能对其进行判断和处罚，若外化为合法行为的恶劣意志也要被追究，绝对是现代法治国家所不允许的。法治国家的一个基本价值追求，就是将促使人们内心向善的道德与规范公民外在行为的法律在某种程度上区分开来，容忍公民在权利许可的范围内去追逐不尽合乎道德观念的目的。① 所以，法律是赋予某种法律后果的基本道德约束，刑法惩戒的行为也是违反最基本道德准则的行为。一个人内心的道德观念或者道德主张究竟是什么，法律既不在意，也无从探明。任何一个公民，只要其外化行为尚处在基本道德标准（亦即法秩序标准）内，那么他就还是自由的。换言之，只要行为合法，无论行为人的内心有何目的或动机，他都有权任由自己陷入甚至主动促成这样的一种义务冲突状态。此外，行为人选择履行义务时，也不需要行为人具备善良意志，只需要行为人认识到义务冲突的具体状态，纵使行为人出于某种不道德、不善良的目的履行了部分义务，也依然具备阻却违法的可能。同理，行为人出于恶意制造某种义务冲突状态，只要行为是合法的，就不可以对其进行处罚。因为刑法惩罚的是行为，而非思想。

其三，行为人享有紧急权。本书认为，合法的自陷行为并不能削弱、限制或者排除行为人在紧急状态中的权利。但这种观点可能会受到如是质疑：若行为人早就能够预见这样的冲突状态，虽然是以一种合法行为促成冲突状态，但是正因为如此，行为人并不具有紧迫性。但问题是，对"紧迫性"的理解，并非以行为人所感受到的心理状态为判断标准，因为这种主观的紧迫性认定既不客观，也无法查明，最终会导致"紧迫性"概念流于形式和表面。再者，以行为人感受到的紧急心理状态作为认定紧迫性甚至紧急状态的依据，则紧急权存在与否完全依赖于行为人的心理状态，这欠缺合理性。所以，不应基于对紧迫性的片面理解而排除这类行为人的紧急权，因为紧迫性并不是指侵害给防卫人造成的因意外、窘迫而难以及时做出正确判断的主观状态，而是指法益侵害上的客观迫切性。② 据此，行为人虽然是自己陷入了义务冲突状态，但是就受到法益侵害或者危险的主体而言，这种需要立即履行的义务和即刻救助的法益依然是具有紧迫性的。而行为人在这种情形中，

---

① 陈璇. 克服正当防卫判断中的"道德洁癖"［J］. 清华法学，2016（2）：57.
② ［日］山口厚. 日本正当防卫的新动向［J］. 郑军男，译. 辽宁大学学报（哲学社会科学版），2011（5）：3.

依然是一个陷入紧急状态的主体。而自陷行为由于完全是合法的，也不可能据此降低行为人的需保护性等作为社会成员的基本权利。所以，行为人在这类义务冲突状态中，只要履行了正确的义务，就可以成立阻却违法的义务冲突。

综上所述，合法的自陷行为并不影响义务冲突的适用，对于义务冲突是否最终成立的问题，只要成立符合要求的义务冲突状态，成立符合法秩序要求的义务相权行为，就成立义务冲突事由，而行为人不履行义务而造成危害结果的行为不具有违法性。

### 三、违法的自陷行为及其处理

当自陷行为是一种违法行为时，客观上出现义务冲突状态，行为人在紧急状态下选择了正确的义务，此时是否成立义务冲突？违法的自陷行为比合法的自陷行为更复杂。借鉴挑拨防卫的相关法理，当行为人蓄意挑拨防卫时，他将完全失去防卫权；若行为人对于对方的侵害持放任或者过失心态时，他依然有权进行防卫，只是防卫权会受到限制。① 在义务冲突的自招场合，这种区分模式的处理也同样适用，因为违法的自陷行为不仅会对紧急权造成某种程度的限制（甚至是剥夺），而且会使法益受到威胁的主体的容忍义务下降（甚至不复存在）。以故意犯罪行为制造义务冲突场合，是行为人对冲突状态的产生责任最重的情形，此时行为人在紧急状态下的权利已经完全消失。下文将区分不同的违法自陷行为并进行逐一分析。

（一）自陷行为是故意犯罪行为

自陷行为是故意犯罪行为，即指行为人以故意犯罪行为制造出多个法益遭受危险的紧急状态，试图通过履行部分义务而造成不履行部分的危害结果，从而实现犯罪目的。在这种情况下，抛开行为人故意违法的自陷前行为，依然可能成立义务冲突的客观状态，以及行为人佯装的义务权衡行为，

① Welzel, Das Deutsche Strafrecht, 11. Aufl., 1969, S. 88.

但是，义务冲突事由不成立，因为此时行为人根本不具备团结原则所赋予的紧急权。

例如，行为人为了减轻家庭负担，意欲杀害自己的女儿，一日他带着一儿一女去湖边玩耍，故意将二人推入河中，随后将儿子救起，女儿因此死亡。在这一案件中，不成立义务冲突的理由不是因为行为人缺乏义务履行意志，义务冲突中的行为人进行义务选择时并不需要善良意志。那么，通过故意犯罪行为自陷义务冲突是否可以基于情形不具备紧迫性而排除义务冲突的适用？对此，有观点认为，行为人在挑拨防卫中是早有准备的，因此不具备紧迫性。① 义务冲突状态的紧迫性特征意味着行为人对该状态的发生是不可预期的、意料之外的，但是故意制造义务冲突就意味着行为人事先知道会产生义务冲突，所以即使在客观上依然是多个义务需要同时履行的紧急状态，但是对行为人而言丧失紧迫性。这种观点依然将紧迫性的认定依附于行为人的心理状态，而非法益遭受侵害的客观紧迫状态。严格地讲，上述理由无法说明本案不成立义务冲突的根本原因。

另一个前置问题是，故意犯罪行为是否产生作为义务。对此，学界一直有两派观点：肯定的一派认为，承认故意犯罪产生作为义务，不仅有利于刑法的协调，而且能够解决正当防卫和共犯问题。② 否定的一派则认为，行为人在故意实施犯罪的场合，没有防止结果发生的义务③，反而是追求结果的发生，因此法律难以期待行为人去防止结果发生。④ 该问题决定了能否在形式上构成义务冲突状态。如果故意犯罪行为根本不产生作为义务，那么义务冲突事由的基本前提——义务冲突状态就难以构成；如果故意犯罪产生作为义务，义务冲突状态就可能成立。笔者认为，承认故意犯罪产生作为义务并

① ［日］前田雅英．刑法总论讲义［M］．曾文科，译．北京：北京大学出版社，2017：22.
② 关于故意犯罪是否产生作为义务的问题，具体可参见张明楷教授的论述．张明楷．不作为犯中的先前行为［J］．法学研究，2011（6）：136-15.
③ 蔡墩铭．刑法总则争议问题研究［M］．台北：五南图书出版公司，1998：60.
④ 黄荣坚．基础刑法学（下）［M］．台北：元照出版公司，2006：775-776.

不影响关于这种特殊义务冲突情形的立场。故意犯罪所制造的义务冲突情形，使得行为人完全丧失团结原则主张下的紧急权，这种紧急权丧失并不是因为行为人心理上早有准备而不复存在，而是因为行为人从"救助者"变成了"侵害者"。

具体而言，故意犯罪的实施让行为人成为一个"侵害者"，面临这种不法侵害，法益遭受威胁的主体，没有理由也没有必要对此种"不正义"进行容忍。根据权利说，等待义务履行、恢复法益的社会主体，之所以要容忍行为人实施紧急权而被迫放弃自身利益，是因为这是基于社会团结原则下的容忍义务所要求的。如果行为人故意实施犯罪行为，则他人所遭受的法益损害和危险是故意犯罪的产物，此时还继续要求社会一般主体基于团结原则牺牲自己，从而让行为人有机会救助其他更重要或者同等重要的利益，完全不可理喻。自行为人实施犯罪行为开始，他以一种不被允许的行为方式破坏了社会团结与人类共同生活的基本法秩序，此时，受害者才享有法秩序赋予的恢复自身利益的紧急权——正当防卫权。紧急权的设置是考虑到社会成员之间以及社会共同体之间的连带关系，因而在必要时，每个人都适当地为他人牺牲一部分自己的利益。① 这种必要的时刻和恰当的牺牲绝不包括自己的合法利益遭遇到恶意不法侵害或者为侵害者继续牺牲自己的利益。所以，承认在行为人以违法行为刻意制造出来的紧急状态中依然享有紧急权，完全违背团结义务的基本理念。

另外，从义务冲突状态产生的时间点来解释，义务冲突事由即使能够成立，也只能阻却冲突状态成立后，行为人不履行义务的违法性，无法溯及行为人在义务冲突状态产生之前的行为。父亲以故意犯罪行为制造义务冲突状态，在义务冲突状态产生之前，故意犯罪已经实施完毕。两个掉进湖里孩子的生命法益遭遇危险是故意杀人行为造成的危害结果。行为人救助儿子成立故意杀人罪的中止，而女儿的死亡则成立故意杀人罪既遂。若只关注义务冲

---

① 王钢. 紧急避险中无辜第三人的容忍义务及其限度——兼论紧急避险的正当化根据 [J]. 中外法学，2011（3）：609-625.

突状态产生后的情形，或者说无法证明行为人有故意将自己的儿女推入水中的前犯罪行为，那么择一救助的行为确实能够阻却另一义务不履行的违法性。可问题是，义务冲突的判断是从义务冲突状态客观形成后方才开始的，义务冲突事由也只能涉及行为人陷入义务冲突状态后的不履行问题的法律效果，无法对义务冲突状态产生之前，即父亲推儿女下水的犯罪行为产生任何排除不法或排除犯罪的效果。

综上所述，故意犯罪行为导致的冲突状态，无法主张行为人在此种紧急状态下的权利，行为人是造就义务冲突状态的唯一原因力，其对冲突的产生承担全部意义的责任，而受到危险的社会主体完全没有义务对行为人的不法行为做出容忍，此时受害主体才是此刻的紧急权主体，而制造冲突状态的行为人不享有紧急权，所以无法构成义务冲突。

（二）违反注意义务的过失行为引起义务冲突

现实中以故意犯罪制造义务冲突的情形极为罕见，因为行为人不仅要有侵害具体法益的意图，而且必须筹划好一个义务冲突情形，并且要确保自己在冲突状态中履行重要义务或同等重要的义务，来达成真实的犯罪目的。更多的自陷情形是由行为人的过失行为引起的。例如，甲在客厅看世界杯足球赛，一时入迷以至于忘关厨房烧开水的煤气，不慎引起火灾，其年迈的双亲顿时身陷火海，甲无法将二人全部救出。① 还有一种情况，行为人的过失行为引起了部分义务，与行为人本来正要履行的其他义务相互冲突。传统观点排除所有因行为人引起的冲突情形，因此过失行为造成的冲突也不可能成立义务冲突。本书并不赞同这种观点，因为过失行为不会导致行为人的紧急权完全丧失，因违反注意义务而导致自己陷入义务冲突状态，依然可能成立义务冲突事由。理由如下：

第一，行为人并非蓄意制造义务冲突状态，虽然这种状态的产生确实能够谴责行为人，但此时的行为人并非像故意制造义务冲突的行为人一般，完

---

① 甘添贵. 义务冲突之性质与解决原则（上）[J]. 月旦法学杂志，1998（9）：15.

全控制着整个义务冲突状态的产生和发展进程，故肯定行为人的权利，并不会导致权利滥用。行为人违反注意义务而导致自己陷入义务冲突状态，即是说这种紧急状态实际上是过失行为引起的危险现实化的结果。对于冲突状态的出现，行为人不存在主观不法，也难以预料冲突状态的产生。基于社会团结原则而赋予行为人的紧急权，不会成为行为人加害计划的工具，每个人面对他人违背社会团结原则而故意制造冲突状态的情况，当然没有义务基于社会团结原则对自身法益侵害进行容忍。所以，社会团结原则下的紧急权，只有在行为人彻底违背社会团结原则时，才会被剥夺。而违反注意义务的行为人，主观上并不以侵入他人权利空间、侵害他人法益或者完全忽视社会团结生活的基本底线为意志，客观上也没有创造、利用和掌控义务冲突进程的行为，因此直接剥夺行为人在紧急状态下的权利，并不妥当。

第二，承认行为人在违反注意义务情况下依然具备适用义务冲突的可能，也符合社会团结原则下紧急权的基本要求。引入团结原则的紧急权体系，能够扩张紧急权的功能，如团结原则让攻击型紧急避险中的被避险人承担避险人转嫁危险的容忍义务；团结原则也可以收缩紧急权的作用，比如它要求防御性紧急避险中的行为人必须克制和约束自己的反击行为。[①] 在行为人违反注意义务而造成的义务冲突状态中，行为人所面临的所有待履行义务，或许并不能完全归责于他。或者即便完全是因为行为人的过失而造成了冲突状态，也是出于某种不可控的因素而仍然具有向社会其他公民求助的权利，此时，法秩序也有理由对这样的行为人给予相应的照顾。

第三，由于过失行为而造成义务冲突状态，虽然不会剥夺行为人在紧急状态下的权利，亦即义务冲突成立的基础——紧急权依然存在，但行为人与具体对象之间的纵向利益关系会发生改变。理由是，某种义务的履行或者某个法益的保护，是因为行为人违法的先行行为所致，义务履行对象的容忍义务会发生改变，这也会影响具体义务的位阶顺序。紧急权权限与容忍义务的

① 陈璇. 紧急权：体系构建、竞合适用与层级划分 [J]. 中外法学, 2021 (1): 15.

限度之间，也就是纵向衡量关系，如果部分义务的引起可以归责于行为人，部分义务的产生又不可以归责于行为人，这两类义务在现实中发生冲突，那么前者所对应的义务对象的容忍义务就会比后者小。行为人在义务衡量时必须考虑到各个义务对象的容忍义务限度，如果行为人对该法益侵害状态要承担几乎全部的责任，那么考虑放弃这部分法益时，就必须明确这部分的义务对象的容忍义务已经相对弱化，除非放弃行为并不会损害他们的重大法益，才可能基于团结原则对行为人表示谅解。但当法益价值彼此相当时，基于纵向利益关系上的不平等性，理应优先救助容忍义务小的法益主体。

总而言之，并非所有违法的自陷行为都排除义务冲突事由的成立，行为是否依然具备适用义务冲突的可能性，取决于对行为人紧急权的判断。在以故意犯罪行为蓄意制造义务冲突状态的情形中，行为人率先违反共同生活的基本原则，侵入他人的权利空间，企图用自己制造的义务冲突来达到不法目的，这样的情况因为不具备紧急权而不可能成立义务冲突。若行为人的违法行为并不足以导致紧急权的丧失，则仍然应当承认义务冲突成立的空间。对自陷义务冲突的讨论，是为了重新审视"冲突的形成不可归责于行为人"这一要件。无论是从理论渊源上考察，还是从实践结论中探索，都不能证明这一影响义务冲突适用和成立的条件的正当性与合理性。

## 第四节 义务冲突的法律后果

在基本确定义务冲突的认定逻辑和衡量方案后，通过对义务冲突状态和义务相权行为的认定，能够得出评价结果。在行为人本位的权衡理念下，义务衡量并不是简单比较义务所保护利益的价值大小，还要在纵向关系上充分考虑行为人的紧急权张力。不过，义务衡量标准所确立的是一种原则，意指在一般情况下，按照这种认定思路和判断标准可以得出一个符合正义的义务选择结果。现实生活中的紧急情况要复杂得多，行为人本位的衡量理念也是为了调和这类矛盾，以保障紧急权在合理限度内得以行使，最大限度实现法益保护。本节就义务冲突中行为人不同的选择情况所产生的法律后果进行总结。

### 一、正确选择义务及其法律后果

正确履行义务，即行为人在客观的义务冲突状态中，在紧急权限度内选择履行了更为重要的义务，因客观紧急状态与自身能力等原因而不得不放弃履行其他义务。正确履行义务作为义务冲突成立的效果要件，其直接的法律后果是成立阻却违法的义务冲突事由，行为人因为未履行义务而造成的法益侵害并不具备违法性，这在阶层理论的概念中，直接在第二阶层排除犯罪的成立。具体而言，还可以细分为以下几种情况：

第一种最为理想或实验性的义务冲突状态下，行为人完全因为偶然陷入义务冲突状态，或者冲突义务的产生并不能在法律上归责于行为人。此时，他享有比较完整的紧急权，换言之，在纵向关系上，行为人与各个义务对象之间，权利张力与容忍义务并没有原初区别，此时只要考虑横向关系上的法益衡量，选择保护更为重要的利益，就是正确选择并履行了义务，行为人未履行部分就不具有违法性。

第二种情形，行为人遇到的冲突义务中，只有部分义务的引起是可以归责于行为人的，这种义务冲突状态并不会排除行为人的紧急权。但是，由于行为人对冲突状态的引起要承担部分责任，所以此时行为人的紧急权也要受到某种约束。这种约束体现在义务衡量中，必须充分考虑到横向关系上各个不同法益主体的容忍限度问题。根据上文的论述，容忍义务更小的法益主体应当优先受到保护，所以同等法益类型之下，行为人优先履行因自己的故意或过失行为引起的义务，则属于义务冲突状态下的正确选择，而未履行行为则不具备违法性。但是，并不能解释为所有因自己的故意或过失行为引起的义务，绝对具有优先性。如果选择这部分义务，并没有超出另一方的容忍义务限度，那么也符合社会团结原则下的互助理念。被放弃者所牺牲的自由或权利，相较于能够给予他人的援助和关照，其实是以暂时的利益让渡来换取长远的自身利益和安全最大化。① 义务对象所陷入的法益危险虽然是因行为人的不法行为所引起的，但是这种牺牲在更紧迫或更重要的法益面前，还是有容忍必要的。此时行为人的正确选择也成立义务冲突，但是这时的违法阻却不能溯及义务冲突状态前的故意或过失行为。

第三种情形，冲突义务均是行为人的故意或过失行为所致。本书认为，蓄意制造义务冲突状态会导致行为人的紧急权彻底丧失，行为人的行为依照刑法的规定定罪处罚，而行为人选择履行的行为至多构成犯罪中止，而无法成立阻却违法的义务冲突。倘若义务冲突状态是行为人违反注意义务的过失行为所致，这种情况下的行为人没有完全丧失紧急权，行为人在横向衡量上选择法益价值更高的义务履行，则属于正确的义务选择。此时，正确的义务履行也无法阻却义务冲突状态产生之前的行为不法，但是因义务冲突未履行义务的后果，并不能归责于行为人。此时，相当于义务冲突嵌入过失犯罪中，义务冲突状态是过失行为促成的危害后果。如果行为人阻止了所有危害后果的产生，那么过失犯罪在绝大多数情况下，就不可能成立；如果行为人只能保护部分法益，而这种选择又符合利益衡量基本法则时，那么行为人因此没能阻止过失危害后果的行为，就不具备违法性。

## 二、错误选择义务及其法律后果

行为人错误选择义务的情况时有发生，因为一个处在紧迫状态中的行为人不可能和一个冷静客观的裁判者一样，全面而综合地考虑到所有的情况，然后做出理性决定。无论是理论上的衡量规则，还是落实到规范上的衡量规则，本质上都是与行为人在冲突状态中的选择比较对照的过程，若行为人的选择与法秩序的选择不符，则认定为错误的义务选择。总之，错误的义务选

---

① Frank Saliger, Kontraktualistische Solidarität: Argumente des gegenseitigen Vorteils, in: Andreas von Hirsch/Ulfried Neumann/Kurt Seelmann (Hrsg.), Solidarität im Strafrecht, 2013, S. 62.

择是对比的结果，是以法秩序的价值判断为尺度的结论。

首先，错误选择义务意味着义务冲突的第二层要件不符合要求，即行为人并未履行正确的义务相权行为，因此不成立阻却违法的义务冲突事由。这一法律后果至少有两个层面的意义：其一，行为人因为无法履行全部义务而造成法益侵害后果，这一不履行行为依然具有违法性；其二，并不排除这一具有违法性的行为基于其他情况排除或者减轻行为人的责任。

其次，行为人做出错误选择的主观内容，不具有判断意义。有的行为人明知法秩序要求其选择甲义务，但是基于其他原因，如宗教信仰、个人情感等，不愿意优先履行甲义务，而选择履行乙义务。还有的行为人希望自己的选择能与法秩序的选择相互契合，但是因为判断失误、认知缺陷、时间限制等各种原因没有履行法秩序所要求的义务。无论是哪一种情况，在结果上都是行为人未能做出正确的义务选择，无法排除行为人不履行行为的违法性。有学者指出，行为人主观上知道自己身处在义务冲突中，也明知更高位阶的义务是哪一项，但是故意不履行，客观上造成法益侵害后果，这符合故意犯罪的构成要件，且无法阻却其违法性。① 这一观点需要斟酌。错误选择义务应当是一种客观判断的结果，无论行为人是故意选错还是无意选择，结果上都无法成立义务冲突。未履行部分则在不作为行为所符合的犯罪构成要件基础之上，肯定其违法性，也就是说，错误选择未能成立义务冲突，也未能阻却违法性，和行为人选择义务的主观意志并不关联。

最后，义务冲突不成立，不代表义务不履行行为必然具备违法性，只能说明义务不履行无法基于刑法中的义务冲突事由排除违法性。未履行行为依然具有多种可能性，因为刑法中的违法阻却事由是开放的，每个国家的刑法典规定了典型的排除违法性或者排除犯罪的事由，但是还有不成文的出罪事由。在不成立义务冲突的情形中，行为人也可能存在法令行为、自救行为等其他排除犯罪的情况。例如，行为人误以为自己履行的行为更为重要，但实

---

① 王滔. 论义务冲突行为 [D]. 广州：广州大学，2011：37.

际上选择履行的是其他义务，这种情况虽然不成立阻却违法的义务冲突，但是也不能忽视行为人的认识错误问题。再如，行为人的能力只能履行位阶低的义务，而没有能力去履行正确的义务。此时行为人的选择与法秩序的衡量结论也不可能重合，依然是一种错误履行的情况。但在这种情况下，无法成立阻却违法的义务冲突事由，但不排除缺乏期待可能性的适用。

### 三、未履行任何义务及其法律后果

毫无疑问，未履行任何义务，无法成立阻却违法的义务冲突，因为完全不作为的选择不符合义务冲突的出罪原理。但是，行为人在义务冲突状态下未履行任何义务，未必要承担全部的法律责任，应当结合义务冲突状态的产生和行为人未履行全部义务的原因进行讨论。

行为人陷入义务冲突状态，也没有认识到自己处在某种紧迫情形中，最终却未能履行任何义务的原因有很多。例如，有的行为人虽然认识到自己处在义务冲突状态中，也有能力选择履行较为重要的义务或者择一履行同等重要的义务，但是却故意不履行。还有的行为人尝试履行义务，但是由于能力有限或者其他种种原因没能如愿，或者是行为人根本没有认识到自己已经陷入了义务冲突的紧急状态，因此没有履行义务等。

可以确定的是，假如行为人没有履行任何义务，原则上不符合义务相权行为的要求，义务冲突不成立。其中，义务相权行为也以行为人对紧迫状态的主观认识为前提，所以，如果行为人没有履行义务是因为对具体的冲突状态存在认识上的错误，那么还需要进一步区分，这种认识错误的情况和行为人的具体处境。当行为人对冲突状态毫无认识可能性时，行为人不履行任意义务的行为可能被排除责任。

当行为人认识到义务冲突状态时，那么未履行义务的行为所造成的法律后果，不能够依靠行为人的主观状态区别对待。有论者指出，行为人在有能力履行的情况下故意不履行义务，则行为符合故意犯罪；若行为人是基于过失而选择义务，则依然要被追究刑事责任。① 这一观点区分行为人不履行义务的主观状态，却没能对这两种主观状态的不同处理结果进行阐释。本书认为，在行为人具有完整紧急权的义务冲突场合，无论行为人出于怎样的主观状态，是故意都不履行、过失都不履行还是无过错不履行，都不会改变其最终的法律后果，即均不成立义务冲突。但如果行为人本来就难以履行全部义务，就要承担最重要的义务（或法秩序要求其选择履行的义务）未履行所产生的后果。行为人的履行意志并不是法律评价的要素。在行为人未履行任何义务的场合，义务冲突状态依然存在，行为人所面临的紧迫情况和履行困难是客观的，他无论出于何种心态、何种目的、何种原因，没有履行全部义务，在法秩序评价下结果都一样。如果根据行为人主观性质的不同，区分对待不同的义务冲突行为人，无异于对纯粹的主观状态进行评价，这种方式除了迎合人们内心的道德感受外，没有任何理论根据。因此，在行为人的紧急权存在且完备的情况下，即排除自陷情况，无论行为人在义务选择与义务履行时持故意、过失还是其他心理状态，都应当认定行为不构成阻却违法的义务冲突，但行为人需要对最重要义务未履行所造成的法益侵害后果承担法律责任。

也许有观点会反驳，错误履行义务的行为和未履行义务的行为都不能阻却违法性，如果未履行义务的情形也只需要承担最重要义务未履行所造成的法益侵害后果，那么这在法律后果上与错误履行行为并无不同。但从法益保护结果看，错误履行的行为人至少履行了部分义务，实现了部分法益的保护，将他和完全未履行的行为人同等处理似乎并不妥当。对此，笔者认为，在错误履行义务和未履行义务的场合，行为人均不能够阻却违法性，这一点毫无疑问。因为行为人允许不履行部分义务的前提是基于行为人在急迫状态下的权利以及与该紧急权利相对应的社会其他主体的容忍义务。错误履行的情况由于不符合狭义比例原则，越过了相关主体容忍义务的边界，因此并不

---

① 王庆瑶. 论刑法中的义务冲突［D］. 石家庄：河北经贸大学，2020：22.

能正当化；未履行义务的行为人根本没有行使为拯救部分利益而不得已放弃部分利益的紧急权，因此也不可能被正当化。所以在违法阻却的效果上，两者一致。但是，如果没能选择正确的义务，而是履行了相对不重要的义务，即行为人的选择结果与义务权衡标准的结果不相符合，那么也不能排除违法性。当然，没有履行任何义务的行为人也只需要对最重要的义务未履行结果承担责任，这是因为义务冲突客观状态的限制，不能将所有的结果都归责于行为人本身。总之，在未履行任何义务的场合，行为人就只有一个义务不履行行为，因为他放弃了履行所有的义务，这种完全未履行的状态无疑是具有违法性的。但由于义务冲突状态的存在，较轻义务未履行的危害结果不应当归责于行为人。这种情况和错误履行情况还是存在区别的，在错误履行义务的场合，行为人所选择的义务已经履行完毕，可是法秩序期待行为人履行的义务并未完成，行为人履行行为无法阻却未履行行为的违法性，所以未履行部分的行为依然具有违法性，这一评价并未剥夺部分履行可能在责任层面或者量刑层面的作用。

最后，还有一种义务未履行情况是指行为人根本不可能履行任何义务，因此不得不放弃所有义务，或者尝试履行义务后失败。在这种情况下，由于义务相权行为缺位，义务冲突不成立。如果义务的履行在客观上确实超出了行为人的能力，那么行为人的履行可能因为欠缺期待可能性而不承担责任。

# 第五章

# 义务冲突的实践展开

对实际判例的关心，是舶来法制本土化的起点，也是建立自主法学的根基。包括义务冲突在内的绝大部分超法规正当化事由，在理论层面都将毫无意外地受到域外刑法理论的掣肘。当义务冲突的研究围绕"违法阻却"还是"责任阻却"展开时，这种德系理论特色早已显露无遗。在犯罪论体系逐步转型的大趋势下，义务冲突的理论研究具有重要意义，但是若没有本土案例的讨论奠基，义务冲突就只是刑法学者们自说自话的理论游戏。域外理论的引入并不难，难的是域外理论的必要性研究与本土化体系构建，这两者均取决于对我国实际案例的挖掘与再理解。本章旨在探寻义务冲突理论在我国刑事司法实践中适用的可能性。

## 第一节　义务冲突在生命冲突领域的适用

### 一、救助生命义务冲突的界定

众所周知，生命冲突案件几乎占据了义务冲突情形的全部比重，所以对生命冲突案件的研究是义务冲突理论无法回避的难题。正如前文所澄清的那样，并非所有涉及生命法益的紧急状态都属于救助生命的义务冲突。

有一种生命冲突情形，行为人为了保全自己的生命，不得不违反普遍的对世义务，以积极的行为伤害他人或者牺牲原本处在危险状态之外的其他人的生命。在这类生命冲突中，行为人的行为目的和救助目标都十分明确，但是它本质上不存在对自己的生命进行救助的作为义务，这种救助自己的行为只有在康德的义务体系下可能被解释为一种对自己的完全义务，但是在现代义务概念下很难成立。因此，此处只有一个不伤害他人的不作为义务，难以成立义务冲突状态，只是一种涉及生命法益的冲突情境，可以根据紧急避险的原理出罪。

上述冲突属于广义的"生命对抗生命"的紧急避险情形，在我国也有真实案例：2002 年 5 月 3 日下午，张某和王某结伴去公园游玩。当时已临近下班时间，因此公园的管理人员均已提前离岗。张某和王某想要去丽水湖游玩，便私自解开一游船入湖游玩。不料该船年久失修，至湖心时溢水下沉，两人同时落水。王某抓住了船上唯一的救生圈，张某向其游去，也抓住救生圈。由于救生圈太小，无法承受两人的重量，两人不断下沉。此时，张某将王某一把拽开，独自趴在救生圈上向岸边游去，得以生还，王某则溺水而亡。① 在该案中，虽然张某和王某均处在危险之中，但实际上不存在作为义务和作为义务的冲突，而只有救助自己生命法益的迫切要求和行为可能导致他人丧失生命的冲突。类似的案例还有德国的登山绳索案（Bergsteigerfall），即两人悬挂于同一绳索上，一高一低在悬崖下挣扎。但是悬崖上拉着绳索的救助者根本无法承受两人的重量，若继续僵持，则救助者会因为体力不支而导致下面的两个人都坠崖丧生。此时，位于上端的坠崖者割断绳索实现自救，但位于绳索下端的人因此丧生。② 英国的木犀草号案也是同样的道理。

在另一种生命冲突情形中，行为人是旁观者，他不是为了救助自己的生命而实施相应的行为，而是为了救助其他人的生命，却以牺牲本没有陷入危险的无辜者的生命来实现救助目的。最为典型的案例就是电车难题的初级模

---

① 唐明. 该行为是否构成犯罪 [N]. 人民法院报，2004-6-14（3）.

② Kleifisch, Die nationalsozialistische Euthanasie im Blickfeld der Rechtsprechung und Rechtslehre, MDR 1950, S. 260.

型：作为一个轨道安全员或者一个能够改变电车方向的人，扭转电车方向会撞死一个无辜的人，但是保持电车继续前行就会撞死主轨道上的五个人。① 与之类似的案件是费城的梅普斯医生摘取器官的案件：高速公路发生交通事故后，共有六名伤员被送到医院，经梅普斯医生做出诊断，其中两名需要肾脏移植，一名需要心脏移植，一名需要肝移植，一名需要肺移植。而第六名伤员没有明显伤情，梅普斯医生随即摘取了第六名病人所有器官，移植给前五名病人，挽救了他们的生命，但第六名病人因此身亡。② 这类生命冲突案例的特点是，行为人最终实现了"以多换少"的基本结果。对于这些案件，学界的研究非常丰富，康德所主张的"人非手段而是目的"胜过了边沁的"多数人最大幸福"，因此通说否认这类行为的正当性，行为人没有权利"扮演上帝角色"剥夺一个原本没有陷入危险的无辜者的生命。③ 但是，这类生命冲突也不符合义务冲突的客观状态。这是因为，作为一个旁观者，铁道安全员或许有救助主轨道人员或者电车乘客的义务，却没有另一个作为义务与之冲突，伤害无辜者的行为违反了不作为义务。同理，摘取器官的梅普斯医生确实有义务救助五名需要器官移植的病人，但在时间允许的状态下，这五名病人所需要的器官其实并不相同，相互之间并不存在冲突，本质上医生违反的是"不得杀人"的义务。综上，这些生命冲突情形都并不符合义务冲突状态的客观构成。

真正符合义务冲突构成的生命冲突，需要行为人对多个陷入危险的对象均要承担救助义务，但救助行为并不以转嫁危险的形式或者违反不作为义务的形式出现，而只是对部分生命放弃救助。例如，"母亲与女友同时落水应

---

① Thomson，"The Trolley Problem"，The Yale Law Journal，94（6），1397（1985）.

② ［美］托马斯·卡斯卡特. 电车难题［M］. 朱沉之，译. 北京：北京大学出版社，2014：19-41.

③ 不过，这里的行为人也依然具有紧急权，这种紧急权可能存在于行为人为了救助与自己有密切关系者的生命，不得已实施违法行为。例如，《德国刑法典》第35条规定了免除责任的紧急避险，即承认当自己、近亲属或者其他关系亲密者的法益受到重大威胁时，这种救助行为可能可以免除行为人的责任，但不具有正当性。

当先救谁?"的拷问就属于这类生命冲突。再如，医疗资源不足时医生选择救治病人的情形，这种情形在疫情暴发期间尤为常见。医疗机构与医生有义务向疫情感染者提供医疗救助，但是疫情传播速度与病情严重程度导致大量增加的患者数量与现有医疗资源严重不匹配。在这种特殊状态下，医疗机构的救治策略就关系到在各个病人之间做出取舍和选择的生命冲突。① 再如，德国对电车难题的一种变形，也符合救助生命的义务冲突情形：一名铁路看守员在巡视中发现铁轨上有一铁块，他本可以在火车来之前将其搬走，但此时他听到附近池塘传来自己孩子溺水的呼救声。② 他既有救助火车及车内乘客的义务，也有救助自己孩子的义务，这两个义务均是救助对象具体的作为义务。

根据上述分析，广义的生命冲突，不仅包括义务冲突状态，也包括紧急避险情形、自救情形等。所以，在解决生命冲突难题时，首先应当区分生命冲突究竟属于哪类情况。如果符合义务冲突状态的构成，则以义务冲突的认定逻辑与衡量标准来判断行为人的行为是不是正确的义务选择，是否最终排除违法性。

传统主张并不注重生命冲突问题的具体划分，所以在紧急避险研究中涉及的案例，也同样在义务冲突理论中加以讨论。这样一来，义务冲突事由和紧急避险事由就会混淆，而义务衡量规则和紧急避险中的利益衡量要求并不相同，因此在解决具体的生命冲突难题时就会产生矛盾。明确界定救助生命的义务冲突状态，应当遵循义务冲突客观状态的基本构成要件。除此之外，行为人应当处在各个义务对象之外，因为在目前的义务概念下还是很难成立对自己生命救助的义务，而且，义务衡量规则的纵向构建就无法形成。有鉴于此，下文将依据本书所限定的义务冲突范围和义务衡量标准，对经典的生

---

① 常健，王雪. 疫情下生命权保障的冲突及其解决路径［J］. 南开学报（哲学社会科学版），2020（4）：3.

② Jansen, Pflichtenkollision im Strafrecht, 1930, S. 17; Henkel, Der Notstand nach gegenwärtigem und künftigem Recht, 1932, S. 97.

命冲突案例进行分析。

## 二、母亲和女友落水案

关于"母亲与女友同时落水应当先救谁?"这一拷问,也是刑法理论对义务冲突进行探讨时的经典问题。这一经典假想案例看似只是生活的玩笑,但也反映出我国刑法学者对义务冲突的几个重要立场:第一,如果救助母亲的义务是具有法律依据的法定义务,救助女友的义务是一种纯粹的道德义务,那么这反而证明,我国刑法理论对义务冲突客观状态的认定,承认道德义务。第二,按照我国刑法理论的通说主张,成年子女对父母需要承担法律层面的救助义务,而对女友则至多只有道德层面的义务,因此优先救助女友的行为并不符合义务冲突的正确选择,应当以故意杀人罪(不作为)论处。① 可见,救助母亲的义务优先于救助女友义务的观点,说明我国学者亦承认法益并非判断义务位阶的唯一要素,否则在这类案件中,选择任意一人进行救助都应当排除违法性。这种观点表明在义务衡量过程中,法益比较不具有决定性。第三,在义务衡量中,主流观点认为法律义务优先于道德义务才是正当的。

基于上述观点,笔者就母亲和女友同时落水的结果提出以下疑问:

第一,父母与成年子女之间确实互相承担法律层面的救助义务吗?这个问题学界还没有完全达成共识。因为民法中关于家庭成员之间的赡养扶助义务,就只是子女对父母经济上的供养、生活上的照料以及精神上的慰藉义务,这种义务是否包括生命上的危难救助义务,还存在疑问。有学者指出,那些将生命等价上的"危难救助"视为子女对父母的法定义务,实际上是一个在不作为犯的作为义务问题上想当然的刑法认识误区。② 如果这一法律义务在理论上无法成立,那么行为人的两个义务都会变成道德层面的义务,此

---

① 车浩. 先救女友而未救母亲是否构成犯罪 [N]. 检察日报, 2016-2-24 (003).
② 石经海, 周鑫. 无危难救助法定义务, 不构成犯罪 [N]. 检察日报, 2016-2-24 (03).

时救助女友也可能成立义务冲突。

第二，倘若实质的义务观点能够证明成年子女对父母家人需要承担法律上的救助义务，那么这种基于共同生活的信赖或支配理论，在现代社会的意义和价值就需要进一步反思。试想，如果成年子女和父母确实不存在共同生活的情形，那么主张先行救助女友的行为具有不法性的理由，就是用血缘优势论证救助父母的义务具有优先性。问题是，基于共同生活的信赖与支配观点也可以证明对女友的救助义务。因此，在这两个救助义务之间，既不可轻易主张救助父母一定是法定救助义务，也不可轻易断定救助女友只是道德义务。

第三，如果承认对家庭成员的救助义务是基于民事法律的相关规定确认的一种法定义务，那么法律义务必然优先于道德义务的结论，是否完全正确？可能绝大多数学者认为，法律义务优先于道德义务。但是，笔者认为，刑法所规定的是最基本的道德义务，刑法惩罚的是违反道德底线的行为。将救助母亲视作一种较低的道德义务实现，那么救助女友可能就是更为高尚的道德援助。按照通说主张，法秩序不允许行为人在紧急状态下履行更高尚的义务，甚至要将此类行为认定为"违法"。诚然，"法律的精髓不是鼓励善而是禁止恶"①，可是，在急迫状态下择一救助生命的行为，只因为还未达成全部共识的义务性质区别，而将不救助母亲的行为认定为"恶"，也并不妥当。

基于上述理由，笔者认为，"母亲和女友落水先救谁"的案件首先符合义务冲突的客观状态。这是一种典型冲突情形：行为人作为旁观者，对两个需要救助的义务对象进行救助的义务冲突情形，而当行为人履行其中一个义务时，不得不放弃另一个义务。问题的关键在于，如何衡量救助母亲的义务和救助女友的义务。对此，传统主张仅仅以法定救助义务优先于道德救助义务，认为只有救助母亲的行为才能够排除违法性。但仅仅凭借道德义务还是法律义务，就断定法律义务的优先级别更高，这一点十分可疑。

---

① 邓子滨. 法律的精髓不是鼓励善而是禁止恶 [N]. 南方周末，2011-9-1（F29）.

在部分冲突情形中，道德义务的履行也可能阻却法律义务未履行而造成的法益侵害行为的违法性。或许有反对观点认为，纯粹的道德义务并不会受到法律上的约束，更加不可能引起刑法的任何反应，即使不履行也不会被追究后果；但是法律义务则不同，不履行法律义务造成法益侵害后果就必须承担相应的责任。本书认为，这种仅凭借义务不履行会遭受的后果来判断义务轻重的观点，实际上经不起推敲。因为在既有的出罪事由中，行为人的行为大多都表现为对法益的侵害，同时也符合犯罪的构成要件。可是，这些行为依然能够因为某些特定的原因被排除违法性。比如，正当防卫中的防卫行为、紧急避险中的避险行为，在形式上都满足犯罪的构成要件，且结果上也对部分法益造成了侵害，甚至是一种违反（不作为）义务的行为，这一点在性质上与义务冲突时未履行法律义务并无不同。而防卫行为完全可能是出于道义，而并不是基于法律规范层面的救助责任；紧急避险中的避险人也未必是出于法律层面关系而保护某个更为重要的法益。在正当防卫和紧急避险的情形中，行为人可能因为实现道义上的目的而被排除违法性，那么随意否定义务冲突状态中道德义务的实现可能优先于法律义务，又是基于何种理由？

据此，合理的结论应当是：在横向的义务衡量中，道德义务所保护的利益价值如果明显超过法律义务所保护的利益价值，那么就应当允许道德义务的履行排除法律义务未履行的违法性。回到母亲和女友同时落水的案例中，两者在横向利益比较上是等价的，母亲的生命法益和女友的生命法益价值等同。关键是，在纵向关系上，行为人与母亲的亲密关系，能够为救助母亲的义务加码吗？在本案中，先排除行为人有责引起义务冲突状态的情形，单纯评价行为人偶然陷入这种义务冲突状态中，此时，行为人拥有急迫状态下的紧急权利，拥有基于保护部分法益而不得不牺牲部分法益的行为权利。此时需要考察，法律层面的约束是否会造成任意义务对象在容忍义务上的变化。换言之，基于民法典的相关规定或者行为人与母亲在法律上的关系问题，母亲的容忍义务是否和女友的容忍义务不同。对此，本书认为并无不同，因为影响紧急权限与容忍义务变化的因素，在于造成冲突的责任。假如行为人完全在偶然情形下陷入此类冲突状态，那么母亲的需保护性和女友的需保护性是一样的，并没有任何一方因为任何理由而被降低。与之相应的是，母亲和女友在生命法益已经遭遇威胁的情况下，其容忍限度都不得不扩张到接受最坏的法益损害后果。原因是，行为人不需要对两人的溺水情况承担原因上的责任，即溺水是个意外事件。此时，行为人因为救助任意生命主体而不得不放弃履行另一个救助义务，实际上是无法阻止另一主体的生命法益在原本的危险中继续遭遇侵害，因此择一履行的行为都不具有违法性。

综上所述，救助母亲的义务和救助女友的义务在横向衡量上并无区别，在纵向衡量上也没有任何一方的需保护性因为自己的行为或者行为人的行为而不当减少。当行为人对该义务冲突的产生没有责任时，应当认为，无论是救助母亲还是救助女友，都不具有违法性。

### 三、未成年儿童落水案

类似的生命冲突案例还有儿童落水案，主要有以下几种情形：

第一类儿童落水案，是比较典型的义务冲突状态。例如，行为人的双胞胎儿子在水中遇险，作为父亲，他来不及同时救助两人，从而陷入义务冲突。① 这类冲突状态在现实生活中十分罕见，通常只是教学上常用的假想案例。为了将这种假象的义务冲突状态极限化，人为地将落水孩子的身份、年龄以及各方面都统一，从而突出义务价值难以区分。正因为是假想案例，这类义务冲突反而比较好认定，父亲在此紧迫状态下任意救助一个孩子的行为都应当被正当化。

第二类儿童落水案，是行为人自己的孩子与别人的孩子同时落水的义务冲突状态。例如，2012年5月5日，廖某驾驶面包车载着自己的儿子小乐和邻居家小孩小童出游，不料经过水库时车轮打滑，三人连车一同冲进了水

---

① Hirsch, Die Stellung von Rechtfertigung und Entschuldigung im Verbrechenssystem aus deutscher Sicht, in: Eser/Perron (Hrsg.), Rechtfertigung und Entschuldigung, Band III, 1991, S. 27.

库，廖某抓住了距离自己比较近的小童从车窗游出，但最终未能救出自己的儿子小乐。① 再如，湖南长沙县黄花镇村民肖某，在自己的女儿和邻居的女儿同时落水时，基于自己对出事水域的熟悉度以及对现场情况的准确判断，肖某先救了快到深水区的邻居家孩子，虽然最终自己的孩子也获得了救助，但引发了道德争议。② 这一类义务冲突案件在义务的认定上和母亲与女友同时落水案基本相同，父亲作为监护人，在法律上承担对未成年孩子的救助义务，而对邻居孩子的救助义务，可能是基于先行行为产生的保证人义务（廖某），也可能是纯粹道德义务（肖某）。

上述两个案件，在义务的横向利益比较上亦是等同的，即体现为生命法益和生命法益的冲突，且在危险程度上也基本一致。有区别的是行为人与各个义务对象的关系。在第一个案件中，廖某对自己的儿子和邻居孩子小童均承担保证人义务，由于意外而造成三人落水的冲突状态虽然是由廖某所引起的义务冲突情形，但是这种意外并非法律层面有责造成义务冲突的情形，属于意外情形，因此廖某并未丧失紧急权。从理论上讲，廖某在本案中对两人的保证人义务也相同，尤其是对小童的救助义务基于他携带游玩的前行为产生，决定了廖某应当对小童的生命安全承担责任。因此，廖某在紧迫状态下救助任何一人的行为都不具有违法性。

但在第二个案例中，行为人肖某对邻居家孩子的救助义务并没有上一种情形中的先行行为作为基础，所以对邻居孩子的救助只是一种纯粹的道德义务。据此，第二种落水情形是道德义务和法律义务的冲突。根据本书的观点，在生命冲突情形中，法律义务并不代表当然的优先性，道德义务的履行也可能阻却法律义务未履行的违法性。除此之外，义务冲突的违法阻却依据是行为人权利说，因此义务衡量应当遵循行为人本位的衡量理念。所以，肖

---

① 卞一夫，叶梦婷. 带着两个孩子的面包车掉进水里，老廖拉出邻居女儿，一回头儿子不见了［N］. 钱江晚报，2012-5-7（002）.
② 赵勇. 别给"先救邻居家孩子"设道德陷阱［N］. 华西都市报，2012-11-7（008）.

某在进行义务选择时有自己的特殊考虑，这种考虑并不是故意不救助自己孩子，而是根据自己对水域的熟悉和判断：邻居孩子处在深水区，危险性更高；而行为人基于对自己孩子的水性了解，认为先救助邻居孩子的情况下，两个孩子都能得救，而若先行救助自己的孩子，邻居的孩子得救的可能性更小。但是，假设行为人不顾这些因素，先行救助自己的孩子，而放弃救助在深水区的邻居孩子，导致邻居孩子溺亡，也应当排除这种行为的违法性。这是因为，行为人在此冲突状态中并不承担引起责任，其针对邻居孩子行使紧急权，放弃救助原本已经陷入危险的生命法益，依然未超出权利范围，而义务对象也必须承担自己在意外溺水后得不到救助的结果。①

第三类儿童落水案是电车案的变体：一名铁路看守员在巡视中发现铁轨上有一铁块，他本可以在火车到来之前将其搬走，但他隐约听到附近池塘传来自己孩子溺水的呼救声②，最终他选择先行离开去救助自己的孩子。在这种情况中，救助自己孩子的义务和救助列车乘客的义务相互冲突，且在该案中都体现为作为义务，即救助自己的孩子以及搬走铁块保障列车及乘客安全的义务。有学者认为，从法秩序的视角看，履行工作上的义务将铁块搬走无疑是更加具有"意义"的选择，因为列车在该铁块的影响下肯定会脱轨，并导致大量人员伤亡；从"更高的"道德视角看，不顾列车的脱轨风险而去救助自己的孩子的行为，也难以获得认同。相反，因为他履行一个做父亲的义务而惩罚他，也是荒谬的。③ 无论是作为一个铁路安全员履行工作义务，还是作为一个父亲履行保护孩子的义务，其所对应的生命法益冲突，可能存在数量上的区别，但并不能因为救助的人更多、行为更高尚就认定某一义务

---

① 按照德国刑法理论的理解，第二种情形是保证人义务（救助自己的孩子）和团结义务（救助邻居孩子）的冲突，基于保证人义务优先于团结义务的基本原则，行为人必须先行救助自己的孩子，否则若因为救助邻居孩子而导致自己孩子死亡，则构成不作为杀人，行为具有违法性。

② Jansen, Pflichtenkollision im Strafrecht, 1930, S. 17; Henkel, Der Notstand nach gegenwärtigem und künftigem Recht, 1932, S. 97.

③ Jansen, Pflichtenkollision im Strafrecht, 1930, S. 17f.

具有优先性。因此，在此类案件中，笔者认为行为人履行任意义务均不具有
违法性。

### 四、呼吸机案

呼吸机案也属于经典的义务冲突案例，即医疗资源（呼吸机）不足时，
医生不得不选择救治部分病人而放弃救治部分病人的情形。这种情形在新冠
疫情暴发期间尤为明显。医疗机构与医生有义务向疫情感染者提供医疗救
助，但是疫情传播速度与病情严重程度，导致不断攀升的患者数量与现有医
疗资源严重不匹配。在这种特殊状态下，医疗机构的救治策略就关系到在各
个病人之间做出取舍和选择的生命冲突。①

一般而言，经典的呼吸机案是指多个危重病人同时抵达医院时，都需要
插上呼吸机才能够延续生命，但是医院只有一台可使用的呼吸机了，此时医
生陷入救助义务的冲突。这类呼吸机案可以被称为事前分诊（Ex-ante-
Triage）的义务冲突，也就是新冠疫情时期德国医疗实践的分流做法，以缓
解因重症医疗资源不足（尤其是呼吸机设备不足）带来的问题。在这种情况
下，由于病人都尚未接上呼吸机或者还没有使用重症医疗资源，对于医生而
言，在纵向利益关系上都是相同的。因此，这类义务冲突主要比较的是病人
与病人之间的横向利益。在这一比较中，核心的法益是生命，因此不允许根
据性别、年龄、社会地位等因素来决定谁更应当被救治。按照德国刑法学界
的观点，此处唯有考虑病情危险程度，也就是指谁更具有接受救治的紧迫
性。② 还有学者提出，忽视年龄差异是一种过失的教条，必须考虑病人的寿
命来进行救助选择，否则就会导致明显不公，毕竟"在治疗几率等同的情况
下，让一个九十岁的老人获得最后一台呼吸机而让五岁的孩子因此死去，谁

---

① 常健，王雪. 疫情下生命权保障的冲突及其解决路径［J］. 南开学报（哲学社会科
学版），2020（4）：3.
② Engländer/T. Zimmermann，"Rettungstötungen" in der Corona-Krise?，Die Covid-19-
Pandemie und die Zuteilung von Ressourcen in der Notfall- und Intensivmedizin，NJW
2020，S. 1398ff.

不会觉得不公平呢?"①。当然，这种观点很难获得广泛认同，因为这挑战了
生命价值的特殊性。除此之外，还有衡量方案指出，医生选择救助的目标应
当尽可能地实现死亡数量最小化，这样一来病人的治愈成功率将成为选择时
的重要标准。②

笔者认为，上述横向衡量的标准在此类具有特殊性的医疗案件中都不合
理，不仅忽视了生命价值的至高无上性，而且也违背了义务衡量的基本理念
和基本规则。在事前诊断中，如果等待救助的病人显示出同样程度的医疗紧
急性，那么就应当赋予医生进行判断和选择的权利，此时考虑病人的寿命、
文化程度、社会地位等因素都不具有正当性。由于医疗过程中的紧急特征以
及选择救助当时的时空特征，在面临疫情这样的特殊情况下，应当赋予医生
更广泛的权利。尤其是在医疗实践中，不可能出现各个病人在各项生命指标
上完全等同或者在危险程度上完全一致的情况。此时，对于该如何救助病人
以及救助哪一个病人，选择权应尽可能地下放给主治医生。如果医生在选择
救助时确实违背了基本的衡量要求而按照自己的意愿决定先行救助哪一位病
人，这种不法或许也只能停留在动机层面，而在医疗实务中，很难论证医生
的选择救助具备行为不法或者结果不法。③

另一种呼吸机案与上述情况有所不同，即已经有病人甲正在接受重症监
护治疗并已经接上了唯一的呼吸机，此时另一名病人乙抵达医院，他也必须
接上呼吸机才能够维系生命。④ 此时，医生是否还有选择救助的权利？ 这类

---

① Hoven, Die "Triage" – Situation als Herausforderung für die Strafrechtswissenschaft, JZ
　2020, S. 451ff.

② 德国重症监护与急诊医学联合会在 2020 年 4 月 17 日发布的《关于在 COVID19 疫情
　下分配重症监护资源的决定》中指出，临床成功率作为选择病患的唯一标准，这一
　决定意味着这种成功率要优先于医疗层面的病患症状的紧迫性。可以参见 Entschei-
　dungen über Zuteilung von intensivmedizinischen Ressource im Kontext der COVID – 19 –
　Pandemie v. 17. 4. 2020.

③ Engländer, Die Pflichtenkollision bei der Ex – ante – Triage, in: Hörnle/Huster/Poscher
　(Hrsg.) Triage in der Pandemie, 2021, S. 148.

④ Satzger, Die rechtfertigende Pflichtenkollision, JURA 2010, S. 756.

呼吸机案是一种事后的分诊治疗模式。针对这类呼吸机案，主要有两种不同的解决路径：其一，如果将医生拔掉甲的呼吸机的行为认定为一种积极的作为，那么此处就是一个作为义务和一个不作为义务的冲突，义务冲突状态并不符合要求。不过，只要医生所保护的法益超越了甲的法益，则此处可以考虑适用紧急避险的相关规定。但问题在于，病人甲没有呼吸机也会因此丧失生命，此处甲的利益和乙的利益衡量结果应当是等同的，所以很难在传统紧急避险事由下成立正当性。而且，在这种不作为义务和作为义务的冲突状态中，不作为义务具有当然的优先性，所以应当保障已经接上呼吸机的患者甲继续使用呼吸机，才是正当的。① 其二，也有观点认为，拔掉甲的呼吸机的行为并不是一种作为，而是一种不作为②，即不继续履行救助甲的义务。那么此时，医生就陷入了作为义务（继续救助甲）和作为义务（救助乙）的冲突中，义务冲突状态似乎又能够成立了。但与第一种呼吸机情形不同的是，此时已经有患者正在接受治疗。假设甲和乙在需要进行治疗的危险程度上是一致的，那么在这种情况下就需要引入纵向衡量。只有当医生的紧急权无论是针对甲还是针对乙均等同时，才能认定各个义务在纵向上的关系也是相同的，没有增加任何优先性要素。显然，甲已经在使用呼吸机了，他的生命状态也因为呼吸机得以延续；乙并没有使用呼吸机，按照正常的病情发展，乙很有可能因为得不到及时救助而死亡。这似乎表明乙的生命状态和甲相比，正在遭遇更大的危险。但这对医生而言，并不意味着乙比甲更需要救助和保护，反而因为改变甲的现状需要更强的理由和根据，针对乙的权利行使似乎变得更加容易。相反，如果紧急权针对甲来行使，即牺牲甲的利益，等于是破坏了甲原本的权利和法益救助的稳定状态，这需要更大或者更为特殊的正当理由来论证这种紧急权权限，因为这是保障法秩序和平的前提要求。③

不过，笔者认为，医生在此类冲突中依然具有选择的空间，即假如确实

---

① Lindner, Die "Triage" im Lichte der Drittwirkung der Grundrechte, MedR 2020, S. 723f.

② Wessels/Hettinger/Engländer, Strafrecht BT 1, 44. Aufl. , 2020, Rn. 147.

③ Rönnau, in: LK-StGB, Vor § 32, Rn. 123.

有更为特殊的理由来拔掉甲的呼吸机为乙接上，那么医生的行为依然具有正当化的可能。只不过此时，援引紧急避险处理更为恰当，因为医生对甲的法益侵害已经不只是放弃面临危险的法益那么简单，而是将本来正常治疗情况下几乎没有危害风险的法益再一次暴露在危险中。因此，除非符合比例原则，乙需要救助的程度远超过甲，行为人可以依据紧急避险阻却违法性。义务冲突在此类呼吸机案件中适用匹配度有限。

综上所述，作为一种疫情期间频繁发生的医疗实践情况，呼吸机案件未必都能适用义务冲突理论来解决。在事前分诊情形下，因医疗资源不足而产生呼吸机使用冲突符合义务冲突的状态，此时医生可以根据基本的衡量规则进行救助选择，鉴于医疗过程的专业性和特殊性，应当允许其根据基本的医疗常识或专业判断对救助义务进行选择。但在事后分诊情形下，呼吸机案应当适用紧急避险的基本规则来处理。因为拔掉正在使用的呼吸机来救助新的病人往往需要更大的紧急权限，除非在横向的利益衡量上有明显的优劣之分，否则这类行为的正当性很难成立。

生命冲突案例虽然是义务冲突研究中的典型情况，但是并不是所有的生命冲突情形都是义务冲突状态。广义的生命冲突意味着行为人所面临的困境是一种"生命对抗生命"的紧急状态，可能涉及自己的生命对抗他人的生命，也可能涉及多个生命对抗一个生命的情形。然而，义务冲突范畴下的生命冲突案件应当符合义务冲突状态的客观构成，即作为义务和作为义务的冲突，具体来说就是救助生命和救助生命的冲突。因此，大部分符合对生命的紧急避险情形的案例都应当与义务冲突案件进行区分，因为两者在客观构成上的区别影响了权衡标准，不应当混淆。

大部分救助生命的义务冲突案例都只是学界用于学术研究和讨论的理想模型，行为人作为一个旁观者和义务承担者，不得随意向无辜的第三人转移威胁到他人生命的危险状态，因为不存在直接让渡生命法益的团结义务。但不同的是，如果是对已经陷入危险的生命法益进行救助，那么因为紧急权的行使而不得不被放弃救助的主体，他承担丧失生命的结果，一般不能算是超出了容忍限度。

在救助生命的义务冲突中，法律义务并不必然优先于道德义务，一是因为道德义务和法律义务在面临横向利益悬殊的情况下依然有可能倾斜；二是因为道德义务和法律义务的比较，在极为特殊的生命法益面前应当给予行为人最大的法秩序宽容度。据此，在生命对抗生命的义务冲突中，如果纵向比较和横向比较都趋于认定各个义务在位阶价值上难以区分高低，就应当认为行为人履行任意义务的行为具有正当性，不论行为人履行的是道德义务还是法律义务。

基于行为人本位的义务衡量理念，不排除行为人在进行义务选择和义务比较时加入自己的专业判断和特殊认知，以使得更多的义务得以履行、更多的生命法益获得保障。因此，医生在重症监护医疗情形中对患者病情的判断，在分诊过程中选择病人使用数量有限的呼吸机时，应当给予他们更大的选择权空间。法秩序的介入无法真正进入每一个临床病例来一一判断医生的每次选择是否都是正当的，这不仅不利于法益保护目的的实现，也会让专业工作受到僵化衡量规则的限制而难以推进。因此，义务冲突理论的适用，在不违背基本原则的前提下，应当为特殊情形与特殊领域的义务履行留有更大的选择权限。

## 第二节　义务冲突在其他情形中的适用可能

在传统的刑法教科书中，义务冲突理论的适用均以假想的生命冲突案例为主，本节以现实发生的案例为样本，探索义务冲突领域在真实案例中的适用可能。这些案例并不是指我国司法实践业已适用了义务冲突论证行为的正当性，而是它们在客观状态上呈现出义务冲突状态的特征，如果在此基础上进行义务冲突事由的判断，可能得出不同的裁判结论。讨论义务冲突在其他情形的适用可能，目的是打破传统的义务冲突适用思维，倡导区分义务冲突状态和义务相权行为,打开义务冲突在司法实践中的讨论可能性,这是义务冲突理论本土化构建的一种尝试。

**一、交通事故中的义务冲突**

案情介绍:2004 年 9 月 30 日下午,被告人施某的伯父因消化道大出血住进了解放军某部队卫生队,由于伯父急需输血救命,偏偏卫生队缺少合适的血液,施某决定开车载着卫生队的检疫员前往泉州中心血站取血。回程途中,在福建省晋江市永和马坪路段,施某驾驶的面包车将一辆摩托车撞倒,被害人林某和其儿子庄某倒地昏迷不醒。发生交通事故后,施某并没有停车,反而加速离开了现场。施某在金井镇的镇标处让检疫员下车,等自己的堂弟来接他送血到卫生队,自己前往金井公安分局自首。2005 年 3 月,晋江市人民法院判处被告人施某犯交通肇事罪,判处有期徒刑一年;同年 4 月,泉州市中级人民法院做出终审判决,维持一审判决,判处施某有期徒刑一年,并宣告缓刑一年,赔偿事故受害者 31 万元。①

这是一个生命冲突案件,并且符合义务冲突状态的客观构成,如果被告人施某的行为符合义务衡量标准,那么就成立刑法中的义务冲突事由,被告人就不需要承担刑事责任。在被告人所陷入的义务冲突状态中,一方面是救助亲密关系人的义务,施某若不及时送血到医院,其伯父很有可能因得不到及时救助而失去生命。另一方面是行为人驾驶的机动车发生了交通事故,这一违反道路交通规则的先行行为也就导致施某需要承担救助伤者的义务。②至此,行为人自交通事故发生时便陷入义务冲突状态:倘若行为人停车救助伤者或者等待交警前来处理,医院的大伯很可能因得不到合适血液而错失救助机会;如果行为人先给医院的大伯送血,那么被他撞倒的两名受害者则会因为得不到及时救助而死亡。需要注意的是,这也是一个由行为人所引起的

---

① 他在"逃逸"后自首[DB/OL].央视网[2021-3-10].http://www.cctv.com/program/fzsj/20070427/103821.shtml.

② 按照法院的判决,行为人必定违反交规驾驶机动车,否则不可能成立交通肇事罪。

义务冲突状态，后一个救助义务是行为人违反注意义务的过失行为所引起的。按照上文对"自陷的义务冲突"的介绍与论证，即使行为人对义务冲突状态的产生负有一定的责任，但是义务冲突状态的客观性决定了义务冲突状态一经产生，就是现实存在的，不以人的意志为转移。而且此处考察的义务冲突问题是就交通事故发生后而言的，即便义务冲突确实成立，也难以溯及义务冲突产生之前的过失行为。此外，本案行为人只是部分义务因过失行为产生，而前一个救助义务并不是由于行为人的故意或过失行为所引起的，因此按照本书的观点，此处行为人的紧急权并没有丧失。

肯定义务冲突状态的成立之后，就要对义务的选择和衡量进行判断。换言之，此处为大伯送血的义务和救助被自己撞倒的伤患的义务孰轻孰重。在这一问题上，简单的法益衡量依然无法合理说明这一问题。因为冲突的这两个义务都是基于救助生命利益的义务，囿于生命价值不可依据数量或者质量进行衡量，行为人任意选择救助的行为是否能成立义务冲突？有观点认为，义务冲突的适用要排除所有"自陷的义务冲突"情形，而本案义务冲突状态的产生是由行为人所引起的，因此本案自始都不能适用义务冲突排除犯罪。对于这种观点的批判，上文已经详细论证，将"冲突的产生不可归责于行为人"认定为义务冲突的适用前提缺乏理论根据。

另一部分反对家庭成员之间具有相互救助义务的学者会认为，救助伤者的义务要优先于救助伯父的义务。因为行为人救助亲密关系者的义务，是一种道德义务，民法典中的互助并不等于要承担救助义务。在这种观点下，夫妻、父母或子女或其他共同居住的关系亲密者，确有生命危险，作为家庭成员就只有道德上的救助义务。但救助伤者的义务却是基于保证人地位而产生的法定义务，因此要优先于救助亲属的义务。这种理解也有问题，因为救助家庭成员的义务是道德义务还是法定义务尚未有定论。从国际趋势上看，基于民法典中的相互扶养论证刑法层面的救助义务，还是具有很大影响力的。赞成这种观点的学者就认为，"扶养"不仅包括一般生活中的互帮互助，而且还包括任何一方的生命处于危险状态时予以救助。① 被告人的大伯虽然不属于民法典中的"近亲属"，但很有可能是被告人共同生活的家庭成员，那么在此意义上，对大伯的救助义务依然可能在法律意义上成立。更为重要的是，本案不容忽略的一个特殊点在于，被告人施某是带着检疫员前往血站取血的，而取血与送血本应该属于医务工作者的职责范畴，并非所有人都有资格去血站取血。现实的情况很可能是，医院为了救助被告人的大伯，可血液库存不够，便派检疫员前往血站取血，而施某为了更快地救助自己的亲人，驾驶机动车并且载着检疫员前往血站取血。因此，本案被告人的救助义务或许并不只是救助家庭成员那么简单，这一义务来源于他自己接管了取血和送血这项本来应当由特定医务工作者去执行的义务。如果将被告人和检疫员理解为一个整体，那么施某及时送血的义务也是一种法定义务。因此，企图通过道德义务或者法定义务等判断本案中的义务轻重，也并不能完美地解决问题。笔者认为，既然行为人对医院中的伯父有救助义务，同时也对被自己所撞倒的伤者有救助义务，那么纵向上就是考察行为人基于紧急权所放弃的利益，对于受害者一方来说是否处在容忍义务的限度内。

在行为人与交通事故受害人之间，行为人的救助义务来源于《道路交通安全法》第七十条的规定，"在道路上发生交通事故，车辆驾驶人应当立即停车，保护现场；造成人身伤亡的，车辆驾驶人应将立即抢救受伤人员，并迅速报告执勤的交通警察或者公安机关交通管理部门。因抢救受伤人员变动现场的，应当标明位置。乘车人、过往车辆驾驶人、过往行人应当予以协助"。因此，在法律上，无论驾驶人员是否违反交通运输管理法规，都对发生交通事故后的受害人承担救助义务。在行为人与亲属之间，其救助义务来源于民法典的有关规定，同时考虑到本案行为人载着医务人员的特殊性，亦属于法定的义务。当横向利益性质等同且无法比较出孰高孰低时，就考虑行为人与两者的纵向关系，基于紧急状态放弃任何一项义务是否在被牺牲者的

---

① 赵秉志，肖中华. 不纯正不作为犯的认定 [N]. 人民法院报，2003-4-14（3）.

容忍义务之内。这一问题可以从以下两个方面进行分析：

其一，交通事故受害者因肇事司机不及时进行救助而死亡的这一结果，是否处在行为人紧急权所对应的容忍义务范围内？答案应当是否定的。虽然行为人依然具有紧急权，但是由于他违反注意义务的过失行为导致被害人的生命法益处在危险之中，则行为人所具备的紧急权限度就会有所限制，即狭义比例原则的约束将更为严格，除非行为人救助的其他法益明显优越于受害人的法益，如交通事故只是剐擦了受害人的车辆，或者受害人明显只有轻伤等。或者受害人的值得保护性降低，如由于其自己不遵守道路安全规则而导致了自己的生命陷入危险之中。如果不具备这些情形，则受害人因未获得及时救助而死亡的这一后果，并不能基于行为人履行其他义务的紧急权而归入容忍义务的范围内。

其二，被告人亲属如果因为检疫员送血不及时而未能得到救助，是否处在行为人紧急权所对应的容忍义务范围内？对此，倘若伯父因输血延迟而未能得到救助，只要医疗机构方面没有严重违反执业规范的行为或者重大过失，则属于正常医疗过程中的救助失败。行为人无论是作为病人的亲属而承担的救助义务，还是作为暂时的医疗工作者所承担的救助义务，因履行其他义务而未能及时救助该病人的行为，实际上相当于医疗资源不足情形下的义务冲突状态。换言之，在医院进行治疗的病人，本身已经处在生命或者身体法益损害的危险之中，医生尽到救助义务，即便无法挽回生命，亦是病人自我承担死亡后果。

因此，根据以上纵向利益衡量的分析，可以得出基本的结论，即救助事故受害者的义务要优越于救助在医院的病患的义务。所以，义务冲突状态产生后，行为人不救助事故受害者的行为不具有正当性。

虽然行为人的行为依然无法成立阻却违法的义务冲突事由，但是交通肇事后的义务冲突讨论，有助于解决有关逃逸行为的疑难问题。我国早已有学者指出，交通肇事后的逃逸行为既不成立结果加重犯或情节加重犯，也不成立转化犯，交通肇事行为和逃逸行为之间，并不成立牵连犯或吸收犯的余地，便应考虑成立犯罪复数。① 在这种理解下，判断交通事故中的义务冲突就变得十分有价值。首先，区分交通肇事行为和逃逸行为，并在此基础上分别评价这两个行为，便不会再受到主观状态不一致的困扰。通说认为，交通肇事罪是过失犯罪，但问题是，逃逸行为的主观状态很难强行解释为"过失"，因为司法解释要求逃逸是一种为了逃避法律责任的肇事后行为。假如将司法解释的理解强行和交通肇事行为相互融合，则会引发更多的理论矛盾。② 其次，在交通事故中的义务冲突，一般产生于交通肇事行为之后，因此义务冲突事由即使成立也只能阻却肇事行为之后违反义务行为的违法性，也就是逃逸行为的认定。所以，只要行为人的义务履行属于恰当的义务选择，则成立的义务冲突就具有阻却逃逸行为违法性的功能。最后，区分评价不仅没有违背重复评价，反而更为全面地考虑到逃逸行为的多种可能性，义务冲突理论的适用还能够为公正裁判打开新的视野。实践中，认定肇事司机主观上是"为逃避法律责任而逃离事故现场"，是有很大难度的，因为任何人都无法探知他人的真实想法，因此只能从结果上反推肇事司机的逃逸意图。但若存在义务冲突状态，则行为人主观考察就有迹可循，行为人的逃逸行为，或者为了救助病人而放弃其他义务履行的行为就具备某种出罪可能性。

## 二、清偿债务时的义务冲突

债务清偿问题中的义务冲突问题属于民刑交叉的法律问题，欠债还钱本

---

① 劳东燕．交通肇事逃逸的相关问题研究 ［J］．法学，2013（6）：5.

② 根据最高人民法院 2000 年 11 月 21 日正式实施的《关于审理交通肇事刑事案件具体应用法律若干问题的解释》第五条第二款规定："交通肇事后，单位主管人员、机动车辆所有人、承包人或者乘车者指示肇事人逃逸，致使被害人因得不到救助而死亡的，以交通肇事罪的共犯论处。"正是该条司法解释，让交通肇事罪、肇事逃逸的主观状态饱受争议。若将肇事逃逸行为理解为一种过失行为，则违背共同犯罪的基本原理。具体可参见：龚培华，肖中华．刑法疑难争议问题与司法对策 ［M］．北京：中国检察出版社，2002：257. 冯金银．交通肇事认定中的几个问题 ［J］．政法论坛，2004（4）．喻贵英．交通肇事罪中四种"逃逸"行为之认定 ［J］．法律科学，2005（1）．劳东燕．交通肇事逃逸的相关问题研究 ［J］．法学，2013（6）．

是民事法律关系，但是对于经人民法院裁判确认的债权债务关系，债权人可以申请强制执行，若被执行人可以执行，却拒不履行的，则可依照刑法第三百一十三条判处拒不执行判决、裁定罪。现实生活中，有这样一群债务人，他们需要向多个债权人清偿债务，但他们的财产不足以清偿全部债务。其中，有的债权人已经获得法院的生效判决，且申请了强制执行，但有的债权人并没有。

案情介绍：江苏省丹阳市人民法院于 2013 年 11 月 28 日做出民事判决，判决被告蒋某庆、胡某月夫妇向原告林某鹏返还借款 50000 元。① 后蒋某庆于 2014 年 1 月 26 日出售自己名下房产，并获得款项用于偿还他人债务、以他人名义投资经商以及用于个人生活花销等。案发后虽然履行了全部执行义务，最终法院依然认定被告人触犯我国刑法第三百一十三条第一款拒不执行判决、裁定罪，判处有期徒刑 6 个月，缓刑 1 年。②

这类情况并不是个案，比如东阳市人民法院于 2013 年 10 月 9 日做出民事判决，判令二被告李某俏、单某辉夫妇于判决生效后 10 日内返还宫某平借款本金人民币 300 万元及利息。③ 随后在 2014 年 1 月 7 日至 2014 年 2 月 7 日期间，二被告累计存款金额达 260 余万元，但是被用于偿还其他债务。法院判处二被告人拒不执行判决、裁定罪。④ 在陈某拒不执行判决、裁定案中，原因是归还案外其他债权人季某、姜某的借款。⑤ 在叶某拒不执行判决、裁定案中，被告人将店铺租金 584100 元用于个人消费和偿还其他民间债务，因而被判处拒不执行判决、裁定罪。⑥ 在王某锋拒不执行判决、裁定案中，被

---

① 参见（2013）丹民初字第 3538 号民事判决书。
② 最高法发布 6 起依法审理拒执刑事案例［DB/OL］．人民网［2021-3-11］．http：//legal．people．com．cn/n1/2016/1130/c42510-28913513．html．
③ 参见（2013）东商初字第 584 号民事判决书。
④ 参见浙江省东阳市人民法院刑事判决书（2014）东刑初字第 1554 号；浙江省金华市中级人民法院刑事裁定书（2016）浙 07 刑终 144 号。
⑤ 参见浙江省温州市龙湾区人民法院刑事判决书（2016）浙 0303 刑初 127 号；浙江省温州市中级人民法院刑事判决书（2016）浙 03 刑终 525 号。
⑥ 参见浙江省平阳县人民法院刑事判决书（2016）浙 032 刑初 742 号。

告人王某锋在未获得法院及申请执行人同意的情况下，擅自将房产以 350 万元卖给他人，所得款项被用于归还个人其他债务与开支，被判处拒不执行判决、裁定罪。①

按照目前的裁判逻辑，经法院生效判决确认的债权必须先行偿还，否则构成拒不执行判决、裁定罪。可是，经法院生效裁判确认的债权就具有当然的优先性吗？在笔者看来，本案的出罪路径至少有两个：其一，清偿其他合法到期债务的行为根据不符合"拒不执行"的构成要件要素，行为在构成要件层面就可以出罪；其二，选择清偿是行为人基于义务冲突做出的正确选择，可以根据义务冲突排除违法性。

清偿其他合法债务而怠慢执行的行为，不同于暴力抵抗执行，也有别于通过转移财产恶意逃避执行的情况。2002 年全国人民代表大会常务委员会《关于刑法第三百一十三条的解释》列举了五项"有能力执行而拒不执行，情节严重"② 的情况，其中最后一条为兜底条款。2015 年 7 月 6 日，最高人民法院《关于审理拒不执行判决、裁定刑事案件适用法律若干问题的解释》

---

① 最高人民法院发布人民法院依法惩处拒执罪典型案例［DB/OL］．中华人民共和国最高法院网［2021-3-11］．http：//www. court. gov. cn/zixun-xiangqing-15043. html.

② 《全国人民代表大会常务委员会关于〈中华人民共和国刑法〉第三百一十三条的解释》规定，下列情形属于刑法第三百一十三条规定的"有能力执行而拒不执行，情节严重"的情形："（一）被执行人隐藏、转移、故意毁损财产或者无偿转让财产、以明显不合理的低价转让财产，致使判决、裁定无法执行的；（二）担保人或者被执行人隐藏、转移、故意毁损或者转让已向人民法院提供担保的财产，致使判决、裁定无法执行的；（三）协助执行义务人接到人民法院协助执行通知书后，拒不协助执行，致使判决、裁定无法执行的；（四）被执行人、担保人、协助执行义务人与国家机关工作人员通谋，利用国家机关工作人员的职权妨害执行，致使判决、裁定无法执行的；（五）其他有能力执行而拒不执行，情节严重的情形。"

进一步规定了八项。① 但是，清偿合法债务的行为明显与立法解释、司法解释所列举的情况不匹配。秉承严格文义解释的立场，"拒"是指具有"公然性""暴力性"的行为，仅限于行为人以暴力、威胁或者其他方法公然抵抗执行的行为。1997 年刑法将该罪罪状改为"有能力执行而拒不执行"，囊括暴力与非暴力、公开与秘密、积极与消极等各种拒执情况。这类行为与上述两个解释中列举的拒执行为有着本质的区别：第一，单纯清偿其他合法到期债务的行为是行为人应当履行的义务行为。清偿行为是一种义务行为，它不同于行为人自由处分财产、转移财产的权利行为。第二，清偿其他到期合法债务的行为是基于另一债权债务关系的合法行为。清偿行为并不属于欺瞒司法机关、罔顾司法权力的不法行为，并不违反任何法律的强制性规定。第三，清偿其他合法债务的行为具有公开性。与暴力威胁方式抗拒执行的公开性不同，这一公开性是与秘密拒执行为的隐蔽性相对，这一行为是基于合法正当的债权到期而等待清偿的情况下，行为人做出的有根据的清偿行为。基于以上三点特征，行为人清偿其他合法债务的行为不属于"拒不执行"的行为。

退一步讲，若确实要扩大拒不执行的范围，将清偿其他合法债务的行为

---

① 《最高人民法院关于审理拒不执行判决、裁定刑事案件适用法律若干问题的解释》第二条规定，负有执行义务的人有能力执行而实施下列行为之一的，应当认定为全国人民代表大会常务委员会关于刑法第三百一十三条的解释中规定的"其他有能力执行而拒不执行，情节严重的情形"："（一）具有拒绝报告或者虚假报告财产情况、违反人民法院限制高消费及有关消费令等拒不执行行为，经采取罚款或者拘留等强制措施后仍拒不执行的；（二）伪造、毁灭有关被执行人履行能力的重要证据，以暴力、威胁、贿买方法阻止他人作证或者指使、贿买、胁迫他人作伪证，妨碍人民法院查明被执行人财产情况，致使判决、裁定无法执行的；（三）拒不交付法律文书指定交付的财物、票证或者拒不迁出房屋、退出土地，致使判决、裁定无法执行的；（四）与他人串通，通过虚假诉讼、虚假仲裁、虚假和解等方式妨害执行，致使判决、裁定无法执行的；（五）以暴力、威胁方法阻碍执行人员进入执行现场或者聚众哄闹、冲击执行现场，致使执行工作无法进行的；（六）对执行人员进行侮辱、围攻、扣押、殴打，致使执行工作无法进行的；（七）毁损、抢夺执行案件材料、执行公务车辆和其他执行器械、执行人员服装以及执行公务证件，致使执行工作无法进行的；（八）拒不执行法院判决、裁定，致使债权人遭受重大损失的。"

解释为行为人"拒不执行"的表现，本案也有依据义务冲突主张行为不具有违法性的可能。换言之，行为人需要清偿多个到期债务可能符合义务冲突情形，一边是法院生效判决确认的债权，一边是未经生效裁判确认但也是已到期需要清偿的债权，行为人选择履行债务的行为可能成立义务冲突事由。如果承认这类案情符合义务冲突的客观状态，那么需要论证的是，经法院生效判决确认的债权是否比其他到期债权具有优先性？行为人是否必须选择经法院判决确认的债权履行？对此，笔者认为，经法院生效判决所确认的清偿义务，并不具有当然的优先性。具体理由如下：

第一，法院的生效判决其实只能确认原被告双方的债权债务关系，并不能改变债权的性质。当民事主体对相互之间的权利义务关系产生争议时，可以通过协商、仲裁或者诉讼厘清关系。其中，法院所确定的债权具有一定的特殊性，即该债权经申请人申请后便具有强制执行的效力，但是，这并没有从根本上改变双方当事人原本的债权债务关系属性。换言之，债权性质不会发生改变。法院的民事裁判无非是以司法方式对当事人双方的债权关系予以确认、固定和协调，这意味着法院裁判所确认的债权与其他合法债权相比，只有确认方式、实现方式方面的不同，行为人在清偿时有权先行偿还其他合法债务。一般认为，当数个债权人对同一债务人先后发生数个债权时，每个债权都具有同等效力，且不因债权的先后发生而有所差异，债权人只能按照债权数额的比例受偿。① 债权平等的实质，在于赋予各债权人实现债权的平等地位，不问先后顺序，均享有同等的受偿机会。假设其他合法债权和判决裁定所确认的债权相比，并没有担保等方面的区别，那么在同样合法、到期的情况下，债务人就有权自行决定先行清偿哪个债务。

第二，或许有观点会认为，经公权力机关确认后的履行义务是对秩序价值的保障，而清偿其他债权的义务只是自由价值的实现，所以前者不仅仅包含着对相应债权人的利益实现，也包含着制度法益的内容，因此该义务的价

---

① 王泽鉴. 债法原理 [M]. 北京：北京大学出版社，2009：8.

值要高于未经司法程序的清偿义务。但需要澄清的是，从法益问题上考察，拒不执行判决、裁定罪所保护的客体或者认为是国家的审判制度①，或者认为是司法机关裁判活动的权威性②，但是最终所保护的依然是债权人的债权实现。③ 即便认为，拒不执行判决、裁定罪所保护的是复杂客体，既包括对国家司法审判活动秩序的保护，也包括对相应权利人合法权利的保护④，但应当明确，该罪对公法益的保护所对应的是那些抵抗司法权威的行为人。因此，无论是从该罪的刑法条文还是司法解释出发，都是为了处罚公然暴力抗拒执行或者恶意隐匿转移财产的行为人。比如，行为人恶意处分了已经被法院采取查封、扣押等强制措施的财产，由于这些财产是经过权利人申请而被执行机关所"控制"的财产，被执行人已经不能对其享有真正的支配权利，此时行为人对该部分财产的处理行为则明显对抗了司法权威。但是要从清偿其他合法债务的行为证明被执行人破坏执行、违抗公权力、破坏秩序价值，似乎并不能成立。再者，法院不可能成为所谓的被害人，清偿义务所实现的价值只能是债权人的利益。因为法院不能既是被害人，又是裁判者。所以，只有法院裁判确认的权利人才是真正法益遭受侵害的人，其他债权人也和他们一样，债权都未获得清偿，本质上他们的法益都面临着同样的不良状态。在这一状态下，行为人无论履行哪一个清偿义务，另一债权人的权益（至少在当下）就不能获得保障。据此，从法益角度讲，也无法认定两个清偿义务存在履行先后的问题。

第三，民事法律虽然没有明确规定一个债务人向多个债权人清偿多笔债

---

① 高铭暄，马克昌. 刑法学［M］. 北京：北京大学出版社，高等教育出版社，2000：561.

② 刘宪权. 刑法学［M］. 上海：上海人民出版社，2005：679.

③ ［日］西田典之. 日本刑法各论［M］. 刘明祥，王昭武，译. 武汉：武汉大学出版社，2005：302.

④ 胡学相，尹晓闻. 对拒不执行判决、裁定罪立法的反思与建言——兼评论《刑法修正案（九）》对拒不执行判决、裁定罪的修订［J］. 法治研究，2015（6）.

务的具体顺序①，但是从救济途径上看，《民法典》第五百三十八条赋予了债权人针对不合理清偿的撤销权。这一规定是为了应对债务人通过无偿行为或者其他减少责任财产的行为来延长债务履行的行为，以保障债权的实现。反过来说，有权行使撤销权意味着债务人的履行是不合理的，是无视债权人权益的行为；但若债务人的履行都无法引起部分债权人的撤销权，就说明债务人的履行在法律上是有效的。再者，即便债务人先行清偿其他合法、到期的债务符合撤销权的条件，那申请强制执行的债权人依然可以主张撤销这一履行，只要他们之间的债权债务关系还存在，且债务人的行为属于可以撤销的情况。也就是说，债权人的债权，无论有没有申请强制执行的程序，在民事法律中就已经获得了保障。若债权人根本没有撤销权利，则说明债务人的清偿行为是合法的；若债权人有撤销权，也可以行使撤销权恢复自己的债权保障。按照这一规则，即便行为人基于人民法院的判决履行了清偿义务，其他债权人若能够证明这是不合理清偿，也有撤销该清偿行为的权利。因为执行行为归根结底是公权力作为协调者解决债务人和债权人的债务问题，本质上也是债务人财产的转让行为，如果确实造成其他债权人受偿不公，也能够被撤销。

第四，从实践角度设想，承认生效裁判所确认的债权比其他合法到期的债权具有更高的价值或者优先履行的必要，就意味着法院利用自己的裁判地位强制建立了这种债权的优先性。这种缺乏理论基础的公权力野蛮态度事小，导致其他纠纷解决方案被废弃事大。换言之，毫无根据地提高公权力介入的债权地位，就等于向社会中所有的民事主体放出这样一个信号：但凡难以实现的债权，都应当走诉讼途径解决，因为经法院生效裁判确定的债权具有当然的优先性。这样的后果是，和解、调节、仲裁等纠纷解决方案可能完全被废弃，民事法庭会人满为患，司法资源更为紧张。

综上所述，公权力在民事关系中能够发挥的作用其实十分有限，法院生

---

① 在民法典颁布之前，仅《企业破产法》第三十二条规定了一个债务人向多个债权人清偿的顺序，但这是破产程序的清偿规定，并不适用这里所讨论的案例。

效裁判无法给予债权当然的优先清偿效力，公权力至多只对处于强制执行措施之下的财产具有优先处理及指定清偿的权力，但这也只能从事实上呈现出某些债权优先清偿的效果，而无法认定债权本身的优先性。债务清偿属于民事法律行为，所以要遵循民法规范，也要坚持"法不禁止即可为"的自由精神。因此，所有到期、合法的债务，具有平等性，各个清偿义务在没有其他特殊条件（比如抵押）的情况下，都同等重要。行为人履行其他合法债务而未履行法院裁判所要求的清偿义务的行为，并不具有违法性，也就不成立第三百一十三条拒不执行判决、裁定罪。本案除了证明义务冲突理论的适用范围之外，也反映出刑法第三百一十三条拒不执行判决、裁定罪趋于工具化的现象。被执行人一旦涉嫌犯罪，出于对刑罚威慑力的恐惧，通常会想方设法地在刑事诉讼过程中部分或者全部地履行裁判确定的清偿义务，以获得一个相对较轻的处罚。因此，拥有国家强制力作为后盾的债权，被履行的可能性大大提升，极易让人产生具有优先清偿效果的错觉。但事实上，这种优先性既缺乏实定法依据，也没有理论支撑。

可见，义务冲突理论的本土化展开，除了以成熟的义务冲突体系构建为基础，还要充分结合实践进行检验。但出罪事由，尤其是超法规的出罪事由，在我国刑事司法领域依旧适用频率低，甚至适用可能性几乎为零，这需要义务冲突理论本身去寻找突破口。

上述经典的生命冲突案例表明，义务冲突理论无论是在我国还是在域外，无论是在日常生活中还是在特殊时期，都具有很强的理论生命力。或许真正的救助生命的冲突案件百年难遇，但是假想案例的讨论与反思对我国刑法理论的发展也具有重要的意义。本土化进程应当结合我国的现实情况，不仅是四要件犯罪论体系，还有对传统文化、社会热点等各方面的考察，都可能是域外理论本土化构建的起点。

除此之外，本书希望跳脱出传统的、仅限于假想的义务冲突案例，探索义务冲突理论在其他情形中的适用可能。义务冲突的适用可能并不意味着阻却违法（阶层论视角）或者排除犯罪（四要件视角）的义务冲突必定成立，而是遵循二元的义务冲突结构，探索符合义务冲突客观状态的情形。在现实生活中，确实存在一些案例，行为人所处的困境符合义务冲突状态的基本构成。虽然行为人在这类情况下的履行行为未必符合义务相权的标准，未必选择了法秩序要求的正确义务，但是承认义务冲突状态等于增加了义务冲突的适用可能性。就如前文所主张的那样，符合客观构成前提的义务冲突状态，虽然未必排除行为的违法性，但它可以成为一种辩护的理由、罪轻的佐证或者排除犯罪的根据。

义务冲突的本土化路径必须从实践展开，鉴于我国与西方社会的宗教文化法律等各方面的差异，我国社会对义务（或道德）的要求不可能与域外相同。作为一个历史文化悠久的古老国家，古代有"忠孝难两全"之说，现代也有"救母或是救女友"的讨论，现实案例中更是存在行刑交叉、民刑交叉领域的义务冲突情形。如果不从这些具备义务冲突状态的案例入手，义务冲突理论或许依然只能停留在舶来法学理论层面，而很难获得实践的关注。

# 结　语

　　每一个出罪事由都是围起犯罪之城的一块砖、一片瓦，让这一砖一瓦在犯罪论体系中有清晰的位置，有明确的成立要件，便是划定合理犯罪圈、保障公民权利的重要内容，义务冲突理论研究的价值也体现在此。为了实现义务冲突理论的本土化构建，本书做了以下尝试：

　　第一，明确界定义务冲突的刑法概念，区分作为客观现实状态的义务冲突和作为出罪事由的义务冲突，从而构建起理论基础充分、逻辑清晰的义务冲突本体论。确定刑法中的义务冲突的概念是研究义务冲突问题的第一步。刑法理论中的义务冲突概念当然无法脱离最重要的刑法目的——法益保护，因此无损于刑法所保护法益的冲突问题并不是本书所讨论的范围。在此前提下，将义务冲突的二元构造作为义务冲突成立的基本形式要件，亦即区分义务冲突状态与义务冲突中的义务权衡行为。完整的义务冲突概念必须包含这两者，义务冲突的客观状态是义务冲突事由成立的基本前提，而义务权衡行为则是影响出罪结果的效果要件。围绕着义务冲突核心概念，对义务冲突状态产生的原因、义务冲突的各种类型以及义务冲突否定论等方面的讨论，都是为进一步明确这一刑法概念以及丰富该领域的基本内容做出努力。

　　第二，从义务冲突的理论渊源出发，肯定义务冲突作为一种独立的刑法出罪事由的基本地位，尤其是义务冲突和紧急避险的区分。义务冲突脱离其他出罪事由而获得独立的体系性位置是义务冲突理论现代建构的基本前提，依赖于紧急避险解决所有义务冲突情形的历史尝试在一段时间内获得了短暂成功，但最终并不能改变义务冲突事由的独立性。紧急避险之下的义务冲突讨论不仅呈现了当时义务冲突问题的研究局限，而且也让利益衡量规则成为义务比较时的通常标准。区别于域外义务冲突理论鲜明的发展脉络，我国刑法领域关于义务冲突问题不尽如人意的研究现状更值得反思。犯罪论体系或许会给出罪事由的适用带来部分阻力，但是任何一种现代意义上的犯罪论体系都不会完全排斥某个出罪事由的适用。所以，义务冲突未能在我国刑法理论与刑事司法实践中获得发展，不宜只归咎于犯罪论体系，试图用犯罪论体系缺陷说明一切问题或者寄希望于犯罪论体系的转变解决一切问题，都是在逃避解决具体的理论难题。更何况，即便是在阶层论环境下，关于义务冲突的解决方案也不是完全达成共识的，违法阻却说和责任阻却说之争就能说明这一点。

第三，义务冲突违法阻却依据的重新认定。寻找义务冲突的出罪根据，一直都是义务冲突理论研究最重要的议题，因为它回答了义务冲突状态下的行为人不履行义务而造成法益损害何以排除犯罪的问题，也决定了义务冲突在犯罪论体系中的基本定位，还影响着义务衡量的具体标准。构成要件排除说、违法阻却说、责任阻却说、义务冲突二元论以及法外空间说的具体立场和论证依据都具有理论价值与研究意义，但只有在紧急权体系下理解义务冲突，才能解释冲突状态下行为人部分履行和选择履行的正当性。权利说不同于优越利益理论、目的理论或者其他说明违法性排除的传统主张，它将义务冲突放在紧急权体系下考察，这将直接与紧急权体系下的正当防卫、紧急避险事由相互勾连，义务冲突理论也更容易找到自己的位置。权利说也解答了优越利益主张很难自圆其说的同等利益择一履行的正当性，三个以上义务冲突时履行的义务所保护的利益小于放弃义务的利益之和等类似的问题。与此同时，建立在行为人自由与权利基础上的义务衡量将关注点回归到承担义务的行为人本身，利益衡量不能只在等待救助的法益主体之间进行，还要考虑到行为人与各个履行对象之间的紧急权限和容忍义务大小。事实也早已证明，只比较被保护主体之间的利益关系并以简单的价值位序进行选择，会在很多情形中碰壁，所以这种衡量依然是片面的。它没有考虑到，陷入义务冲突状态的行为人也是需要刑法保护或体谅的权利主体，他和防卫人、避险人一样，有权利在急迫状态下牺牲社会成员的部分利益，只要被牺牲的主体及具体法益并没有超出被牺牲者的容忍义务，那么便是法秩序所允许的。确立以行为人权利说为根据的义务冲突，改变了义务衡量的基本方案和判断思维，增加了义务冲突事由的适用可能性。

第四，解决传统的生命冲突难题，并改变义务冲突只停留在生命冲突范畴的现状，探索义务冲突在其他领域的理论适用价值。实践适用是所有理论研究的目的，也是域外理论本土化的必经之路。就此而言，不应当将义务冲突的适用局限在"生命对抗生命"的特定情况中，因为这类案件在现实生活中的发生概率极低，且在我国的文化背景约束下，救助生命的义务冲突案件很难进入刑事诉讼程序中。本书试图探索其他领域的义务冲突表现和义务冲突理论适用的可能性，来说明义务冲突并不是专属于生命冲突的出罪理由。

除了上述几点努力，有关义务冲突和刑法中的出罪事由，本书还有一些零星的思考和说明：

出罪事由的讨论和研究固然重要，但出罪理念的确立与深化更为关键。学理范围内的义务冲突研究主要是为了给刑事诉讼的出罪可能提供理论支持，而在实务中真正接纳一种排除犯罪事由，比起厚重的理论基础，更需要一种深入人心的出罪思维。当基本的出罪思维和出罪理念形成后，无论是阶层论中的"违法阻却事由"，还是我国刑法理论中的"排除社会危害性的事由"，可能就只有表达上的不同，而我国与他国，四要件与三阶层，那些看上去似乎永远也跨越不了的地域距离和理论鸿沟，也将不再是继受理论的阻碍。

另外，利益衡量法则在判断违法阻却事由或者出罪事由成立与否时依然具有重要作用，只是优越利益说作为违法阻却根据的传统立场逐渐减弱。近期，我国越来越多的学者开始注重出罪事由的体系化构建，尤其是随着紧急权理论的引入，利益主张下的正当化根据受到了极大的挑战。不过，利益衡量法则在具体衡量时还是发挥着不可替代的作用。这表明，利益衡量作为方法虽然存在一些缺陷，但它作用于刑法中具体价值判断和衡量的地位十分稳固，似乎很难再找出另一个能够与之抗衡、综合效果上比其更成功的标准。但是，以优越利益或者法益阙如这样的利益主张去论证正当化事由的做法已经过时，出罪事由的理论根据开始转向具有重要体系性功能的紧急权。

最后，任何出罪事由的本土化构建都要以充分的理论研究为基础，但是最终必须依靠司法实践的适用来开启本土化进程。回顾我国刑法理论与刑事司法的过去，理论以何种形式影响实务，实务又以何种状态回应理论，最终形成了如今的刑法环境——无法抵御德日刑法理论的入侵，又急迫地想要寻求本土特色。笔者以为，舶来法制的影响势不可挡，但本土理论的构建也必须完成。本书的任务是为义务冲突这一出罪事由在我国的理论研究献出微末之力，推动我国出罪事由研究的进步与发展。

# 参考文献

一、中文文献

（一）著作

［1］蔡墩铭.刑法总则争议问题研究［M］.台北：五南图书出版公司，1998.

［2］陈安庆.超法规排除犯罪性事由研究［M］.上海：上海社会科学院出版社，2010.

［3］陈家林.外国刑法：基础理论与研究动向［M］.武汉：华中科技大学出版社，2017.

［4］陈兴良.教义刑法学［M］.北京：中国人民大学出版社，2014.

［5］陈兴良.论不作为犯罪之作为义务［M］//陈兴良.刑事法评论·第三卷.北京：中国政法大学出版社，1998.

［6］陈兴良.刑法哲学［M］.北京：中国人民大学出版社，2015.

［7］陈兴良.刑法总论精释［M］.北京：人民法院出版社，2016.

［8］陈兴良.正当防卫论［M］.北京：中国人民大学出版社，2006.

［9］陈璇.紧急权：体系构建与基本原理［M］.北京：北京大学出版社，2021.

［10］陈子平.刑法总论［M］.台北：元照出版公司，2017.

［11］储槐植，江溯.美国刑法［M］.北京：北京大学出版社，2012.

［12］冯军.刑事责任论［M］.北京：法律出版社，1996.

[13] 冯军. 刑事责任论 [M]. 北京：社会科学文献出版社，2017.

[14] 高铭暄，马克昌. 刑法学 [M]. 北京：北京大学出版社，高等教育出版社，2017.

[15] 高铭暄. 刑法学 [M]. 北京：法律出版社，1982.

[16] 高铭暄. 中国刑法词典 [M]. 上海：学林出版社，1989.

[17] 高铭暄. 中华人民共和国刑法的孕育诞生和发展完善 [M]. 北京：北京大学出版社，2012.

[18] 高仰止. 刑法总则的理论与适用 [M]. 台北：五南图书出版公司，1986.

[19] 葛磊. 我国犯罪构成体系的逻辑考察 [M] //陈兴良. 犯罪论体系研究. 北京：清华大学出版社，2005.

[20] 何秉松. 犯罪构成系统论 [M]. 北京：中国法制出版社，1995.

[21] 黄常仁. 刑法总论：逻辑分析与体系论证 [M]. 台北：新学林出版股份有限公司，2009.

[22] 黄荣坚. 基础刑法学（下）[M]. 台湾：元照出版公司，2006.

[23] 姜伟. 正当防卫 [M]. 北京：法律出版社，1988.

[24] 姜昕. 比例原则研究——一个宪政的视角 [M]. 北京：法律出版社，2008.

[25] 黎宏. 刑法学总论 [M]. 北京：法律出版社，2016.

[26] 梁上上. 利益衡量论 [M]. 北京：法律出版社，2016.

[27] 刘明祥. 紧急避险研究 [M]. 北京：中国政法大学出版社，1998.

[28] 刘宪权. 刑法学 [M]. 上海：上海人民出版社，2005.

[29] 刘艳红. 刑法学 [M]. 北京：北京大学出版社，2016.

[30] 马克昌. 比较刑法原理·外国刑法学总论 [M]. 武汉：武汉大学出版社，2002.

[31] 马克昌. 犯罪通论 [M]. 武汉：武汉大学出版社，1999.

[32] 邱兴隆. 刑法学 [M]. 北京：中国检察出版社，2002.

[33] 曲新久. 刑法的逻辑与经验 [M]. 北京：北京大学出版社，2008.

[34] 曲新久. 刑法学 [M]. 北京：中国政法大学出版社，2009.

[35] 田宏杰. 刑法中的正当化行为 [M]. 北京：中国检察出版社，2004.

[36] 王骏. 超法规的正当化行为研究 [M]. 北京：中国人民公安大学出版社，2007.

[37] 王泽鉴. 债法原理 [M]. 北京：北京大学出版社，2009.

[38] 王政勋. 正当行为论 [M]. 北京：法律出版社，2000.

[39] 许嘉璐，梅季. 诸子集成（中册）[M]. 南宁：广西教育出版社，2016.

[40] 叶良芳. 刑法总论 [M]. 北京：法律出版社，2016.

[41] 张明楷. 法益初论 [M]. 北京：中国政法大学出版社，2000.

[42] 张明楷. 犯罪构成体系与构成要件要素 [M]. 北京：北京大学出版社，2010.

[43] 张明楷. 刑法格言的展开 [M]. 北京：北京大学出版社，2013.

[44] 张明楷. 刑法学（上）[M]. 北京：法律出版社，2016.

[45] 周光权. 犯罪论体系的改造 [M]. 北京：中国法制出版社，2009.

[46] 周光权. 刑法总论 [M]. 北京：中国人民大学出版社，2016.

（二）译著

[1] [德] 阿图尔·考夫曼. 法律哲学 [M]. 刘幸义，译. 北京：法律出版社，2004.

[2] [德] 冈特·施特拉滕韦特，洛塔尔·库伦. 刑法总论：犯罪论 [M]. 杨萌，译. 北京：法律出版社，2006.

[3] [德] 汉斯·海因里希·耶塞克，托马斯·魏根特. 德国刑法教科书 [M]. 徐久生，译. 北京：中国法制出版社，2017.

[4] [德] 黑格尔. 法哲学原理 [M]. 邓安庆，译. 北京：人民出版

社, 2016.

[5] [德] 康德. 道德形而上学 [M]. 张荣, 李秋零, 译注. 北京: 中国人民大学出版社, 2013.

[6] [德] 康德. 法的形而上学基础——权利的科学 [M]. 沈叔平, 译. 北京: 商务印书馆, 1991.

[7] [德] 拉德布鲁赫. 法学导论 [M]. 米健, 译. 北京: 法律出版社, 2012.

[8] [德] 约翰内斯·韦塞尔斯. 德国刑法总论 [M]. 李昌珂, 译. 北京: 法律出版社, 2008.

[9] [古罗马] 西塞罗. 论义务 [M]. 王焕生, 译. 北京: 中国政法大学出版社, 1999.

[10] [古希腊] 荷马. 荷马史诗·奥德赛 [M]. 王焕生, 译. 北京: 人民文学出版社, 2015.

[11] [美] 博登海默. 法理学: 法律哲学与法律方法 [M]. 邓正来, 译. 北京: 中国政法大学出版社, 2008.

[12] [美] 马丁·P. 戈尔丁. 法律哲学 [M], 齐海滨, 译. 北京: 生活·读书·新知三联书店, 1987.

[13] [美] 乔治·弗莱彻. 反思刑法 [M]. 邓子滨, 译. 北京: 华夏出版社, 2008.

[14] [美] 托马斯·卡思卡特. 电车难题 [M], 朱沉之, 译. 北京: 北京大学出版社, 2014.

[15] [日] 曾根威彦. 刑法学基础 [M]. 黎宏, 译. 北京: 法律出版社, 2005.

[16] [日] 大谷实. 刑法讲义总论 [M]. 黎宏, 译. 北京: 中国人民大学出版社, 2008.

[17] [日] 福田平, 大塚仁. 日本刑法总论讲义 [M]. 李桥等, 译. 沈阳: 辽宁人民出版社, 1986.

［18］［日］木村龟二.刑法学词典［M］.顾肖荣,译.上海:上海翻译出版公司,1991.

［19］［日］前田雅英.刑法总论讲义［M］.曾文科,译.北京:北京大学出版社,2017.

［20］［日］山口厚.刑法总论［M］.付立庆,译.北京:中国人民大学出版社,2018.

［21］［日］松原芳博.刑法总论重要问题［M］.王昭武,译.北京:中国政法大学出版社,2014.

［22］［日］西田典之.日本刑法总论［M］.王昭武,刘明祥,译.北京:法律出版社,2013.

［23］［日］佐伯仁志.刑法总论的思之道乐之道［M］.于佳佳,译.北京:中国政法大学出版社,2017.

［24］［苏联］H.A.别利亚耶夫,M.л.科瓦廖夫.苏维埃刑法总论［M］.马政秀,张广贤,译.北京:群众出版社,1987.

［25］［苏联］多马欣.苏维埃刑法中的紧急避难［M］.张保成,译.北京:法律出版社,1956.

［26］［英］H.L.A.哈特.法律的概念［M］.许家馨,李冠宜,译.北京:法律出版社,2011.

［27］［英］克罗斯,琼斯,卡德.英国刑法导论［M］.赵秉志等,译.北京:中国人民大学出版社,1991.

（三）期刊

［1］曾淑瑜.论刑法义务冲突［J］.法令月刊,1998（7）.

［2］曾宪信.建立具有中国特色的刑法学科科学体系的设想［J］.中南政法学院学报,1986（1）.

［3］常健,王雪.疫情下生命权保障的冲突及其解决路径［J］.南开学报（哲学社会科学版）,2020（4）.

［4］陈兴良.入罪与出罪:罪刑法定司法化的双重考察［J］.法学,

2002（12）．

　　［5］陈兴良．四要件犯罪构成的结构性缺失及其颠覆——从正当防卫切入的学术史考察［J］．现代法学，2009（6）．

　　［6］陈兴良．刑法阶层理论：三阶层与四要件的对比性考察［J］．清华法学，2017（5）．

　　［7］陈兴良．正当化事由研究［J］．法商研究（中南政法学院学报），2003（5）．

　　［8］陈璇．不法与责任的区分：实践技术与目的理性之间的张力［J］．中国法律评论，2020（4）．

　　［9］陈璇．公民扭送权：本质探寻与规范续造［J］．法学评论，2019（3）．

　　［10］陈璇．紧急权：体系构建、竞合适用与层级划分［J］．中外法学，2021（1）．

　　［11］陈璇．克服正当防卫判断中的"道德洁癖"［J］．清华法学，2016（2）．

　　［12］陈璇．生命冲突、紧急避险与责任阻却［J］．法学研究，2016（5）．

　　［13］储陈城．自动汽车程序设计中解决"电车难题"的刑法正当性［J］．环球法律评论，2018（3）．

　　［14］邓子滨．《法学研究》三十年：刑法学［J］．法学研究，2008（1）．

　　［15］邓子滨．犯罪论的体系更迭与学派之争［J］．法学研究，2013（1）．

　　［16］杜宇．作为超法规违法阻却事由的习惯法——刑法视域下习惯法违法性判断机能之开辟［J］．法律科学，2005（6）．

　　［17］付立庆．关于中国犯罪论体系的若干辩驳［J］．中国刑事法杂志，2010（2）．

[18] 甘添贵. 义务冲突之性质与解决原则（上）[J]. 月旦法学杂志,1998（9）.

[19] 胡学相, 尹晓闻. 对拒不执行判决、裁定罪立法的反思与建言——兼评论《刑法修正案（九）》对拒不执行判决、裁定罪的修订 [J]. 法治研究, 2015（6）.

[20] 黄卿堆, 黄永桐. 刑事义务冲突及其解决 [J]. 福建法学, 2005（4）.

[21] 黄旭巍. 刑法义务冲突中"义务"的来源 [J]. 学海, 2017（6）.

[22] 姜涛. 非常时期涉疫情犯罪教义学的争议问题 [J]. 政治与法律, 2020（5）.

[23] 姜伟. 期待可能性理论评说 [J]. 法律科学, 1994（1）.

[24] 劳东燕. 法益衡量原理的教义学检讨 [J]. 中外法学, 2016（2）.

[25] 劳东燕. 防卫过当的认定与结果无价值论的不足 [J]. 中外法学, 2015（5）.

[26] 劳东燕. 功能主义刑法解释的体系性控制 [J]. 清华法学, 2020（2）.

[27] 劳东燕. 交通肇事逃逸的相关问题研究 [J]. 法学, 2013（6）.

[28] 劳东燕. 刑法中目的解释的方法论反思 [J]. 政法论坛, 2014（3）.

[29] 李国强, 孙伟良. 民法冲突解决中的利益衡量从民法方面法论的进化到解释规则的形成 [J]. 法制与社会发展, 2012（1）.

[30] 李兰英. 义务冲突下的正确选择 [J]. 法学评论, 2002（2）.

[31] 李文吉. 我国刑法中管理秩序法益还原为实体性法益之提倡 [J]. 河北法学, 2020（5）.

[32] 刘沛谞. 出罪与入罪：宽严相济视阈下刑罚圈的标准设定——一

个基于实证范例的考察 [J] . 中国刑事法杂志，2008（1）.

[33] 刘艳红 . 入罪走向出罪：刑法犯罪概念的功能转换 [J] . 政法论坛，2017（5）.

[34] 刘作 . 论康德的道德冲突 [J]，陕西师范大学学报（哲学社会科学版），2020（1）.

[35] 欧阳本祺 . 疫情期间刑法对谣言的合理界定 [J] . 人民检察，2020（7）.

[36] 欧阳本祺 . 正当防卫认定标准的困境与出路 [J] . 法商研究，2013（5）.

[37] 彭文华 . 紧急避险限度的适当性标准 [J] . 法学，2013（3）.

[38] 钱大军，张新 . 法律义务冲突初论 [J] . 法制与社会发展，2009（3）.

[39] 钱大军 . 法律义务研究 [D] . 长春：吉林大学，2005.

[40] 钱大军 . 身分与法律义务、法律义务冲突 [J] . 法制与社会发展，2006（2）.

[41] 钱大军，宋双 . 论法律义务冲突的构成要件与产生原因 [J] . 社会科学战线，2005（2）.

[42] 钱叶六 . 期待可能性理论的引入及限定性适用 [J] . 法学研究，2015（06）.

[43] 孙道萃 . 犯罪构成与正当化事由的体系契合：学说、视角、立场与路径 [J] . 刑法论丛，2012（1）.

[44] 孙亚慧 . 刑法义务冲突的解决 [D] . 北京：中国青年政治学院，2016.

[45] 田宏杰 . 刑法中的正当化行为与犯罪构成关系的理性思考 [J] . 政法论坛，2003（6）.

[46] 王充 . 义务冲突三论 [J] . 当代法学，2010（2）.

[47] 王钢 . 对生命的紧急避险新论——生命数量权衡之否定 [J] . 政

治与法律, 2016 (10).

[48] 王钢. 法外空间及其范围——侧重刑法的考察 [J]. 中外法学, 2005 (6).

[49] 王钢. 紧急避险中无辜第三人的容忍义务及其限度兼论紧急避险的正当化根据 [J]. 中外法学, 2011 (3).

[50] 王庆瑶. 论刑法中的义务冲突 [D]. 石家庄: 河北经贸大学, 2020.

[51] 王滔. 论义务冲突行为 [D]. 广州: 广州大学, 2011.

[52] 王莹. 先行行为作为义务之理论谱系归整及其界定 [J]. 中外法学, 2013 (2).

[53] 王钰. 生命权冲突的紧急状态下自动驾驶汽车的编程法律问题 [J]. 浙江社会科学, 2019 (9).

[54] 王志远, 刘芳, 姜国乾. 义务冲突研究 [J]. 铁道警官高等专科学校学报, 2003 (2).

[55] 夏金莲. 大数据时代疫情防控中的信息披露与隐私保护 [J]. 西昌学院学报 (社会科学版), 2020 (3).

[56] 游伟, 孙万恒. 自救行为及其刑法评价 [J]. 政治与法律, 1998 (1).

[57] 赵兰娣. 刑法中的义务冲突研究 [D]. 郑州: 郑州大学, 2019.

[58] 赵雪爽. 对无责任能力者进行正当防卫兼论刑法的紧急权体系 [J]. 中外法学, 2018 (6).

[59] 周光权. 论刑法中的规范违反说 [J]. 环球法律评论, 2005 (2).

[60] 周详. 四要件与三阶层犯罪论体系共生论 [J]. 中外法学, 2012 (3).

[61] 朱振. 生命的衡量——自动驾驶汽车如何破解电车难题 [J]. 华东政法大学学报, 2020 (6).

［62］［德］赫洛·奥托.法律上等位利益冲突的刑法评判［J］.王安异,译.华中科技大学学报,2005(1).

［63］［德］克劳斯·罗克辛.德国犯罪原理的发展与现代趋势［J］.王世洲,译.法学家,2007(1).

［64］［德］乌尔斯·金德霍伊泽尔.社会相当性与可罚的不法［J］.陈璇,译.人民检察,2019(17).

［65］［日］山口厚.犯罪论体系的意义与机能［J］.付立庆,译.中外法学,2010(1).

［66］［日］山口厚.日本正当防卫的新动向［J］.郑军男,译.辽宁大学学报(哲学社会科学版),2011(5).

(四)其他文献

［1］卞一夫,叶梦婷.带着两个孩子的面包车掉进水里,老廖拉出邻居女儿,一回头儿子不见了［N］.钱江晚报,2012-5-7(002).

［2］车浩.先救女友而未救母亲是否构成犯罪［N］.检察日报,2016-2-24(003).

［3］邓子滨.法律的精髓不是鼓励善而是禁止恶［N］.南方周末,2011-9-1(F29).

［4］黄京平,蒋熙辉.依法令行为与义务冲突的处理［DB/OL］.中国法院网［2021-3-10］.https://www.chinacourt.org/article/detail/2005/03/id/156355.shtml.

［5］黎臻.战"疫"情中论功过［N］.新民晚报,2020-4-10(003).

［6］石经海,金舟.涉疫情以危险方法危害公共安全案的法律理解与适用［N］.人民法院报,2020-2-20(006).

［7］石经海,周鑫.无危难救助法定义务,不构成犯罪［N］.检察日报,2016-2-24(03).

［8］他在"逃逸"后自首［DB/OL］.央视网［2021-3-10］.http://

www. cctv. com/program/fzsj/20070427/103821. shtml.

[9] 唐明. 该行为是否构成犯罪 [N]. 人民法院报, 2004-6-14 (3).

[10] 赵勇. 别给"先救邻居家孩子"设道德陷阱 [N]. 华西都市报, 2012-11-7 (008).

## 二、外文文献

[1] Arthur Kaufmann, Das Unrechtsbewusstsein in der Schuldlehre des Strafrechts, 1949.

[2] Bergbohm, Jurisprudenz und Rechtsphilosophie, 1892.

[3] Binding, Handbuch des Strafrechts, 1885.

[4] Brinz, über die Zeit im Recht, 1882.

[5] Canaris, Die Feststellung von Lücken im Gesetz, 1964.

[6] Dingeldey, Pflichtenkollision und rechtsfreier Raum, Jura 1979.

[7] End, Existentielle Handlung im Strafrecht – Die Pflichtenkollision im Lichte der Philosophie von Karl Jaspers, 1959.

[8] Engländer, Die Pflichtenkollision bei der Ex-ante-Triage, in: Hörle/Huster/Poscher (Hrsg. ), Triage in der Pandemie, 2021.

[9] Engländer, Die Rechtfertigung des rechtsfertigenden Aggressivnotstands, GA 2017.

[10] Frank Saliger, Kontraktualistische Solidarität: Argumente des gegenseitigen Vorteils, in: Andreas von Hirsch/Ulfrid Neumann/Kurt Seelmann (Hrsg. ), Solidarität im Strafrecht, 2013.

[11] Freund, Erfolgsdelikt und Unterlassen, 1992.

[12] Freund, Strafrecht Allgemeiner Teil: Personale Straftatlehre, 2. Aufl. , 2008.

[13] Frisch, Gewissenstaten und Strafrecht, FS-Schroeder, 2006.

[14] Gaede/Kubiciel/Saliger/Tsambikakis, Rechtmäßiges Handeln in der dilemmatischen Triage-Entscheidungssituation, medstra 2020.

[15] Gallas, Pflichtenkollision als Schuldausschließungsgrund, FS Mezger, 1954.

[16] Gropp, Die "Pflichtenkollision": weder eine Kollision von Pflichten noch Pflichten in Kollision, FS Hirsch, 1999.

[17] Hartmann, Ethik, 1935.

[18] Hegel, Philosophie des Rechts (herausgegeben von Henrich), 1983.

[19] Henkel, Der Notstand nach gegenwärtigem und künftigem Recht, 1932.

[20] Herzberg, Beteiligung an einer Selbsttötung oder tödlichen Selbstgefährdung als Tötungsdelikt, JA 1985.

[21] Hruschka, Rettungspflichten in Notstandssituationen, JuS 1979.

[22] Jakobs, Strafrecht AT, 2. Aufl., 1991.

[23] Jakobs, Rechtfertigung und Entschuldigung bei Befreiung aus besonderen Notlagen, in: Eser/Nishihara (Hrsg.), Rechtfertigung und Entschuldigung, Band IV, 1995, S. 166.

[24] Jansen, Pflichtenkollision in Strafrecht, 1930.

[25] Jaspers, Philosophie II, 1956.

[26] Jaspers, Psychologie der Weltanschauungen, 1919.

[27] Jescheck/Weigend, Lehrbuch des Strafrechts Allgemeiner Teil, 5. Aufl., 1996.

[28] Joerden, Der Widerstreit zweier Gründe der Verbindlichkeit - Konsequenzen einer These Kants für die strafrechtliche Lehre von der "Pflichtenkollision", JRE 5 1997.

[29] Joerden, Dyadische Fallsystem im Strafrecht, 1986.

[30] Judith Jarvis Thomson, "The Trolley Problem", The Yale Law Journal 1397 (1985).

[31] Kant, Metaphysik der Sitten, Werke in 6 Bänden, Wissenschaftliche Buchgemeinschaft Darmstadt 1956, Bd. IV.

[32] Kaufmann, Rechtsfreier Raum und eigenverantwortliche Entschuldigung, FS Maurach, 1972.

[33] Kaufmann, Strafrechtspraxis und sittliche Norm, JuS 1978.

[34] Kleifisch, Die nationalsozialistische Euthanasie im Blickfeld der Rechtsprechung und Rechtslehre, MDR 1950.

[35] Kühl, Freiheit und Solidarität bei den Notrechten, FS Hirsch, 1999.

[36] Kühn, Pflichtenkollision im Strafrecht, 1908.

[37] Küper, Grund- und Grenzfragen der rechtfertigenden Pflichtenkollision im Strafrecht, 1979.

[38] Lenckner, Der Grundsatz der Güterabwägung als Grundlage der Rechtfertigung, GA 1985.

[39] Lindner, Die "Triage" im Lichte der Drittwirkung der Grundrechte, MedR 2020.

[40] Liszt, Lehrbuch des deutschen Strafrechts, 1919.

[41] Mangakis, Die Pflichtenkollision als Grenzsituation des Strafrechts, ZStW 84 (1992).

[42] Maurach/Zipf, Strafrecht AT I, 1992.

[43] Maurach, Kritik der Notstandslehre, 1935.

[44] Mayer, Strafrecht AT, 1953.

[45] Mezger, Strafrecht: ein Lehrbuch, 3. Aufl., 1949.

[46] Mezger/Blei, Strafrecht AT, 14. Aufl., 1970.

[47] Neumann, Der Rechtfertigungsgrund der Kollision von Rettungsinteressen, FS Roxin I, 2001.

[48] Neumann, Die Moral des Rechts: Deontologische und konsequentialistische Argumentationen in Recht und Moral, JRE 2, 1994.

［49］Otto, Die Strafrechtliche Beurteilung der Kollision rechtlich gleichrangiger Interessen, Jura 2005.

［50］Otto, Pflichtenkollision und Rechtswidrigkeitsurteil, 1965.

［51］Pawlik, Der rechtfertigende Defensivnotstand im System der Notrechte, GA 2003.

［52］Peters, Die Tötung von Menschen in Notsituationen, JR 1950.

［53］Philipps, Sinn und Struktur der Normlogik, ARSP 52（1966）.

［54］Radbruch, Rechtsphilosophie, 6. Aufl. , 1963.

［55］Renzikowiski, Notstand und Notwehr, 1994.

［56］Roxin, Strafrecht AT Bd I, 4. Aufl. , 2006.

［57］Satzger, Die rechtfertigende Pflichtenkollision, Jura 2010.

［58］Simmel, Einleitung in die Moralwissenschaft, Bd II, 1893.

［59］Timmermann, Kantian Dilemmas? Moral Conflict in Kant's Ethical Theory, AGPh 2013, Vol. 95（1）.

［60］v. Weber, Die Pflichtenkollision im Strafrecht, FS Kiesselbach, 1947.

［61］Welzel, Das Deutsche Strafrecht, 11. Aufl. , 1969.

［62］Welzel, Das neues Bild des Strafrechtssystem, 2. Aufl. , 1952.

［63］Welzel, Studien zum System des Strafrechts, ZStW 58（1939）.

［64］Welzel, Zum Notstandsproblem, ZStW 63（1951）.